VERTEIDIGT DIE DEMOKRATIE!

VERTEIDIGT DIE DEMOKRATIE!

Herausgegeben von Harald Roth

Gefördert von

BERTHOLD LEIBINGER
STIFTUNG

und

Gegen Vergessen
Für Demokratie e.V.

Gedruckt auf Recyclingpapier

Bibliografische Information der Deutschen Nationalbibliothek
Die Deutsche Nationalbibliothek verzeichnet
diese Publikation in der Deutschen Nationalbibliografie;
detaillierte bibliografische Daten sind im Internet
über http://dnb.dnb.de abrufbar.

ISBN 978-3-8012-0674-1

Umschlag: Petra Bähner, Köln
Satz: Rohtext, Bonn
Druck und Verarbeitung: Plump Druck & Medien GmbH, Rheinbreitbach

Besuchen Sie uns im Internet: **www.dietz-verlag.de**

Inhalt

Harald Roth

Vorwort

Die Demokratie ist bedroht. Von Populisten, die Zuspruch ernten, indem sie sich als wahre Vertreter des Volkes, als Anwälte der kleinen Leute darstellen. Von Hetzern, die den vermeintlich korrupten Eliten und der »Lügenpresse« den Kampf ansagen. Von Feinden des »Systems«, denen das Ringen um den Ausgleich gegenläufiger Interessen fremd ist und die den politischen Gegner zum Feind erklären. Von Verschwörungsideologen, die versuchen, das Vertrauen in das Fundament der Demokratie (unter anderem die Gewaltenteilung) und institutionalisierte Abläufe zu zerstören.

Wie zerbrechlich ist die liberale Demokratie angesichts dieser Bedrohungen? Erodieren die demokratischen Institutionen allmählich? Gibt es Kipppunkte, ab denen es kein Halten mehr gibt? Droht gar der Niedergang wie am Ende der Weimarer Republik oder ist das Alarmismus, der keiner nüchternen Analyse standhält? Ist die Demokratie nicht doch resilienter als wir denken? Wie soll die wehrhafte Demokratie mit dem Machtzuwachs der AfD umgehen? Wie kann der Gemeinsinn gestärkt werden? Demokratien sind dynamische Gebilde mit einem utopischen Potenzial. Eine lebendige Demokratie zeichnet sich dadurch aus, dass sie sich permanent weiterentwickelt. Welche neuen Formen der Partizipation gibt es, um junge Menschen, die an der Effektivität traditioneller Entscheidungsprozesse zweifeln, zu erreichen?

Die Autorinnen und Autoren des Sammelbandes, denen ich an dieser Stelle für ihre Mitwirkung herzlich danken möchte, setzen sich auf unterschiedliche Weise mit diesen Fragen auseinander. Das einigende Band der Beteiligten: Das Bekenntnis und das aktive Eintreten für die im Grundgesetz verankerten Menschenrechte.

Die Krise der Demokratie ist nicht nur ein deutsches Phänomen. Dass die Demokratie kein Selbstläufer ist, kann man gegenwärtig an der ältesten Demokratie studieren. In den USA besteht die reale Gefahr, dass autoritäre Kräfte (erneut) die Oberhand gewinnen, ihr Zerstörungswerk an den demokratischen Institutionen und der demokratischen Kultur fortsetzen und in der Folge die Weltpolitik maßgeblich und anhaltend negativ beeinflussen. Auch in einigen europäischen Staaten haben antidemokratische, nationalistische Parteien inzwischen Regierungsverantwortung übernommen. Es besteht die reale Gefahr, dass sie das europäische Friedensprojekt von innen zerstören. Notwendig wäre daher ein Blick über den nationalen Tellerrand. Eine ausführliche Betrachtung der Situation in den europäischen Nachbarländern würde jedoch den Rahmen dieses Sammelbandes sprengen.

Das Vertrauen in die Repräsentanten der etablierten Parteien hat in einem bedrohlichen Maße abgenommen. Gutes Regieren und eine konstruktive Opposition tragen wesentlich zur Stabilität der repräsentativen Demokratie bei. Funktionierende Institutionen sind ein Bollwerk gegen autoritäre Regime. Politikversagen stärkt dagegen die Skepsis gegenüber denen »da oben« und fördert antidemokratische Positionen. Die Parteien und Entscheidungsträger auf allen Ebenen sind gefordert, durch ihr Handeln das Vertrauen in die Demokratie zurückzugewinnen. Versagen können aber auch die Bürgerinnen und Bürger – also wir – wenn wir über die Krise der Demokratie nur lamentieren, aber das Geschäft den »Profis« überlassen. Deshalb kommen in dem Sammelband Vertreter der Zivilgesellschaft zu Wort. Notwendig ist ein Bündnis aller demokratischen Kräfte, welches entschlossener rassistischen und antisemitischen Tendenzen in der Mitte unserer Gesellschaft entgegentritt und völkisches Denken, Hass und Gewalt bekämpft.

Millionen Menschen gehen auf die Straße, um gegen den Rechtsextremismus und für eine weltoffene Demokratie und für die Menschenrechte zu demonstrieren. Verlässliche Aussagen, wie wirksam und nachhaltig diese Protestbewegung sein wird, sind zum Zeitpunkt der Veröffentlichung dieser Publikation nicht möglich. Schon lange wurde gewarnt. Doch Kassandra wurde nicht gehört. Als ich vor einem halben Jahr Persönlichkeiten zur Mitarbeit an dem Sammelband einlud, raubte das Thema »Gefährdung unserer Demokratie« den Deutschen nicht den Schlaf. Erst der Potsdamer Weckruf führte dazu, dass Menschen, die bisher noch nie an Demonstrationen teilgenommen hatten, mobilisiert wurden.

Demokratie ist mehr als die Stimmabgabe bei Wahlen. Eine Demokratie funktioniert nur, wenn die Bürgerinnen und Bürger sich mit dieser Staatsform identifizieren und bereit sind, Verantwortung zu übernehmen. Sich einzumischen bleibt eine Daueraufgabe. Dass Demokratie nicht nur eine Staatsform, sondern auch eine Lebensform ist, kann man bereits spielerisch im Vorschulalter lernen. Schon junge Menschen müssen die Erfahrung machen, dass ihre Anliegen ernst genommen werden und dass sie etwas bewirken können. Sie sollten ermutigt werden, sich – beginnend in ihrer Gemeinde – in Vereinen, Kirchen, Gewerkschaften und Parteien zu engagieren. In Zeiten, in denen in den »sozialen Medien« ungefiltert Lügen, Halbwahrheiten und Meinungen verbreitet werden, gehört zur Demokratiebildung die Vermittlung von Medienkompetenz.

Bietet unsere Verfassung einen ausreichenden Schutz vor dem Absterben der Demokratie und des Rechtsstaates? Die beunruhigende Erkenntnis: Wir sind nicht immun. Es gibt keine Garantien für den Fortbestand der freiheitlichen Demokratie, in deren Zentrum die Achtung der Menschenwürde steht und in der Minderheiten geschützt werden und unbeschwert leben dürfen. Die Shoah begann nicht mit der Errichtung von Vernichtungslagern, nicht mit der Vertreibung von Missliebigen, sie begann bereits 1933 mit der Herabsetzung von Deutschen, die als »volksfremd« deklariert wurden. Selbst scheinbar gefestigte Demokratien können von innen ausgehöhlt werden; sie können – das ist die Lehre der ersten Hälfte des 20. Jahrhunderts – in der Diktatur, im Zivilisationsbruch enden. »Nie wieder Auschwitz« muss daher der zentrale Referenzrahmen unseres Gemeinwesens bleiben.

Wir stehen vor großen Herausforderungen: Die Sprengkraft, die in der ungleichen Verteilung des Wohlstandes, der globalen Armut und der Migration liegt, ist nicht zu unterschätzen. Niemand soll ausgeschlossen werden. Ethnische Vielfalt und Demokratie dürfen in einer Einwanderungsgesellschaft keine Gegensätze darstellen; die Inklusion der Menschen, die nach Deutschland kommen und bleiben wollen, muss in einer weltoffenen Gesellschaft angestrebt werden. Nicht zuletzt hängt die Zukunft der Demokratie – hier und weltweit – davon ab, ob die durch den Klimawandel erforderlichen Transformationsprozesse gelingen, bevor die Lebensgrundlagen auf unserem Planeten zerstört sind.

Kurt Tucholsky

Blick in ferne Zukunft

... Und wenn alles vorüber ist –; wenn sich das alles totgelaufen hat: der Hordenwahnsinn, die Wonne, in Massen aufzutreten, in Massen zu brüllen und in Gruppen Fahnen zu schwenken, wenn diese Zeitkrankheit vergangen ist, die die niedrigen Eigenschaften des Menschen zu guten umlügt; wenn die Leute zwar nicht klüger, aber müde geworden sind; wenn alle Kämpfe um den Faschismus ausgekämpft und wenn die letzten freiheitlichen Emigranten dahingeschieden sind –:

dann wird es eines Tages wieder sehr modern werden, liberal zu sein.

Dann wird einer kommen, der wird eine gradezu donnernde Entdeckung machen: er wird den Einzelmenschen entdecken. Er wird sagen: Es gibt einen Organismus, Mensch geheißen, und auf den kommt es an. Und ob der glücklich ist, das ist die Frage. Dass der frei ist, das ist das Ziel. Gruppen sind etwas Sekundäres – der Staat ist etwas Sekundäres. Es kommt nicht darauf an, dass der Staat lebe – es kommt darauf an, dass der Mensch lebe.

Dieser Mann, der so spricht, wird eine große Wirkung hervorrufen. Die Leute werden seiner These zujubeln und werden sagen: »Das ist ja ganz neu! Welch ein Mut! Das haben wir noch nie gehört! Eine neue Epoche der Menschheit bricht an! Welch ein Genie haben wir unter uns! Auf, auf! Die neue Lehre –!«

Und seine Bücher werden gekauft werden oder vielmehr die seiner Nachschreiber, denn der erste ist ja immer der Dumme.

Und dann wird sich das auswirken, und hunderttausend schwarzer, brauner und roter Hemden werden in die Ecke fliegen und auf den Misthaufen. Und die Leute werden wieder Mut zu sich selber bekommen, ohne Mehrheitsbeschlüsse und ohne Angst vor dem Staat, vor dem sie gekuscht hatten wie geprügelte Hunde. Und das wird dann so gehen, bis eines Tages ...

1930

Thomas Mann

Es ist mit der Selbstverständlichkeit der Demokratie in aller Welt eine zweifelhafte Sache geworden

Es gibt keinen Besitz, der Nachlässigkeit vertrüge. Selbst physische Dinge sterben ab, gehen ein, kommen abhanden, wenn man sich nicht um sie kümmert, wenn sie Blick und Hand des Besitzers nicht mehr spüren und er sie aus den Augen verliert, weil ihr Besitz ihn allzu selbstverständlich dünkt. Es ist mit der Selbstverständlichkeit der Demokratie in aller Welt eine zweifelhafte Sache geworden – auch in Amerika; denn Amerika gehört zum Kulturterritorium des Abendlandes und hat teil an seinen innern Schicksalen, an dem Auf und Ab seines geistigen und moralischen Lebens. Es kann sich nicht davon isolieren. Dass Demokratie heute kein gesichertes Gut, dass sie angefeindet, von innen und außen her schwer bedroht, dass sie wieder zum Problem geworden ist, das spürt auch Amerika. Es spürt, dass die Stunde gekommen ist für eine Selbstbesinnung der Demokratie, für ihre Wiedererinnerung, Wiedererörterung und Bewusstmachung – mit einem Wort: für ihre Erneuerung im Gedanken und im Gefühl.

1937

Carlo Schmid

Mut zur Intoleranz

Demokratie ist nur dort mehr als ein Produkt einer bloßen Zweckmäßig-
keitsentscheidung, wo man den Mut hat, an sie als etwas für die Würde
der Menschen Notwendiges zu glauben. Wenn man aber diesen Mut hat,
dann muss man auch den Mut zur Intoleranz denen gegenüber aufbringen, die die Demokratie missbrauchen wollen, um sie aufzuheben.

Rede im Parlamentarischen Rat am 8.9.1948

DAS RINGEN UM DIE DEMOKRATIE FINDET NIE EIN ENDE

Aleida Assmann

Wie wehrhaft ist unsere Demokratie?

Europa als Schutzmacht der Demokratie

Demokratien sind nie sicher, noch nicht einmal – denkt man an Donald
Trump – in den Ländern, in denen sie erfunden wurden. Angesichts
zunehmender Krisen und Kriege haben sie ihre Selbstverständlichkeit
verloren, müssen wehrhafter werden und brauchen besondere Versi-
cherungssysteme für ihren Erhalt. Was immer man alles gegen sie einwenden mag, genau das ist die EU: ein Versicherungssystem für den Erhalt von Demokratien. Das hat zunächst mit ihrer Geschichte zu tun,
denn neben dem Friedens- und dem Wirtschaftsprojekt war nach dem
Zweiten Weltkrieg das dritte Projekt der EU die Demokratisierung. Ehemalige Diktaturen wie Deutschland sollten auf ihrem neuen Kurs durch
andere Demokratien gestärkt und bestätigt werden. Dieses Demokrati-
sierungsprojekt blieb über Jahrzehnte eine historische Aufgabe der EU.
In den 1970er-Jahren wurden Länder mit Diktaturen wie Spanien, Por-
tugal und Griechenland in Demokratien verwandelt und nach dem Fall
der Mauer galt dies noch einmal für die DDR und andere Staaten des
Ostblocks, die sich diesem Bündnis anschlossen.

Inzwischen gibt es sogar Amerikaner, die den ›Europäischen Traum‹
dem ›Amerikanischen Traum‹ vorziehen. Sie haben erkannt, dass ein
Menschenbild, das ausschließlich auf Wettbewerb und wirtschaftlichen
Erfolg ausgerichtet ist, sozial destruktiv sein kann. In der EU gelten zum
Beispiel die 1948 neu deklarierten Menschenrechte. Wer ihr beitreten
will, muss die Todesstrafe abschaffen. Trotz Defaitismus und Skepsis
gibt es also gute Gründe, die EU zu feiern – und zu unterstützen. Denn
seit dem ›Sommer der Migration‹ 2015/2016 hat sich der Druck auf ihre
Außengrenzen erhöht. Damit hat sich der Auftrag der EU noch einmal

deutlich verändert. Er lautet nicht nur: Wir verwandeln Diktaturen in Demokratien und schaffen einen Club für zivile und demokratische Nationalstaaten, alte und neue, sondern auch: Wir schaffen ein Versicherungssystem, das verhindert, dass diese Mitgliedstaaten rückfällig werden, indem sie ihre Demokratien schrittweise abbauen und aus ihnen wieder gewaltbereite und autokratische Nationalstaaten werden.

Es ist genau das, was in vielen Ländern der EU seit einigen Jahren passiert. Rechtsgerichtete Parteien sind ans Ruder gekommen und höhlen die Demokratie aus. Die Vielfalt der Medien wird durch nationalistische Propaganda ersetzt, Migranten werden zum kollektiven Feindbild stilisiert. Der Kampf um die Demokratie hat alle Staaten der EU erfasst. Viele sind wieder »rückfällig« geworden und bauen ihre Demokratie ab. In Polen spricht Präsident Duda, der nach der letzten Wahl die Demokratie gegen seinen Willen wieder einführen muss, vom »Terror der Rechtsstaatlichkeit«. Dieser Terror der Rechtsstaatlichkeit ist es auch, der Korruption, ein auf der Welt weitverbreitetes Übel, verhindert. Korruption gibt es überall, aber den Kampf gegen Korruption gibt es nur in Demokratien, wo es auch Überwachungssysteme gibt. Die viel geschmähte EU lebt heute überall dort, wo Menschen auf die Straße gehen, um ihre diverse Gesellschaft zu verteidigen.

Demokratiealarm: Von der Wannsee-Konferenz 1942 zur Potsdam-Konferenz 2023

Als die Menschen in Ländern wie Belarus, Israel oder Polen massenhaft auf die Straßen gingen, um ihre Demokratie zu verteidigen, konnte man sich etwas Entsprechendes für Deutschland in keiner Weise vorstellen. Jetzt hat die Welt gerade spektakuläre Bilder aus vielen deutschen Städten vor Augen von Menschen, die auf die Straße gehen, um ihre diverse Gesellschaft zu verteidigen. Seit 1990 hat es in Deutschland trotz umstürzender Ereignisse und schwerer politischer Krisen keine solchen öffentlichen Demonstrationen mehr gegeben. Was ist geschehen?

Ein Team von investigativen Journalisten namens ›Correctiv‹ hatte ein geheimes Treffen beobachtet, das im November 2023 in Potsdam hinter verschlossenen Fenstern und Türen stattfand. Ausgerechnet diejenigen, die sonst immer hinter Allem und Jedem Verschwörungen vermuten, waren nun selbst bei einer handfesten Verschwörung ertappt worden. Eine Gruppe von gewaltbereiten Rechtsradikalen beriet an einem geheimen Ort über die Realisierung eines gemeinsamen Projekts. Dieses Projekt hieß ›Remigration‹ und betraf im Klartext die Zwangsdeportation von Menschen mit Migrationshintergrund aus der deutschen Gesellschaft. Was sie wollen, ist eindeutig: Es soll die durch Zuwanderung verunreinigte ethnische Reinheit der ›deutschen Volksgemeinschaft‹ wiederhergestellt werden. Das nationalistische Phantasma der sogenannten »Umvolkung« geht nämlich von der Annahme aus, dass der ›deutsche Volkskörper‹ durch Migranten beschädigt, ja vernichtet wird. Die Grundlagen dieser Entscheidung liegen in den Theorien des Rassismus und Antisemitismus, die in der deutschen Geschichte zu historischen Verbrechen ungekannten Ausmaßes und unendlichem Leid geführt haben.

Der Mediziner Benno Müller-Hill (1933–2018) gehört zu den Pionieren in Westdeutschland, die die Geschichte ihrer Institution aufgearbeitet haben. In den 1980er-Jahren hat er über die Sterilisierung von Geisteskranken geschrieben und in diesem Zusammenhang die Ideologie der Nationalsozialisten kurz und bündig zusammengefasst:

> Die Verschiedenheit der Menschen ist biologisch begründet, sagen sie. Das, was die Juden zu Juden, die Zigeuner zu Zigeunern, die Asozialen zu Asozialen und die Geisteskranken zu Geisteskranken macht, liegt im Blut bzw. in den Genen. Alle die Obengenannten und andere mehr sind minderwertig. Daher darf es keine rechtliche Gleichheit zwischen Minderwertigen und Hochwertigen geben. Es besteht die Möglichkeit, dass sich die Minderwertigen schneller vermehren als die Hochwertigen. Daher muss man die Minderwertigen absondern, sterilisieren, ausmerzen, ausschalten, d.h. töten, sonst macht man sich schuldig am Untergang der Kultur.[1]

Sich an diese verfemten Vorstellungen von einem völkischen Erbgut so einfach anzuschließen, zeugt nicht nur von radikaler Geschichtsvergessenheit; es bezeugt – noch schockierender – ein affirmatives Verhältnis zu diesen dunkelsten Kapiteln deutscher Geschichte. Deshalb dauerte es auch nicht lange, bis nach der Aufdeckung dieser Verschwörung das Wort von der »Wannsee-Konferenz« fiel. Auf den Tag 82 Jahre nach der Wannsee-Konferenz am 20. Januar 1942, so konstatierte Christian Wulff auf einer Demonstration in Hannover, erhob sich die schweigende Mehrheit der deutschen Gesellschaft, von der in den letzten Wochen so oft die Rede war, und zeigte ihr Gesicht. Vor zwei Jahren war dieses Ereignis im historischen Jubiläumsrhythmus wiedergekehrt; es hatte nach runden 80 Jahren einen Fernsehfilm und Reden im Bundestag gegeben, sowie viele Zeitungsartikel, die den Auftakt der letzten Phase der Ermordung der europäischen Juden wieder in Erinnerung riefen.

Unheimliche Analogien

Erst wenn wir die Konferenz in Potsdam neben die Konferenz am Wannsee stellen, lässt sich erklären, warum die Nachrichten eines Journalistenkollektivs in Deutschland Tausende, ja Millionen Menschen aller Generationen, Regionen und Städte auf die Straßen getrieben haben und weiter treiben. Ähnlich wie in Israel, wo monatelang im Sommer Menschen gegen die ultrarechte Politik der Regierung und für die Verteidigung ihrer Demokratie auf die Straße gingen, geht es jetzt in deutschen Städten um die Verteidigung der Demokratie. Überall gibt es Demokratien, die schwer angegriffen sind, aber eine solche Bewegung gab es weder in den Niederlanden, Österreich oder in den USA. In Polen ist man gerade dabei, die Demokratie nach der gewonnenen Wahl wieder auf die Beine zu stellen, doch die Antidemokraten sind in diesem Prozess nicht gerade entgegenkommend und scheren sich nicht – wie schon Trump beim Sturm aufs Capitol 2021 – um die Einhaltung von grundlegenden Spielregeln.

Bei der Wannsee-Konferenz ging es bekanntlich um die »Lösung der Judenfrage«. Diese Formel ist der brutalste Euphemismus, der je erfunden wurde, um ein Megaverbrechen zu verschleiern. Es geht dabei zugleich um die Erfüllung eines kollektiven Wunsches, der im NS-Regime darin bestand, eine »Welt ohne Juden« hervorzubringen.[2] Das Töten fängt in der Sprache an. Je abstrakter, desto technischer, wissenschaftlicher, cleaner. Im Klartext von Hannah Arendt gesprochen war »die Lösung der Judenfrage« nichts anderes als »die industrielle Produktion von Leichen«.[3]

Geschichte wiederholt sich nicht, wie Mark Twain einmal bemerkte, aber sie reimt sich. Der Rückbezug ist unverkennbar. Er nimmt die Gestalt eines historischen Vergleichs an. Darf man vergleichen oder darf man nicht vergleichen? Vergleiche sind unbedingt nötig. Sie sind ja nicht dazu da, Ereignisse gleichzusetzen, sondern darüber nachzudenken, was jeweils ähnlich und was unähnlich ist. Vergleiche können helfen, Gefahren zu erkennen, die in der Gegenwart lauern. »Der Schoß ist fruchtbar noch, aus dem dies kroch!« hat Nietzsche einmal geschrieben. Auch dieser Satz fordert Wachsamkeit, denn die Vergangenheit ist noch nicht ganz beendet. Es gibt Gefühle und Reaktionen, die weiterleben und die sich, wenn sich eine Gelegenheit dafür findet, wiederkehren.

So, wie in der Wannsee-Villa über die »Lösung der Judenfrage« diskutiert wurde, wurde nun fast 82 Jahre später nicht weit davon entfernt in der Villa Adlon in Potsdam über die »Lösung der Migrantenfrage« diskutiert. So wie sich damals perverserweise die Nazis in der Rolle der Verfolgten und Gefährdeten sahen, sehen sich die heutigen Nazis in der Rolle der von Auslöschung Bedrohten. Der Jurist Hans-Georg Maaßen, der ab 1991 im Bundesinnenministerium unter anderem als Referent für Ausländerangelegenheiten arbeitete, sprach wiederholt von einem »eliminatorischen Rassismus gegen Weiße«, womit er sich einen Begriff des Holocaustforschers Daniel Goldhagen aneignete. Bei Maaßen ging es um eine Gleichsetzung: Ebenso wie damals die Juden von den Deutschen ausgelöscht wurden, werden heute die Deutschen von den Migranten ausgelöscht. Die Botschaft lautet: Die Deutschen sind heute die Opfer der Migrationsgeschichte. Gibt es so etwas wie emotionale Spurrillen und eine mentale Infrastruktur für toxische Einstellungen und gewaltvolle Reaktionen? Freud sprach von einem ›Wiederholungszwang‹ und als Therapie gegen das Wiederholen empfahl er die Arbeit des Erinnerns und Durcharbeitens.

Demokratie braucht Erinnerungskultur:
vom Schlussstrich zum Trennungsstrich

Bloße Naturwesen vergessen und fangen von vorn an. Wir aber sind
Menschen und werden nimmermehr wahrhaftig, wenn wir nicht vor
Augen haben, was getan wurde.[4]

In einer Ära des Vergessens plädierte Jaspers fürs Erinnern. Nach 1945
gab es keine ›Erinnerungskultur‹. Die ist erst vier Jahrzehnte später in
der Mitte der 1980er-Jahre entstanden. Viele Überlebende des Holocaust schwiegen zunächst, weil sie ihre Kinder nicht belasten und ihnen
zu einem ›normalen Leben‹ verhelfen wollten. Die ersten 40 Jahre west-
deutscher Bundesrepublik standen im Zeichen der Schlussstrichpolitik
von Adenauer bis Kohl. Sich selbst Vergeben und Vergessen – Hermann
Lübbe nannte es das ›kommunikative Beschweigen‹ – standen im Mittelpunkt. Diese Politik hatte einen klaren Zweck: die Integration der Na-
zi-Täter, man könnte auch sagen: die Verwandlung der NS-Volksgemein-
schaft in die neue Demokratie Westdeutschlands. Nach den Nürnberger
Prozessen waren auch die westlichen Alliierten nicht an einer Aufarbeitung der Geschichte interessiert, denn sie brauchten einen starken Part-
ner im Kalten Krieg.

Die deutsche Erinnerungskultur entstand nicht von oben, sondern
von unten, durch lokale Initiativen der unbelasteten jüngeren Generation. Die bleierne Decke des Schweigens ist erst nach einem weiteren
Generationswechsel von der Kriegsgeneration zur Nachkriegsgeneration in den 1980er- und 1990er-Jahren zerrissen. Im Zuge einer aktiven
Auseinandersetzung mit der Vergangenheit mithilfe von Debatten und
Denkmälern, Filmen, historischer Forschung und Geschichtsunterricht
wurde Anfang des 21. Jahrhunderts eine radikale Wertewende politischer Orientierung eingeleitet. In diesem Prozess hat sich die Erinnerungskultur bis an die Regierungsspitze durchgesetzt.

Das Gegenmodell zum Schlussstrich nenne ich den Trennungsstrich.
Er zieht ebenfalls eine Linie zwischen der Gegenwart und der Vergangenheit. Der Unterschied ist aber, dass man damit die Vergangenheit
nicht dem Vergessen überlässt, sondern sie umgekehrt zum Gegenstand

der Auseinandersetzung macht und ins Erinnern zurückholt. Man distanziert sich dabei von der Vergangenheit durch bewusste Reflexion, durch historische Aufarbeitung und eine Umwertung der Werte. Der Trennungsstrich bedeutet: Wir wollen die Vergangenheit beenden und auf keinen Fall wiederholen. Um sie effektiv zu überwinden, muss man sich an sie erinnern, darüber lernen und sie als Gefahr wachhalten.

Der AfD ist diese Erinnerungskultur ein Dorn im Auge. Sie sprechen von »Schuldkult« und »Sündenstolz«. Auch die Schweizer verstehen das nicht. Ein Kommentar in der NZZ lautet: »Statt aus der beeindruckenden Erfolgsgeschichte ihrer Demokratie Selbstvertrauen zu schöpfen, starren die Deutschen auf den Fetisch 1933. Aus Angst vor der vermaledeiten Vergangenheit erschweren sie sich die Zukunft.«[5] Hinter dem Willen zur Aufklärung steht der Wunsch, eine Zäsur in der Geschichte zu vollziehen und einen Wandel des Selbstbildes und der eigenen Identität einzuleiten. Dieser Wunsch kommt aus der Überzeugung: Wo sich Menschheitsverbrechen ereignet haben, kann man nicht einfach so weitermachen. Es wächst das Bedürfnis, einen Schnitt zu machen und auf klare Distanz zu gehen zur negativen Vergangenheit. Das geschieht jedoch nicht mehr durch Leugnung oder Vergessen, denn Vergessen kann sich als eine besonders hartnäckige Form der Konservierung erweisen. Im Modell des Trennungsstrichs geschieht es umgekehrt durch Aufarbeitung, Durchleuchtung und Auseinandersetzung. Dann ist es nämlich nicht mehr einfach die vergehende Zeit, sondern die aktive Auseinandersetzung, die eine neue Zukunft eröffnet.

Was hält die Demokratie zusammen?

Antidemokratische Staaten wie Ungarn und antidemokratische Parteien wie die AfD haben die EU zu ihrem Feindbild gemacht. Demokratien dagegen brauchen für ihren Zusammenhalt keine Feindbilder, aber einen starken Sinn für das, was die Menschen miteinander verbindet. In den USA gab es lange Zeit einen starken gemeinsamen Stolz, der im Fahneneid seinen Ausdruck findet, der jeden Morgen in allen Schulen gesprochen wird. Demokratie braucht aber nicht nur einen positiven Patriotismus, sondern auch Wachsamkeit und die Sorge um das gemeinsame Gut der Demokratie.

Deutschland hat eine sehr viel schwächere und immer wieder abgebrochene Demokratietradition. Nach 175 Jahren wurden 2023 ausgiebig die ersten demokratischen Erhebungen in Deutschland gefeiert. In ostdeutschen Städten gab es die einzige erfolgreiche demokratische Revolution. Auch das könnte ein Fixpunkt gesamtdeutscher Identität sein. Im Januar 2024 erinnerte Uli Hoeneß bei der Beerdigung von Franz Beckenbauer an das Sommermärchen der Fußball Weltmeisterschaft 2006. »Da müssen wir wieder hinkommen, dass alle stolz sind!« Der Stolz auf die Weltmeisterschaft ist längst verflogen, aber der Stolz auf die Demokratie sollte andauern. Sport ist ein ganz anderer Rahmen als die Politik. Die Gegner verlieren und gewinnen, aber sie sind und bleiben ebenbürtig und achten sich gegenseitig. Das ist in der Politik nicht immer der Fall. Die AfD möchte er nicht mit dabei haben, ergänzte Thomas Tuchel die Worte seines Vereinskollegen. Denn nicht jeder Stolz ist willkommen. Im Sport gibt es Gegner, die die Spielregeln achten, in der Politik gibt es auch Feinde, die auf die Auslöschung des Gegners abzielen. Sie entsprechen den Zuschauern, die das Feld stürmen und das Spiel zerstören.

Demokratie ist vielstimmig

Mit den aktuellen Demonstrationen ist eine rote Linie zwischen Demokraten und Antidemokraten gezogen geworden, die fast aus den Augen geraten war. Mit einer immer fremdenfeindlicher werdenden Migrationspolitik hatten die rechten Parteien und Gruppierungen punkten können. Sie gaben den Ton an, gewannen Wahlen und feierten euphorische Parteitage. Ihre Machtübernahme schien nur noch eine Frage der Zeit. Sie gaben die Emotionen vor, die Stimmung war ansteckend und breitete sich aus. Es sah schon so aus, als würde sie sich auch unaufhaltsam in Wahlstimmen verwandeln. Die Demokratie zog sich ängstlich zurück und machte lauter Zugeständnisse. Vor diesem Hintergrund waren die Ereignisse rund um die Enthüllung des Adlonplots in Potsdam ein Schock und ein Weckruf für die Demokratie. Mit ihm ging der Ruck durch das Land, nach dem Präsident Roman Herzog 1997 gerufen hatte. Dieser Ruck trat erst ein, nachdem ein Rechtsruck stattgefunden hatte, der jetzt aufgedeckt worden ist. Damit hatte in Deutschland keiner gerechnet. Die Antwort war kein verabredetes und schon gar kein verordnetes Ereignis, sondern eine spontane Bewegung.

Auf den Demonstrationen haben sich die Menschen klar positioniert und für die Demokratie ausgesprochen. »Bunt ist unsere Lieblingsfarbe« steht auf einem der unzähligen selbst gemalten Plakate. Bis zu einer Million Menschen verschiedenen Alters und unterschiedlicher Herkunft, also ein Querschnitt durch die ganze Gesellschaft, zog und zieht es im Januar 2024 auf die Straße. Die mitgeführten Tafeln und Schilder zeigen nicht nur die Vielstimmigkeit der Demonstrantinnen, sie zeigen auch, dass Herz und Hirn erfinderischer und unterhaltsamer sind als Hass und Hetze: »bunt statt braun«, »Alternative für Dummköpfe«, »Faschismus ist keine Meinung«, »Wenn AfD die Antwort sein soll, wie dumm war dann die Frage?«, »EKELH-**AFD**«, und »Menschenrechte statt rechte Menschen!«

Wie kann die Demokratie wehrhafter werden?

Im Gegensatz zu populistischen Parteien braucht die Demokratie keine Feindbilder, um sich zusammenzuschließen. Aber sie hat Gegner und auch Feinde. Die Feinde der offenen Gesellschaft formieren sich immer wieder neu. Bei den kommenden Wahlen könnten die Antidemokraten laut Umfragen bis zu 30 Prozent der Stimmen gewinnen und liegen mit ihrer Strategie bereits auf Rang 1. Der Weckruf der Demonstrationen zeigt: Dieser Widerstand kann gelingen, aber das geht nur gemeinsam durch einen Zusammenschluss jenseits von Parteien und Institutionen quer durch die Gesellschaft. Es braucht ein Bündnis aller Demokraten. Zum ersten Mal seit dem Zweiten Weltkrieg müssen sich die Menschen in Deutschland wieder die Grundsatzfrage stellen: Wollen wir die Demokratie? Ja oder Nein? Dabei geht es nicht um die eine oder andere politische Meinung und es geht auch nicht um unterschiedliche weltanschauliche Orientierungen, sondern um weit mehr: um unsere Kultur, unsere Identität, unsere Geschichte, unsere Zukunft. Wie soll die Zukunft aussehen? Die Vorbilder haben wir in anderen Staaten innerhalb und außerhalb Europas vor Augen. Aber in Deutschland ist es indiskutabel, dass Menschen, die in diesem Land leben, noch einmal aus unserer Mitte herausgerissen werden. Sie gehören zu uns, sie sind ein fester Teil dieses Landes!

Fünf Faustregeln für die Stärkung der Demokratie

1. Der Rechtsstaat muss gestärkt werden, damit er sich nicht wieder von selbst aufhebt.

Populistische Parteien, einmal an die Macht gekommen, geben sie nicht wieder her. Sie manipulieren die Gesetze und Wahlen. Beispiele dafür gibt es zur Genüge in Polen, Israel und den USA. Hinzu kommt das alte Instrument der Propaganda und das neue Instrument der digitalen Desinformation, das inzwischen eine neue Dimension gewonnen hat und durch russische Unterstützung 2016 bereits die erste Trump-Wahl entschieden hat. Damals ging eine Fake-News-Kampagne von der kleinen mazedonischen Stadt Veles aus, wo ein kleines Team von Internetaggressoren massenhaft die Nachrichten verbreitete, dass Hilary Clinton mit Pädophilen im Bunde stehe und der Papst eine Empfehlung für Trump ausgesprochen habe. Der Mastermind hinter dieser Kampagne, der jungen Leuten das digitale Handwerk der Fake-News-Produktion beibrachte, war der Experte für Internetmarketing Mirko Ceselkoski. Sein Kommentar lautete: »Was ich tat, war vielleicht nicht ethisch. Aber die ganze Welt tat es.«[6]

2. Achtung vor der Verschleierung von Gewalt durch eine wohlklingende oder abstrakte Sprache!

Im NS-Staat wurde Staatsgewalt durch Euphemismen (wörtlich: Schönrederei) verschleiert. So bezeichnet man eine Sprache, der man nicht ansieht, was wirklich gemeint ist. Die Patientenmorde im Dritten Reich wurden als ›Euthanasie‹ (wörtlich: schöner Tod) oder ›Gnadentod‹ verklärt. Das Wort ›Remigration‹, das aus der Potsdam-Konferenz herausgedrungen ist, klingt abstrakt, wissenschaftlich und technisch, legt also ein seriöses, rationales und effektives Verfahren nahe. Dagegen helfen Dichter und Denker, die in einer klaren Sprache sprechen. »Sein Wesen ist Gewalt« schrieb zum Beispiel Thomas Mann 1938 über den Faschismus. Noch bevor die Ziele und Methoden der Nazis umgesetzt wurden, machte er sich keinerlei Illusionen. Er sollte Recht behalten: Das Morden begann in der Sprache.

Ähnliches gilt heute für Putin. Er verbietet das Wort ›Krieg‹ und spricht von einer »Spezialoperation«. Auch dieses Wort klingt klinisch und rein. Wie uns schon Orwell lehrte, muss die Demokratie deshalb auf die Sprache achten und dafür sorgen, dass Menschen nicht irregeführt und getäuscht werden über das, was man mit ihnen vorhat.

3. Demokratie braucht eine selbstkritische Erinnerungskultur.

Nachdem sich Demokratien wie die USA lange ausschließlich auf die Zukunft bezogen und den ›amerikanischen Traum‹ vom wirtschaftlichen Wettbewerb und Erfolg geträumt haben, reicht das offensichtlich nicht mehr. In vielen Ländern ist die Vergangenheit der Sklaverei, des Kolonialismus, des Faschismus, des Stalinismus zurückgekehrt. Die Opfer dieser Menschheitsverbrechen haben zu sprechen begonnen und niemand geht mehr davon aus, dass sich die Traumata und Leiden von alleine erledigen. Die Vergangenheit bedarf der Wiedervorlage, der Anerkennung und Durcharbeitung. Die ehemaligen Täter müssen mehr über ihre Geschichte wissen und sich ihr aus der Perspektive der Opfer nähern. Auf diese Weise kann für die ehemaligen Täter und die betroffenen Opfer in derselben Gesellschaft ein gemeinsamer Raum entstehen, in dem sich für beide Gruppen, durch Wissen verbunden, eine gemeinsame Zukunft öffnet.

4. Die Demokratie braucht kein Feindbild, aber einen starken Sinn für das, was die Menschen miteinander verbindet und zusammenhält.

Die EU wurde bei ihrer Gründung mit einem klaren Feindbild zusammengehalten. Sie entstand nach dem heißen Zweiten Weltkrieg mit der Einbindung Westdeutschlands in das Westbündnis der Alliierten und stützte im Kalten Krieg den ›kapitalistischen Westen‹ gegen den ›kommunistischen Osten‹. Diese Polarisierung endete nach dem Sturz der

Mauer und der Aufnahme osteuropäischer Staaten. Das Feindbild ›Osten‹ wurde aufgelöst und an die Stelle der *Polarisierung* trat eine *Pluralisierung* der EU in Bezug auf ihre Sprachen, Geschichten und Kulturen. Mit seinem Angriffskrieg gegen die Ukraine hat Putin das Schema des klaren Feindbildes auf eine krasse Weise erneuert.

Die AfD ist auf ein klares Feindbild gegründet. Diese Partei lebt ausschließlich von den Werten anderer Parteien, die sie durch das jeweilige Gegenteil ersetzt. Ihre eigenen Ziele, Projekte und Programme entwickelt sie also stets in Abhängigkeit und Negation aktueller Normen, Entwicklungen und Orientierungen. Dass das kein besonders originelles Verfahren ist, zeigt eine Aussage von Maximilian Krah, AfD-Mitglied aus Sachsen und Spitzenkandidat für die kommende Europawahl 2024: »Was sind die Themen der EU? Klima, Gender, Einwanderung, Krieg. Was sind die Themen der AfD? Wohlstand, Familie, Volk und Frieden.«

Die Demokratie hat Platz für Streit, Skepsis und Kritik. Um wehrhaft zu sein, braucht sie aber auch ein starkes Engagement. Sie braucht Ermutigung, Modelle, Vorbilder und Beispiele, wo auch mal etwas gut läuft. Da das die Medien jedoch weit weniger interessiert als Skandale, Misswirtschaft und Fehlverhalten, hat die Demokratie ein strukturelles Repräsentationsproblem. Sie zeigt öfter ihre negativen Seiten als ihre positiven Errungenschaften, die schon deshalb nicht zählen, weil sie meist als selbstverständlich hingenommen werden und erst dann wirklich gewürdigt werden, wenn sie verloren gegangen sind.

5. Menschenrechte schließen Menschenpflichten mit ein.

Der moralische Kern von Demokratien sind die Menschenrechte. Deshalb ist das Positive, das die Demokratie in den Mittelpunkt stellt, das Bekenntnis zur Achtung der Würde des Menschen. Diese Tradition ist eng mit der westlichen Aufklärung verbunden. Allerdings gibt es ähnliche Konzepte von Menschenwürde und Gerechtigkeit, die in anderen Kulturen existieren. Sie zu würdigen und einzubeziehen ist eine wichtige Aufgabe. Als ein universaler Begriff bietet sich dafür der Begriff der ›Menschenpflichten‹ an. Überall auf der Welt gibt es Traditionen gegenseitiger Achtung und Mitmenschlichkeit sowie Grundregeln für einen fürsorglichen und humanen Umgang miteinander. Dieses ›Weltethos‹

könnte als ein Grundkonsens in der diversen Gesellschaft der Zukunft eine wichtige Rolle spielen. Dabei gilt es, sich auf gemeinsame Werte wie Gewaltlosigkeit, Solidarität, Toleranz, Gleichberechtigung und Nachhaltigkeit zu besinnen und zu einigen, anstatt kulturelle Differenzen hervorzukehren und Polarisierung zu forcieren. Differenzen können sich in einer Demokratie entfalten, wo im Zusammenleben das Verbindende gestärkt und das Trennende überwunden wird.

Anmerkungen:

1   Müller-Hill, Benno: Tödliche Wissenschaft. Die Aussonderung von Juden, Zigeunern und Geisteskranken 1933–1945, Reinbek 1988, S. 26.

2   In dieser Formel hat Alon Confino das Phantasma der Nationalsozialisten zusammengefasst. Der Aufbau einer neuen Nazi-Welt erforderte in deren Augen eine tabula rasa, und das bedeutete: eine vollständige Auslöschung jüdisches Denkens und Vernichtung jüdischer Menschen. *A World Without Jews: The Nazi Imagination from Persecution to Genocide*, Yale University Press, 2014.

3   Hannah Arendt in einem berühmten Fernsehinterview mit Günter Gaus 1956.

4   Jaspers, Karl: Vom Ursprung und Ziel der Geschichte, München 1949.

5   NZZ vom 19.1.2024, <https://www.nzz.ch/meinung/bauern-proteste-und-ampel-aerger-in-deutschland-ist-der-wurm-drin-ld.1774931>.

6   <https://www.srf.ch/kultur/gesellschaft-religion/welthauptstadt-der-luegen-wo-der-papst-trump-waehlt-und-hillary-clinton-paedophil-ist>.

Andreas Voßkuhle

Legitimationsleistung der parlamentarischen Demokratie in Krisen- und Umbruchzeiten

Kann die parlamentarische Demokratie ihre Legitimationsleistung für unser politisches System noch erbringen? Angesichts der permanenten Krisen in den letzten 20 Jahren (I.) und dem Aufstieg totalitärer Systeme (II.) erscheint die Antwort auf diese Frage mehr denn je offen. Eines sollte aber klar sein: Nur wenn wir den Gefährdungen der parlamentarischen Demokratie aktiv entgegenwirken, hat sie eine Chance, dauerhaft zu überleben (III.).

I.[1]

Seit dem Ende des Zweiten Weltkriegs können wir in Europa drei große Entwicklungslinien beobachten: Erstens erleben wir seit den 1950er-Jahren den Siegeszug der Idee der Menschenrechte, die eng verknüpft ist mit dem Aufbau des materialen Verfassungsstaats und der Etablierung starker Verfassungsgerichte. Zweitens hat sich in Europa spätestens mit dem Ende des Kalten Krieges und der Wiedervereinigung Deutschlands das westliche Demokratiemodell durchgesetzt, das einerseits geprägt ist durch das Erbe der amerikanischen und französischen Revolution und andererseits durch die Tradition des britischen Parlamentarismus. Drittens nahm das Projekt der europäischen Integration stetig an Fahrt auf und führte mit dem Vertrag von Lissabon zu einer Europäischen Union, in der weite Felder vormals staatlichen Handelns vergemeinschaftet sind. Keine dieser Entwicklungen beginnt erst 1945 und keine hat sich bruchlos vollzogen. Ihre gewaltige Dynamik entfalteten die drei skizzierten Entwicklungslinien erst nach den Erfahrungen des ungeheuren

Leids durch den Zweiten Weltkrieg und des organisierten Völkermords während der Diktatur der Nationalsozialisten.

Lange wähnten sich die Nachkriegsgeneration und ihre Nachfahren auf dem richtigen Weg zu Frieden, Selbstbestimmung, Gleichheit und Wohlstand. Nun, am Anfang des 21. Jahrhunderts, scheint diese »Gewissheit« plötzlich und für viele völlig überraschend verloren zu gehen. Glaubte noch Francis Fukuyama, nach dem Zusammenbruch der Sowjetunion und der von ihr abhängigen sozialistischen Staaten sei das »Ende der Geschichte« erreicht, weil sich das Ordnungskonzept der liberalen Demokratie und der Marktwirtschaft endgültig durchgesetzt habe, erleben wir heute nicht nur weltweit, sondern gerade auch in Europa eine »Renaissance des politischen Autoritarismus« (André Bank), der sich um viele politische Errungenschaften der Nachkriegszeit nicht schert: Verfassungsgerichte werden innerhalb weniger Monate faktisch entmachtet, so etwa geschehen in Polen und Ungarn. Der 45. Präsident der ältesten und mächtigsten Demokratie der Welt hat der Welt eindrucksvoll demonstriert, wie leicht eine narzisstische und manipulative Persönlichkeit im Zeitalter digitaler Direktkommunikation die demokratische Kultur eines gefestigten politischen Systems in wenigen Jahren durch dreiste Lügen sowie rassistische und sexistische Ausfälle vergiften kann. Gleichzeitig drängt in vielen Mitgliedstaaten der Europäischen Union ein ungebremster Nationalismus zurück ans Licht, der sich gegen Europa wendet und im Falle Großbritanniens sogar zum Ausstieg aus der Europäischen Union geführt hat. Treibende Kräfte sind hier häufig rechtspopulistische Bewegungen und Parteien, die, bei allen Unterschieden, der Hass auf Fremde und vermeintliche Eliten sowie die Intoleranz gegenüber gesellschaftlichen Gruppen eint, die als »Minderheit« qualifiziert werden.

Der Humus, auf dem diese Einstellungen wachsen, setzt sich aus unterschiedlichen Ingredienzen zusammen. Zum einen sind wir Zeitzeugen eines ungeheuer dynamischen sozialen und politischen Wandels, der an das Hochzeitalter der Industrialisierung erinnert und vor allem getrieben wird durch die beiden Megatrends Digitalisierung und Globalisierung. Welche Zukunft der Einzelne in dieser Lage noch vor sich hat und ob er zu den »Gewinnern« oder den »Verlierern« zählen wird, ist jeweils ungewiss. Zum anderen scheint die Welt in einen permanenten Krisenmodus gewechselt zu sein. Besonders die islamistischen Terroranschläge auf das Word Trade Center in New York (2001), die globale Finanz- und Bankenkrise (ab 2007), die europäische Staatsschuldenkrise (ab 2009) und die europäische Migrationskrise (Höhepunkt 2015) haben zu tief sitzenden Ängsten und Sorgen innerhalb weiter Teile der Bevölkerung geführt. Diese Ängste und Sorgen sind durch die immer stärker spürbaren Auswirkungen des Klimawandels, die aktuellen Pandemieerfahrungen (ab 2020) und den brutalen russischen Angriffskrieg auf die Ukraine (2022) nicht kleiner geworden.

II.

Aber auch unabhängig von der weltpolitischen Lage fehlt es nicht an grundsätzlicher Kritik am Modell der parlamentarischen Demokratie. Mittlerweile ist die Zahl aktueller wissenschaftlicher Analysen und Studien zu diesem Thema kaum noch überschaubar. Ich möchte ein paar zentrale Punkte dieser breit geführten Diskussion im Sinne einer aktuellen Standortbeschreibung schlaglichtartig beleuchten:

1. Die Demokratie hat lediglich einen Bruchteil der Menschheitsgeschichte geprägt. Zwischen 1788 und 2008 ging die Macht 554-mal durch Wahlen und 577-mal durch einen Umsturz in andere Hände über. 68 Länder, darunter China und Russland, haben noch nie einen Regierungswechsel zwischen Parteien infolge einer Wahl erlebt. Die Demokratie ist also keineswegs selbstverständlich, sie könnte ein vorübergehendes historisches Phänomen sein.[2]

2. Ferner muss man sich immer wieder klar machen, dass bis heute kein universelles Demokratiemodell existiert. Die Demokratien in Frankreich, den USA, dem Vereinigten Königreich, der Schweiz und Deutschland sind bekanntlich sehr unterschiedlich. Es ist daher nicht einfach, den Zustand der Demokratie im eigenen Land richtig einzuschätzen. Historisch betrachtet ist die Demokratie »stets als Versprechen und Problem zugleich in Erscheinung getreten«[3]. Sie wird von Anfang an von einem Misstrauen der Bürgerinnen und Bürger, die Sorge haben, dass die gewählten Repräsentantinnen und

Repräsentanten ihre Wahlversprechen nicht einhalten und sich von egoistischen Motiven leiten lassen, begleitet.

3. Das große Versprechen der Demokratie, »die gleiche Teilhabe an der politischen Gestaltung der eigenen Lebensverhältnisse«[4], hat aber offensichtlich nichts an Attraktivität eingebüßt: Auch die Gegner der parlamentarisch-repräsentativen Demokratie erhalten gern den Eindruck einer Demokratie aufrecht. Damit einher geht häufig eine radikale Verengung des Demokratieprinzips auf die Autorität der Mehrheitsentscheidung. Die Voraussetzungen einer lebendigen Demokratie, die der Minderheit die Chance gibt, zur Mehrheit zu werden – Oppositionsrechte, Versammlungs-, Meinungs- und Pressefreiheit, Rechtsstaatlichkeit, Minderheitenschutz und so weiter –, werden dagegen nach Erlangung der Macht nach und nach relativiert oder abgeschafft. Aktuelle Beispiele für eine solche Entwicklung in Europa sind Ungarn, Polen oder die Türkei und Russland.

4. Die Gründe, die in der Politik-, Sozial- und Geschichtswissenschaft für den Aufstieg der »illiberalen Demokratie« angeführt werden, sind vielfältig:

So können wir seit Längerem einen Strukturwandel der Öffentlichkeit beobachten: An die Stelle der gruppenpluralistisch organisierten Öffentlichkeit tritt eine »in unterschiedlichste Netzwerke fragmentierte Öffentlichkeit, die aus einer großen Entbündelung gesellschaftlicher Kommunikationsströme hervorgeht«[5].

Die tief greifende Individualisierung der Gesellschaft[6] beschleunigt den Zerfall des traditionellen Parteiensystems, das auf die kollektive Bündelung von Interessen ausgelegt ist. In dem Maße, in dem die politischen »Führer« mit dem »Volk« direkt über das Netz kommunizieren, werden die demokratischen Vermittlungsleistungen von Parteien letztlich überflüssig.

Angesichts eines entgrenzten Finanzmarktkapitalismus und anderer Globalisierungsphänomene, die die souveränen Handlungsmöglichkeiten nationaler Politiken zu beschränken scheinen, beschleicht viele Bürgerinnen und Bürger ein Gefühl der Alternativlosigkeit.

Hinzu tritt der Verlust der gemeinsamen Realitätswahrnehmung durch den Aufstieg des Konstruktivismus und unterschiedlicher Identitätsdiskurse. In einer vielbeachteten Analyse kommen die australischen Kognitionspsychologen Stephan Lewandowsky, Ullrich Ecker und John Cook zu dem Ergebnis: »Wir befinden uns in einer Situation, in der ein Großteil der Bevölkerung in einem epistemischen Raum lebt, in dem auf die herkömmlichen Kriterien von Beweisführung, innerer Widerspruchsfreiheit und Faktensuche verzichtet wird.«[7]

III.

Angesichts dieser nicht durchgehend, aber doch weithin konsentierten Diagnose fällt es nicht leicht, die Legitimationsleistung der parlamentarischen Demokratie in Stellung zu bringen. Fünf Überlegungen könnten aus meiner Sicht helfen, den skizzierten Gefährdungen der Demokratie entgegenzuwirken:

1. An keinem Ort kann Politik besser öffentlich beobachtet werden als im Parlament. Das ist der große Vorteil der parlamentarischen Demokratie gegenüber allen anderen Formen demokratischer Partizipation. Das gilt gerade auch im Zeitalter der Digitalität. Deshalb muss es für jede Politikerin und jeden Politiker oberste Priorität sein, dafür zu sorgen, dass im Parlament politischer Ideenwettbewerb auch sichtbar stattfindet. »Demokratie braucht Streit und den politischen Wettbewerb. Dieser Streit muss in internationale Institutionen hineingetragen und von dort offensiv in nationale Politik reimportiert werden.«[8]

2. Politikerinnen und Politiker marginalisieren sich mittelfristig selbst und vor allem auch das Parlament, wenn sie größere Teile der politischen Auseinandersetzung in die sozialen Medien verlagern und Kontroversen und Einschätzungen permanent über Twitter, Instagram und Blogs kommunizieren. Notwendig wäre hier ein kollektiver Entzug dieser Kommunikationsdroge, jedenfalls in bestimmten Zusammenhängen (zum Beispiel während der parlamentarischen Debatte, bei öffentlichen Anhörungen, bei wichtigen Gremiensit-

zungen). Es geht hier letztlich um eine Form der politischen Kultur. Wenn die parlamentarische Debatte zu einem lustlos vorgetragenen Kammerschauspiel degeneriert, verliert die repräsentative Demokratie ihr Legitimationszentrum.

3. Es gibt keine einfachen Zusammenhänge, die Welt ist voller Dilemmata und Paradoxien. Und die exponentielle Zunahme unseres Wissens in den vergangenen Jahrzehnten lässt das Meer des Unwissens und vorläufigen Wissens eher größer erscheinen. Dies gilt besonders auch für die Naturwissenschaften und die Medizin. Diese Erkenntnis sollte man den Bürgerinnen und Bürgern nicht vorenthalten, sondern sie bewusst und offensiv daran gewöhnen. Teilweise ist das in der Pandemie gelungen. Daran können wir anknüpfen. Sicherlich stellt uns das Zeitalter der »Postwahrheit« hier vor besondere Herausforderungen, ich sehe aber keine überzeugende Alternative zur rationalen Diskussion und zur Aufklärung.

4. Bei der Vermittlung von Politik in einer komplexen Welt spielen Qualitätsjournalismus, eine vielfältige Medienwelt und die Gewährleistung der Grundversorgung durch den öffentlich-rechtlichen Rundfunk weiterhin eine zentrale Rolle. Den Staat trifft hier eine Gewährleistungs- und Regulierungsverantwortung. Es ist kein Zufall, dass in der Pandemie entgegen dem dramatischen Abwärtstrend der letzten Jahre zum Beispiel die harte Auflage der Wochenzeitung »Die Zeit« um 15,4 Prozent gestiegen ist. Auch die Einschaltquoten der Nachrichtensendungen im Fernsehen sind signifikant gestiegen. Wenn es ernst wird, will die Mehrzahl der Bürgerinnen und Bürger offenbar gut informiert sein. Warum eigentlich nicht in der Normallage?

5. Bereits in der Schule, aber auch als Erwachsene müssen die Bürgerinnen und Bürger lernen, mit »Widersprüchen, Korrekturen und Zielkonflikten umzugehen«, und verstehen, dass Geschichte nicht linear verläuft. Das gelingt nur durch umfassende politische Bildung. Deshalb sind Volkshochschulen, Zentralen für politische Bildung oder spezielle Förderprogramme auf Landes- oder Bundesebene wie etwa das Bundesprogramm »Demokratie leben« essenziell für eine demokratische Gesellschaft. Bildung bedeutet nicht,

im Abstrakten stehenzubleiben und wohlgemeint einfach etwas in Menschen »hineinzustopfen«. Vielmehr sollen Individuen zum Nachdenken – noch besser: auch zum konkreten Handeln – angeregt und ertüchtigt werden. Nicht nur in der Demokratie wird gerungen, wir ringen gleichzeitig auch immer um die Demokratie. Dieses Ringen findet nie ein Ende. Anders, als die Propheten des Untergangs der Demokratie suggerieren wollen, hat es ein goldenes Zeitalter der Demokratie nie gegeben. Wenn wir das Ringen nicht verlernen, bin ich daher vorsichtig optimistisch, dass die parlamentarische Demokratie ihre Legitimationsleistung auch in Krisen- und Umbruchzeiten weiterhin erbringen wird.

> Der Text ist die gekürzte und überarbeitete Fassung eines Vortrags auf der Konferenz der deutschen Landtagspräsidentinnen und Landtagspräsidenten am 7. Juni 2021.

Anmerkungen:

1   Abschnitt I. ist weitgehend angelehnt an: Voßkuhle, Andreas: Die Verteidigung von Europa, Demokratie und Verfassungsstaatlichkeit in Zeiten der Krise und des Populismus, in: Ders.: Europa, Demokratie, Verfassungsgerichte. Berlin 2021, S. 7–12 m.w.N.

2   Näher dazu Przeworski, Adam: Krisen der Demokratie, Berlin 2020, S. 27 f. m.w.N.

3   Rosanvallon, Pierre: Die Gegen-Demokratie. Politik im Zeitalter des Misstrauens, Hamburg 2017, S. 11.

4   Lessenich, Stephan: Grenzen der Demokratie, Stuttgart, 3. Aufl. 2019, S. 18.

5   Vesting, Thomas: Die Veränderung der Öffentlichkeit durch künstliche
    Intelligenz, in: Sebastian Unger/Anje von Ungern-Sternberg (Hrsg.): Demo-
    kratie und künstliche Intelligenz, Tübingen 2019, S. 33 (44).

6   Näher dazu Reckwitz, Andreas: Die Gesellschaft der Singularitäten, Berlin
    2017.

7   Lewandowsky, Stephan/Ecker, Ullrich K. H./Cook, John: Beyond misinfor-
    mation: Understanding and coping with the »post-truth era«, in: Journal
    of Applied Research in Memory and Cognition, 6 (4), 2017, S. 353–369, hier
    361 f., Übersetzung in: Przeworski, Krisen der Demokratie (Fn. 1), S. 142 f.

8   Schäfer, Armin/Zürn, Michael: Die demokratische Regression, Berlin 2021,
    S. 219.

Michael Parak

Baustellen der Demokratie

Wozu sich mit Demokratiegeschichte beschäftigen?

Der historische Blick auf Demokratieentwicklung verdeutlicht, dass Demokratie keine Selbstverständlichkeit ist. Demokratie ist immer in Veränderung und niemals statisch. Die Geschichte der Demokratie ist keine lineare Erfolgsgeschichte, vielmehr ist immer Veränderung sowohl im Negativen als auch im Positiven möglich.

2021 erschien ein Buch mit dem Titel »Baustellen der Demokratie. Von Stuttgart 21 bis zur Corona-Krise« des Bonner Politikwissenschaftlers Frank Decker. Die Publikation enthält zahlreiche Beiträge zum Thema »Funktionieren der demokratischen Staats- und Gesellschaftsform im Allgemeinen und der Zustand der bundesdeutschen Demokratie im Besonderen«.

Sicher gibt es ganz viele Baustellen der Demokratie – euphemistisch vielleicht auch »Herausforderungen« der Demokratie. Mit dem Bild der Baustelle sind aber oft negative Gefühle verbunden: Gereiztheit und Resignation; keine Hoffnung, dass die Baustelle je fertig wird; an einigen Baustellen scheint gar nicht mehr gebaut zu werden; oder gar Unverständnis und Wut, wenn die Bedeutung mancher Baustellen gar nicht ersichtlich ist.

Wie können wir mit den vielen »Baustellen der Demokratie« umgehen, ohne zu verzweifeln? Wie können wir Kraft gewinnen für vielfältige Aufgaben und Herausforderungen, die vor uns stehen? Und: Wie kann uns die Beschäftigung mit Demokratiegeschichte bei der Lösung gegenwärtiger Herausforderungen helfen?

Phasen der Demokratieentwicklung

Vier Aspekte der Demokratiegeschichte, die zugleich als Phasen der Demokratieentwicklung verstanden werden können, leisten gute Dienste, die Frage zu beantworten, wie Demokratien entstehen, sich verändern – und manchmal auch scheitern.

1. Demokratie erkämpfen

Demokratie ist nicht einfach da. Sie muss(te) erkämpft und etabliert werden. Der Kampf für Demokratie in einer Autokratie oder Diktatur birgt jedoch viele Gefahren, weil er ein Kampf gegen Systeme ist, die Freiheiten nicht nur nicht garantieren, sondern diejenigen als Feinde betrachten, die für eben diese Freiheiten eintreten. Tragischerweise war und ist die Unterdrückung demokratischer und freiheitlicher Bestrebungen in vielen Fällen erfolgreich. Deshalb markiert das Erkämpfen von Demokratie keineswegs eine lineare Erfolgsgeschichte. Vielmehr gibt es viele Beispiele von Rückschlägen und Scheitern.

2. Demokratie etablieren

Nach dem Abstreifen eines autoritären Systems oder einer Diktatur geht es darum, eine Demokratie aufzubauen. Eine demokratische Verfassung oder freie Wahlen schaffen dabei die institutionellen Rahmenbedingungen. Doch was geschieht dann? Im Klein-Klein müssen die unterschiedlichsten Dinge neu geregelt werden. Eine Demokratie neu aufzubauen, ist nichts Einfaches, zumal oft Menschen den Übergang managen müssen, denen die praktische Erfahrung dazu fehlt: Sie sind teils selbst in Autokratien oder Diktaturen aufgewachsen, oder sie kommen aus dem Exil oder einem anderen Land hinzu.

3. Demokratie gestalten, leben und weiterentwickeln

Die Rahmenbedingungen in einer Demokratie unterscheiden sich fundamental von denen in einem autoritären Regime oder in einer Diktatur. In einer freiheitlich-demokratischen Grundordnung gibt es grundlegende Prinzipien und Mechanismen, die das Zusammenleben regeln. Die Verfassungsnorm bedeutet aber nicht, dass alle diese Prinzipien in Reinform verwirklicht werden. »Demokratie weiterentwickeln« bedeutet, sich nicht auf dem Status quo auszuruhen. Zwar können Kernelemente in einer Verfassung, die Ergebnis eines demokratischen Prozesses ist, fixiert werden. Die Auslegung und Weiterentwicklung in der Praxis sind aber veränderbar. Demokratie bedeutet, dass über politische Vorstellungen und Konzepte gerungen wird und dass sich daraus auch Veränderungen ergeben.

4. Demokratie verteidigen und verlieren

Dass die Staatsform Demokratie auf ewig Bestand hat und fortgeführt wird, ist kein Naturgesetz. Demokratien – wie alle politischen Systeme – stecken bisweilen in Krisen und können auch verloren gehen. Der demokratiegeschichtliche Blick auf Abwehrkampf und Verlust hält Beispiele in unterschiedlichen Richtungen bereit: Der Kampf kann gelingen – Demokratien können aber auch untergehen.

Stärkeres Bewusstsein für die Ausweitung politischer Teilhabe

Demokratie bedeutet »Herrschaft des Volkes«, die in ihrer modernen repräsentativen Form wesentlich in Form regelmäßig stattfindender Wahlen ausgeübt wird. Der Blick auf die Geschichte und Entwicklung von Demokratie zeigt, dass sich die Vorstellung darüber wandelt, wer eigentlich unter dem Begriff des »Volks« subsumiert wird. Demokratiegeschichte ist auch die Geschichte von Versuchen und Kämpfen, das Wahlrecht für breitere Bevölkerungsgruppen zu erlangen.

Die Nationalversammlung in der Frankfurter Paulskirche 1848/1849 war für die damalige Zeit etwas Außergewöhnliches, beruhte sie doch auf dem freien und gleichen Wahlrecht (fast) aller Männer. Sie ist damit ein früher Meilenstein der deutschen Demokratiegeschichte. Zugleich blieb auch in der Folgezeit in Deutschland der Anteil der Wahlberechtigten an der Gesamtbevölkerung gering. Erst die Etablierung der Weimarer Republik brachte einen entscheidenden Durchbruch: Die Einführung des Frauenwahlrechts 1919 machte das Wahlrecht »allgemein«. Nunmehr konnten sich 58,5 Prozent der deutschen Bevölkerung an den Reichstagswahlen beteiligen, statt 21,5 Prozent (1912).

Zwar sind heute immer mehr Menschen im Besitz des Wahlrechts, trotzdem dürfen nicht alle in Deutschland lebenden Menschen auf nationaler Ebene wählen gehen. Bei den Bundestagswahlen 2021 konnten über 60 Millionen Wählerinnen und Wähler ihre Stimme abgeben. Die Diskrepanz des Anteils der Wahlberechtigten (73,4 Prozent) zur Gesamtbevölkerung ergibt sich aus den Kriterien Alter und Staatsangehörigkeit. Denn wahlberechtigt in der Bundesrepublik Deutschland sind auf Bundesebene aktuell nur Menschen, die das 18. Lebensjahr vollendet haben und die deutsche Staatsangehörigkeit besitzen.

Die Auseinandersetzung mit Demokratiegeschichte akzentuiert die Perspektive der Wahlrechtsausweitung, die zunächst erkämpft und dann weiterentwickelt wurde. Zugleich zeigt sich auch die Langwierigkeit von Veränderungsprozessen: Vom Wahlrecht 1848/1849 hin zu den heutigen Regelungen war es ein weiter Weg. Sich wichtiger Etappen bewusst zu werden, heißt nicht zu verdrängen, dass noch nicht alle Menschen zu einem bestimmten Zeitpunkt wahlberechtigt waren oder sind; sondern sie als bedeutende (Zwischen-)Schritte zu verstehen.

Demokratiegeschichte verdeutlicht, dass die Ausgestaltung des »allgemeinen Wahlrechts« kein Naturgesetz ist, sondern Gegenstand von Aushandlungsprozessen. Gesellschaftliche Veränderungen stellen dabei neue Anforderungen für das politische System und machen Weiterentwicklungen erforderlich. Dies wird besonders deutlich am Beispiel des Ausschlusses vom Wahlrecht aufgrund einer anderen Staatsangehörigkeit. Nachweislich der Volkszählung von 1925 besaßen 1,5 Prozent der im Deutschen Reich lebenden Menschen nicht die deutsche Staatsangehörigkeit. Eine Möglichkeit der Teilnahme an Wahlen bestand für diesen Personenkreis nicht. 1993 waren 8,6 Prozent der in Deutschland Lebenden nicht im Besitz der deutschen Staatsangehörigkeit, 2021 waren es 13,1 Prozent. Der Blick in die Vergangenheit verstärkt das Bewusstsein, dass ein relevanter Teil der in Deutschland ansässigen Bevölkerung nicht im Besitz der Staatsangehörigkeit und somit auch nicht des Wahlrechts war und ist.

Die Beschäftigung mit Demokratiegeschichte führt entsprechend vor Augen, dass es gelingen kann, mehr Menschen politische Rechte zu ermöglichen als in der Vergangenheit. Sie vermittelt zugleich Wissen darüber, dass Regelungen in demokratischen Prozessen geändert werden können. Diese Perspektive zeigt, dass es Möglichkeiten gibt, die zu einer weiteren Erhöhung der Anzahl der Wahlberechtigten in der Bundesrepublik Deutschland führen können, etwa durch eine Absenkung des Wahlalters oder durch höhere Einbürgerungszahlen.

Ein Grundstock an freiheitlich-demokratischen Gemeinsamkeiten kann auch helfen, eine klare Abgrenzung zu jenen vorzunehmen, die dagegen ankämpfen, dass Menschen- und Bürgerrechte für alle Menschen gelten. So gibt es Rechtspopulisten und -extremisten, die die »Herrschaft des Volkes« in ihrem Denken und Handeln an einen ethnisch definierten Volksbegriff binden. Dies ist als Bezugsrahmen nicht nur unbrauchbar, sondern wie die Geschichte des Nationalismus zeigt, auch gefährlich.

Unterschiedliche Demokratievorstellungen

In den unterschiedlichen Phasen der Demokratiegeschichte findet man eine Vielfalt unterschiedlicher Demokratievorstellungen. So sollte es niemanden verwundern, dass sich Vorstellungen von Demokratie seit der Paulskirche gewandelt haben. Das Grundgesetz ist offen dafür, dass unterschiedlichste Ideen um gesellschaftliche Akzeptanz werben – solange sie Minimalbedingungen des demokratischen Verfassungsstaats erfüllen, zu denen Gewaltenteilung und Individualität, Menschenrechte und Rechtsstaatlichkeit, Pluralismus und Volkssouveränität gehören. Daraus erwächst auch die Erkenntnis, dass unterschiedliche Lesarten von Demokratie gleichzeitig und nebeneinander existieren, ganz besonders, wenn man nicht nur Entscheidungen im politischen System im engeren Sinne betrachtet, sondern unterschiedliche demokratische Beteiligungs- und Gestaltungsmöglichkeiten in allen Lebensbereichen: Formen der repräsentativen Demokratie und ihrer Institutionen; direktdemokratische Formen; dialogorientierte, deliberative Beteiligungsformen; Proteste, Bürgerinitiativen und soziale Bewegungen; bürgerschaftliches Engagement. So gesehen zeigt sich Demokratiegeschichte als eine große Schatzkiste, die Potenziale bereithält.

Potenziale der Beschäftigung mit Demokratiegeschichte

Demokratiegeschichte kann beim Einordnen und Bewerten von Sachverhalten helfen; sie vermittelt, dass nicht nur die eigene Vorstellung und Auffassung von Demokratie die einzig richtige sein kann; und sie dient als Motivation, etwas verändern zu wollen.

Für viele Menschen ist mit Blick auf das Funktionieren unserer Demokratie der gegenwärtige Befund klar: Eine zunehmende gesellschaftliche Spaltung und aktuelle Krisen bestimmen unser tägliches Leben. Der Politikwissenschaftler Aladin El-Mafaalani vertritt dagegen in seinem Buch »Das Integrationsparadox« eine andere These: Er konstatiert einen Weg hin zur offenen Gesellschaft. Diese offene Gesellschaft sei zwar noch nicht vollständig, aber weitgehend realisiert: »Genau genommen hat sie ein Niveau erreicht, das ihre Vorgänger für nicht realisierbar gehalten hätten. Die offene Gesellschaft bietet Möglichkeiten der Beteiligung, der Zugehörigkeit, der Inklusion, sie erlaubt es aber auch, nicht mitzumachen.« Diese scheinbar gegensätzlichen Positionen hängen zusammen mit dem zeitlichen Blickwinkel der Betrachter. Während die einen sich eher an negativen Entwicklungen des vergangenen Jahrzehnts orientieren, analysiert El-Mafaalani Veränderungen über längere Zeiträume. Seine Perspektive liefert dabei zugleich aufschlussreiche Hinweise für die Entstehung der aktuellen Verwerfungen: »Näherkommen und Zusammenwachsen können dazu provozieren, die Differenzen zu betonen, weil sie kleiner werden. Das kann aber auch zu einer Radikalisierung führen.«

Demokratiegeschichte kann dabei helfen, sich solcher unterschiedlichen Bewertungsmaßstäbe bewusst zu werden. Die hohe Kunst der demokratischen Urteilsfähigkeit besteht darin, zwischen den beiden Polen des demokratischen Utopismus und eines undemokratischen Zynismus klug hindurchzunavigieren. Das heißt, Missstände der Demokratie offen und schonungslos zu belegen und zugleich die Demokratie und die in ihr handelnden Personen nicht an überzogenen Maßstäben scheitern zu lassen.

Es sollte selbstverständlich sein, dass Demokratievorstellungen zeitgebunden sind: Was früher als demokratisch galt, muss es nach unseren heutigen Maßstäben nicht unbedingt sein. Das Bewusstsein, dass es in der Vergangenheit unterschiedliche, zeitgebundene Verständnisse von Demokratie gab, kann dabei helfen, damit umzugehen, dass es auch heute verschiedene Verständnisse von Demokratie gibt. Damit hat die Demokratiegeschichte das Potenzial, eigene Vorstellungen, wie die Welt zu sein hat (»Nur das, was ich mir unter Demokratie vorstelle, zählt!«) zu erschüttern und darüber einen Beitrag zum Umgang mit zunehmender gesellschaftlicher Polarisierung zu liefern: offenlegen, welche Vorstellung von Demokratie man hat und respektieren, dass das Gegenüber eine andere Vorstellung hat. Darüber hinaus gehört zur demokratischen Kommunikationskultur: zuhören, aber auch für seine Anliegen werben, versuchen zu überzeugen und auf dieser Basis konstruktiv zu streiten.

Die Beschäftigung mit Demokratiegeschichte ist damit gleichzeitig die Zumutung, sich mit eigenen Vorstellungen auseinanderzusetzen und festzustellen, dass es andere legitime Ansichten und Lösungsvorschläge gibt. Die Komplexität des Weltgeschehens kann nicht immer auf einfache Lösungen reduziert werden. Daraus ergibt sich die Forderung nach verbindender Kommunikation, die Brücken über die Gräben der Polarisierung bauen kann.

Aus der Beschäftigung mit Geschichte kann schließlich die Einsicht hervorgehen: Es gibt Alternativen zum Hier und Jetzt. Dies ist eine wichtige Erkenntnis, aus der eine innere Freiheit resultieren kann. Anstelle des Fatalismus »Man kann doch sowieso nichts ändern« kann das Gefühl von Wirkmächtigkeit befeuert werden. Der Blick auf die Geschichte zeigt, dass Menschen ihre Lebensverhältnisse verändern und gestalten können. Dies kann ein Antrieb für Engagement sein. Viele Beispiele aus der Demokratiegeschichte zeigen das breite Spektrum von Handlungsoptionen für und in einer Demokratie. Dabei gibt es unter anderem solche, die etwas mit Kompromissfähigkeit und Lösungsorientierung zu tun haben. Es gibt aber auch eine andere Seite mit faszinierenden Beispielen aus der Geschichte, die verdeutlichen, dass konsequentes, unbeirrbares Verhalten – auch gegen alle Widerstände – letztlich zum Erfolg führte.

Die Beschäftigung mit Demokratiegeschichte zeigt, dass vieles gelingen kann, zugleich aber, dass es nicht die perfekte Lösung gibt. Besondere Einstellungen und Handlungen, die uns beeindrucken, können

Orientierung geben. Aus diesen Vorbildern können Menschen Motivation ziehen sich zu engagieren und die Demokratie weiterzuentwickeln.

Umgang mit Baustellen

Um auf das Ausgangsbild der Baustellen zurückzukommen: Baustellen sind nichts per se Negatives; sie gehören einfach dazu, wenn Gesellschaft sich dynamisch wandelt. Die Aufgabe besteht darin, einen gelassenen, zielführenden Umgang damit zu finden, dass immer an irgendeiner Stelle gebaut wird – auch gebaut werden muss. Wenn »Baustellen der Demokratie« unumgänglich sind, dann kommt es darauf an, diese mit Freude und Kraft anzugehen: etwa indem man Bauarbeiter*innen etwas zu trinken anbietet; indem man mit Vertrauen auf die Fertigstellung wartet – oder bei der Verwaltung nach einem Termin für die Fertigstellung fragt; man kann eine Bürgerinitiative gründen, die den Stopp des Baus fordert oder auf dessen Beschleunigung drängt. Manchmal ist es vielleicht auch nötig, den Bauzaun niederzureißen oder die Baugrube zuzuschütten und woanders neu anzufangen. Oder ganz anders: einen Trampelpfad drumherum anzulegen und ganz neue kreative Lösungen zu finden.

Der Text ist eine Zusammenstellung aus den beiden Publikationen:

Michael Parak, Demokratiestärkung durch Demokratiegeschichte? in: 1848/49, Aus Politik und Zeitgeschichte 7–9/2023 v. 13. Februar 2023, S. 39–44.

Ders., Baustellen der Demokratie. Wie kann uns die Beschäftigung mit Demokratiegeschichte bei der Lösung gegenwärtiger Herausforderungen helfen, in: Demokratiegeschichte in Bildung und Vermittlung. Jahrestagung 2022 der Arbeitsgemeinschaft Orte der Demokratiegeschichte in Lübeck, Weimar 2022, S. 13–17.

Zum Weiterlesen:

Aladin El-Mafaalani: Das Integrationsparadox. Warum gelungene Integration zu mehr Konflikten führt, 5. Aufl., Köln: Kiepenheuer & Witsch 2020.

Michael Parak / Ulli Engst (Hrsg.): Vorbilder der Demokratiegeschichte. Einstellungen und Handlungen, die beeindrucken und Orientierung geben, Berlin: Gegen Vergessen – Für Demokratie e.V. 2022, <https://www.gegen-vergessen.de/startseite/news-detailseite/article/vorbilder-der-demokratiegeschichte/>.

Rainer Forst

Wider die Regression. Zur (recht verstandenen) Verteidigung der Demokratie

1. Antidemokratische Regression

Wir leben in einer paradoxen Zeit. Innerhalb von Demokratien machen sich antidemokratische Kräfte breit, die sich durch Wahlen legitimiert sehen, autoritäre, menschenrechtsfeindliche Politik zu befördern – sie berufen sich dabei auf das »wahre« Volk und seinen »eigentlichen« Willen. Es gibt gute Gründe dafür, dies als antidemokratische *Regression* in der Demokratie zu betrachten.[1] Dabei aber gilt es, drei Fehler in der diesbezüglichen Diskussion über die »Verteidigung der Demokratie« zu vermeiden: den der Status quo ante-Fixierung (Abschnitt 2), den der Reduktion des Begriffs der Demokratie (3) sowie den der falschen Einordnung von Demokratiekritik (4). Das Phänomen demokratischer Regression muss genau benannt werden, um Gegenstrategien zu entwickeln (5).

Was heißt Regression? Damit bezeichnen wir nicht nur den einen oder anderen Rückschritt, sondern ein umfassendes, kollektives Unterschreiten von Standards, die nicht infrage stehen dürfen. Die Regression ist, in klassisch Frankfurter Worten Kritischer Theorie gesagt, ein Obsiegen der Unvernunft; Vernunft allein, in einem politisch-praktischen und theoretischen Sinn, sollte der Maßstab für die Verwendung eines solch anspruchsvollen Begriffs sein. In regressiven Zeiten wird von erkenntnistheoretischen oder moralischen Maßstäben dessen, was nicht mit guten Gründen zurückweisbar ist, nicht lediglich ein Stück weit abgerückt, sondern sie werden vergessen, verdreht oder, schlimmer noch, explizit abgelehnt: Man glaubt an »alternative Fakten«, reklamiert realitätsvergessen verlorene Wahlen als gewonnen oder verneint die Grundrechte anderer, selbst wenn diese daran zugrunde gehen. Eine Regression dieser Art verhindert nachhaltig demokratischen Fortschritt.

2. Der Fehlschluss der Status quo ante-Fixierung

Allzu leicht schleichen sich Formulierungen wie »das Abrücken von bereits erreichten demokratischen Standards« ein, wenn Regression diagnostiziert wird, da nicht nur aufgrund der psychoanalytischen Deutungshintergründe des Begriffs eine verzeitlichte Perspektive naheliegt. So erscheint die Vorherrschaft des autokratischen Populismus wie der sündige Abfall vom Paradies demokratischer Zustände, das es per Implikation zuvor gab. Hier aber liegt ein Fehlschluss vor: Strukturell gesehen kann es einen Rückschritt in Bezug auf bestimmte demokratische Errungenschaften geben, ohne dass damit impliziert wäre, dass das Gesamtsystem zuvor wahrhaft demokratischen Idealen entsprochen hat. Und in regressiven Zeiten kann es einen Schub hin zur *expliziten*, etwa xenophoben Feier des Autoritären geben, der lediglich sichtbar macht, was bereits *implizit* an Fremdenfeindlichkeit vorhanden war. Der Fehlschluss der Status quo ante-Fixierung verbaut so die Analyse der Ursachen, die zur Regression führten; die Verwahrlosung der Demokratie muss ja im vorherigen Zustand angelegt gewesen sein. Eine (anti-)demokratische Regression gibt es schließlich auch dort, wo es noch gar keine Demokratie in einem anspruchsvollen Sinne gab, nun aber der Weg dorthin noch stärker verstellt ist als zuvor.

Der Maßstab der Kritik der Regression muss deshalb den Status quo ante transzendieren; er muss einem rationalen, prinzipiellen Demokratieverständnis entsprechen. Deshalb müssen die *Prinzipien* der Demokratie verteidigt werden, nicht primär ihre gegebene Form. Übersieht man das, folgt ein Konventionalismus, der Regression nur anhand zuvor bereits (angeblich) realisierter Standards oder sozial anerkannter »Werte« bemessen kann, was nicht nur die Gefahr des ideologischen Nostalgismus impliziert, sondern auch nicht mehr erklären kann, wieso solche Werte überhaupt gelten sollten. Dass etwas einmal etabliert oder anerkannt gewesen ist, liefert, recht besehen, keinen vernünftigen

Grund dafür, dass es gelten und bewahrt werden sollte. Die Gründe dafür müssen aus einer anderen, klareren Quelle kommen. Sonst verbauen wir uns den Weg, das zuvor Bestehende und die regressiven Tendenzen der Gegenwart gleichzeitig kritisch zu betrachten.

Regressive Verhältnisse implizieren nicht lediglich einen Mangel an demokratischer Qualität in gesellschaftlichen und politischen Institutionen; sie weisen vielmehr auf ein gravierend unzureichendes Verständnis seiner selbst sowie von anderen als demokratische Subjekte hin. Ganze soziale Gruppen werden als irrelevant aus dem Raum der Rechtfertigung ausgeschlossen, und er wird durch falsche, ideologische Rechtfertigungen verschlossen, die das nicht zu Rechtfertigende rechtfertigen. Im Extrem verdrehen sie einen aggressiven, kriegerischen Angriff in einen Akt antifaschistischer (oder antikolonialer) Befreiung, verwandeln Migrant*innen, Muslim*innen oder jüdische Menschen in Bedrohungen, deuten ökonomische Beherrschungsstrukturen als Ausdruck der Freiheit, verkehren eine Wahlniederlage in einen Betrug und letztlich die Demokratie in ein Beherrschungsinstrument, das Grundrechte verletzt. Autonomie heißt dann, sich keinem »Impfzwang« zu unterwerfen, sondern andere beliebig anstecken zu dürfen beziehungsweise die Gefahr eines Virus zu negieren. Regressive Bewegungen verneinen nicht nur Rechte und Praktiken demokratischen Respekts und der Wahrheitssuche; sie zielen darauf ab, sie zu zerstören.

3. Die Reduktion des Begriffs der Demokratie

Betrachtet man die erwähnte ideologische Dimension, liegt die entscheidende Regression im Raum der Gründe – dort, wo man bereit ist, den Begriff der Demokratie als Form rationaler Herrschaft, auf der kollektiven Suche nach guten, reziprok und allgemein rechtfertigenden Gründen unter Gleichen beruhend, ganz oder teilweise aufzugeben – und dies sogar noch als demokratische Tat betrachtet.

Dabei kommt es darauf an, dass die Bedeutung von Demokratie richtig verstanden und ein Fehler vermieden wird, der sowohl in der Alltagsrhetorik als auch in wissenschaftlichen Diskursen anzutreffen ist – ein Fehler der *Begriffsreduktion*. Recht betrachtet, ist die Demokratie in die moderne politische Welt gekommen, um Formen sozialer und politischer Willkürherrschaft zu überwinden. Dies seit ihren Anfängen im Widerstand gegen Feudalherrschaft, später im Kampf gegen ökonomische Ausbeutung im kapitalistisch-industriellen Zeitalter, im Protest gegen die Unterdrückung von Frauen oder gegen staatsbürokratische, repressive Formen des Sozialismus – und heute gegen spätkapitalistische, neofeudale sozioökonomische Strukturen und den Autoritarismus in diversen Varianten, aber auch gegen aktuelle Formen des Rassismus und der Diskriminierung aufgrund von Herkunft, Religion und Geschlecht. Die moderne Demokratie ist nicht als schöne Idee deliberierender Gemeinschaftsbildung entstanden, sondern als Kampfruf gegen Unterdrückung, Ausbeutung und Ausgrenzung verschiedener Art. Sie ist nicht irgendeine Form klugen Regierens, sondern die politische *Praxis der Gerechtigkeit,* und ihr Kern besteht darin, Strukturen der fairen, öffentlich-allgemeinen, vernunftgeleiteten Rechtfertigung zu etablieren, in denen die, die der Realität oder Gefahr willkürlicher Herrschaft unterworfen sind, Subjekte der Rechtfertigung und Autor*innen der Normen werden können, die die Ordnung, der sie angehören, bestimmen.[2]

Deshalb ist der Demokratie der moralisch-politische Respekt unter Gleichgestellten eingeschrieben, und deshalb ist ein Demokratieverständnis regressiv, das politische Macht in die Hand privilegierter Eliten gibt, oder das davon ausgeht, Mehrheiten dürften ihre Macht dazu verwenden, Minderheiten zu dominieren, das heißt ihnen soziale Ressourcen, kulturelle Rechte oder Partizipationschancen zu nehmen, die unter Gleichen gewährleistet sein müssen. Ebenso problematisch ist es, die Rede von »illiberaler Demokratie« zuzulassen und nur noch kritisch hinzuzufügen, das »Liberale« sei als Ergänzung wichtig, als gehörten Grundrechte nicht immanent zur Demokratie – was nicht heißt, dass zur Demokratie der Anspruch gehört, über unbeschränkte, *libertär* verstandene Eigentumsrechte zu verfügen. Es ist unbegründet, eine ökonomische Ordnung, die die Prinzipien der Demokratie unterhöhlt oder ignoriert, zum Bestandteil der Demokratie zu erklären.

4. Die falsche Einordnung von Demokratiekritik

Es ist durchaus möglich, dass eine autoritäre beziehungsweise rechtspopulistische Bewegung in ihrer Sozialkritik reale Probleme, etwa solche der fehlenden Repräsentation bestimmter Gruppen oder wachsende soziale Ungleichheit, benennt. Es ist aber ein fataler Fehlschluss, sie deshalb als demokratische Bewegung zu betrachten; nicht jede Kritik mangelhafter Demokratie ist eine demokratische. Unzureichende Strukturen der politischen Willensbildung beziehungsweise der sozialen Integration können ebenso wie negative ökonomische Effekte dazu führen, dass Menschen sich von dem System, in dem sie leben, entfremden – sie mögen dann zu der Auffassung kommen, wahre Demokratie hieße, dass ein autoritärer »leader« wie Trump sagt, wie ein Land »wieder groß« wird. Dass sie in diesem Zuge Migrant*innen (neben linksliberalen Eliten) als Wurzel allen Übels ansehen und sich einem, mit Adorno zu sprechen, aggressiven »Hass aufs Nichtidentische« verschreiben, hat mit einem demokratischen »Aufbrechen eines Ausschlusses«[3] nichts zu tun – es fordert nur »Demokratie« als Mittel der illegitimen Überwältigung anderer ein. Rechtspopulistisch-autoritäre Kritik an Strukturen gegenwärtiger Gesellschaften, die sich darauf beruft, das »wahre Volk« zu repräsentieren, das sich mit Trump, Wilders oder Le Pen beziehungsweise der AfD »endlich« Gehör verschafft, verwirft die Prinzipien der Demokratie selbst.

Nicht regressive Demokratie beruht auf dem Grundsatz, dass es im Raum der für alle geltenden Normen nur eine oberste normative Autorität gibt, die Rechtfertigungsgemeinschaft aller als Gleichberechtigte. Diesen Status der Gleichberechtigung rechtlich, politisch und sozial zu realisieren, ist die (nie endende) Aufgabe der Demokratie und der Menschenrechte; sie bilden eine normative Einheit. Deshalb ist der Anspruch auf kollektive Selbstbestimmung ein Menschenrecht, und deshalb kann es keine legitime Form der Demokratie geben, die die Menschenrechte einschränkt, weder im Inneren noch nach außen.

5. Die Paradoxie demokratischer Regression

Krisen bieten Anlässe für progressives wie auch regressives Denken, weil sie zu Narrativen der Krisenverursachung einladen, die rational oder ideologisch falsch sein können. Gegenwärtige Demokratien befinden sich dabei in einer prekären Situation. Spätestens seit der Finanzkrise nach 2008 wurde offensichtlich, dass die Nationalstaaten durch die globale Vernetzung des Finanzsystems nicht nur negativ affiziert werden können, sondern dass sie auch nicht die Macht aufbringen, die etablierten Strukturen zu verändern. Darauf reagieren viele mit dem Ruf nach nationaler Abschottung; der Brexit ist ein markantes Beispiel.

Hier stoßen wir auf den Kern der gesellschaftlichen Krise, die unsere Zeit prägt. Der Glaube an wirksame demokratische Politik setzt voraus, dass die Probleme, die sich stellen, aus kollektiver politischer Kraft heraus bewältigt werden können. Dort aber, wo diese Zuversicht schwindet, wendet sich das Streben nach politischer Handlungsmacht nicht selten ins Irrationale, in den Wahn einer nationalistischen Selbstermächtigung, die keine wirkliche, strukturbildend produktive politische Macht, sondern Aggression produziert, welche sich häufig gegen die Unterprivilegiertesten entlädt.

In der Krise globaler Migration etwa rufen die einen ideologisch nach dem Schließen der Grenzen zur Bewahrung der »demokratischen« Infrastruktur von Gesellschaften, während die anderen auf die Achtung der Menschenrechte pochen und darauf, dass keine demokratische Mehrheit die Autorität hat, Menschen verelenden zu lassen. Auch hier zeigt sich, wie schnell der Ruf nach »Demokratie« sich in sein Gegenteil verkehren kann.

Wir leben in einer Zeit der *Paradoxie demokratischer Regression*: Alle gravierenden politischen Herausforderungen – ob der Klimawandel, Finanzkrisen, globale Armut und Migration, Pandemien oder die Frage von Krieg und Frieden – sind *transnationaler* Natur, aber die politischen Impulse der Reaktion darauf gehen immer stärker in eine *nationalistische* Richtung. Als ob man die globalen Probleme dadurch außen vor lassen könnte, die nicht zuletzt durch die eigene Politik mitverursacht worden sind, wird in Grenzen gedacht – bis hin zur Verneinung der Wirklichkeiten der ökologischen Gefahr, des Virus et cetera. Die Regression liegt in der Feier der Macht, die die nach Selbstbehauptung Strebenden veranstalten, wenn sie autoritären Populisten zujubeln, die ihnen eine andere Realität vorgaukeln. Eine fatale Verkettung des Protests gegen soziale Missstände mit aggressiver Fremdenfeindlichkeit spielt dabei eine zentrale Rolle. Diese Kombination hat gerade in Deutschland eine schreckliche Geschichte.

»Verteidigung der Demokratie« hieße in diesem Zusammenhang an erster Stelle, die *Prinzipien* der Demokratie zu verteidigen und nach politischen Formen zu suchen, die diese realisieren. An der Entwicklung demokratischer, transnationaler politischer Institutionen, innerhalb und auch jenseits der EU, führt dabei kein Weg vorbei, nicht zuletzt aufgrund der ökologischen Problematik sowie von Fragen der Migration, aber auch angesichts der Auswüchse globaler Finanzmärkte. Insbesondere die erwähnte Verkettung von sozial-politischer Entfremdung und rassistischer, minderheitenfeindlicher Ressentiments muss dabei gelöst werden. Glaubhafte demokratische Politik bedeutet auf nationaler Ebene, Strukturen der Repräsentation für diverse Gruppen zu verbessern, dabei aber insbesondere die soziale Infrastruktur zu verändern. Seit Jahrzehnten zeigen die Statistiken von Einkommen und (besonders) Vermögen eine wachsende Ungleichheit auf; deshalb beweist sich demokratische Politik primär an einer strukturellen Verbesserung der Lebenssituation von Menschen mit geringen Einkommen, nicht zuletzt in der Steuerpolitik. Solange das demokratische Versprechen gleicher Autor*innenschaft auf Augenhöhe in dieser Hinsicht hohl klingt, läuft es Gefahr, regressiv verkehrt zu werden.

Eine solche Politik bietet noch keine Garantie für die Abwendung der Regression. Die Verwahrlosung der Demokratie, die sich in Menschenverachtung ausdrückt, muss klar benannt und strukturell wie auch diskursiv verhindert werden. Notwendig dazu ist eine deutliche Sprache der demokratischen Gerechtigkeit, die sich der kämpferischen Vernunft jenseits des Status quo verpflichtet weiß.

Anmerkungen:

1   Vgl. Schäfer, Armin/Zürn, Michael: Die demokratische Regression. Die
     politischen Ursachen des autoritären Populismus. Berlin 2021. Ausführlich
     dazu und zum Folgenden insgesamt Forst, Rainer: »Die Herrschaft der Un-
     vernunft. Zum Begriff der (anti-)demokratischen Regression«, in: Niesen,
     Peter (Hg.): Zur Diagnose demokratischer Regression, Baden-Baden 2023.
2   Forst, Rainer: Die noumenale Republik. Kritischer Konstruktivismus nach
     Kant, Berlin 2021.
3   Manow, Philip: (Ent-)Demokratisierung der Demokratie. Berlin 2020, S. 50.

Dietmar Süß

Demokratie und Solidarität

»Demokratie verteidigen« – das klingt so selbstverständlich und wünschenswert – und spiegelt zugleich doch all die Widersprüche und Kämpfe unserer Gegenwart, die unmittelbar mit der Vorstellung davon verbunden sind, was den Kern der Demokratie tatsächlich ausmacht. Wenn ein stellvertretender Ministerpräsident wie der bayerische Wirtschaftsminister Hubert Aiwanger dazu aufruft, dass »endlich die schweigende große Mehrheit dieses Landes sich die Demokratie wieder zurückholen«[1] müsse, dann schwingt darin eine Vorstellung von »Notstand« mit, die in der Mobilisierung des »Volkes« gegen »die da oben« die eigentliche Verteidigung der Demokratie sieht. In den 1960er-Jahren, als angesichts rechtsextremer Wahlerfolge und der Sorge vor den Folgen einer (ersten) Großen Koalition ebenfalls über den »Notstand der Demokratie« gestritten wurde, kam die Kritik am Zustand der Demokratie eher aus den Reihen der Neuen Linken und der Gewerkschaften, die die partizipatorischen Mitbestimmungsmöglichkeiten ausgehebelt sahen und vor den Gefahren alter völkischer Parolen warnten. »Demokratie verteidigen« verstand sich in diesem Sinne als Teil einer herrschaftskritischen Praxis, die zugleich im antifaschistischen Engagement und in der Auseinandersetzung mit der NPD und dem breiten Spektrum rechtsextremer und neonazistischer Organisationen einen wesentlichen Teil ihres Selbstverständnisses sahen. Die demokratische Ordnung, die das neue Grundgesetz geschaffen hatte: Sie galt es nicht nur zu verteidigen, sondern ihr überhaupt erst Leben einzuhauchen. Die Frage nach dem Zustand der bundesrepublikanischen Demokratie und ihren unterschiedlichen Gefährdungen begleitet die Geschichte der Bundesrepublik von Beginn an. Doch manche der politischen Koordinaten haben sich seitdem deutlich verschoben.

Die Debatten in der Gegenwart sind davon bestimmt, dass die Forderung nach der »Verteidigung« und der Ausweitung der Demokratie eben gerade kein primär linkes oder liberales Projekt mehr sind, sondern die politische Agenda rechtspopulistischer und rechtsextremer Bewegungen bestimmen – und das keineswegs nur in Deutschland, sondern auch in Italien, Frankreich, in Großbritannien und auch in den USA. »Demokratie verteidigen« – das verbindet in dieser Hinsicht dann unterschiedlich völkisch und nationalistische Parolen mit einer eigenen Eliten- und Wissenschaftskritik, die aus ihrer Distanz gegenüber parlamentarischen Entscheidungsprozessen keinen Hehl macht und an deutlich ältere, vielfach in den 1920er-Jahren entstandene Muster der Demokratiekritik anknüpft. Insofern ist die Forderung nach dem »Demokratie verteidigen« keineswegs unschuldig oder gar voraussetzungslos, geht es doch ganz konkret um zentrale Konflikte unserer Zeit: um die globalen Folgen des Klimawandels, um soziale Verteilungskämpfe kapitalistischer Gesellschaften, um die Ausgestaltung sozialstaatlicher Ordnung und das Verhältnis von Migration und nationaler »Identität«.

Der Begriff der »Solidarität« spielt in diesen Auseinandersetzungen eine widersprüchliche und zugleich zentrale Rolle. Auch wenn er im Grundgesetz keine explizite Erwähnung fand, so prägte seine Idee doch auf unterschiedliche Weise den sozialstaatlichen Geist der neuen demokratischen Ordnung nach 1949, zu deren Erfolg die Erweiterung sozialer Anerkennungspositionen ganz wesentlich mit beigetragen hat. Der Ausbau des Sozialstaates und die Legitimation der jungen Republik gingen dabei Hand in Hand und gehören vielleicht zu den unterschätzten »Wundern« der Nachkriegsgeschichte. Denn selbstverständlich war es keineswegs, dass sich aus der postfaschistischen Nachkriegsgesellschaft eine stabile Demokratie formte, deren Zustimmungswerte über Jahrzehnte außerordentlich hoch waren. Über »Demokratie verteidigen« zu sprechen, bedeutet damit auch, über die solidarische Ausgestaltung des Wohlfahrtstaates, über dessen Gefährdungen und seine neuen wie alten Gegner nachzudenken.

Dabei wird schnell deutlich: Die Geschichte der Solidarität, die dabei ins Zentrum rückt, ist keineswegs harmonisch, und sie geht auch nicht im vielbeschworenen gesellschaftlichen Zusammenhalt auf.[2] Die

Idee der Solidarität hat in den letzten 200 Jahren eine erstaunliche Karriere zurückgelegt; ein großes Wort, eng verknüpft mit lodernden Gefühlen und Träumen. Aber wie das mit Karrieren manchmal so ist: Bisweilen kann man sich auch zu Tode siegen oder falsche Freunde gewinnen. Nichts passt dabei weniger zur Solidarität als fromme Sprüche. Ihre Geschichte führt mitten hinein in die Konflikte kapitalistischer Gesellschaften und die Auseinandersetzung mit den faschistischen Bewegungen; sie ist geprägt durch den »Kalten Krieg«, die Erfahrungen der »Solidaritätsbewegungen« in den 1970er-Jahren oder die Kämpfe der polnischen »Solidarność«. Es ist eine Geschichte, die Grenzen überschreitet und jene miteinander verbindet, die sich keineswegs am gleichen Ort befinden müssen oder die dieselbe Sprache sprechen. Ihren eigentlichen Ursprung hat die Solidarität im römischen Recht. Dort beschrieb Solidarität eine Form der Haftung, bei der jeder Einzelne, der zu einer Gruppe von Schuldnern gehört, für die Gesamtsumme mit haftet. Gegner der französischen Revolution versuchten im frühen 19. Jahrhundert, den Rechtsbegriff der »Solidarität« für die Wiedergewinnung einer »natürlichen« Ordnung zu gebrauchen – und die revolutionären Veränderungen als Verlust von »Solidarität« zu deuten. Innerhalb der neu entstehenden französischen Soziologie war es einer ihrer Gründerväter, Émile Durkheim, der Solidarität als zentrales Element sozialer Integration moderner Gesellschaften verstand. Mit diesem Begriff versuchte er zu erklären, durch welches Schmiermittel die neuen arbeitsteiligen Industriegesellschaften zusammenhielten. Was war an die Stelle der traditionellen Familienverbünde, ihrer Ordnungsprinzipien und Moralvorstellungen getreten? Der Kapitalismus, so seine Annahme, zerstöre nicht nur eine alte, »mechanische« Solidarität, sondern er schaffe auch ein neues Gefühl des aufeinander Angewiesenseins. Diese »organische« Solidarität entstehe, wenn die Menschen merkten, dass die immer rascher voranschreitende Arbeitsteilung ihre gegenseitige Abhängigkeit verstärkte und sie – auf neue Weise – voneinander abhängig, aneinandergebunden seien. Diese neue, sich ständig erweiternde »soziale Verdichtung« mache es möglich, neue Verhaltensregeln zu etablieren, die wiederum durch ein neu geschaffenes Recht überwacht würden; ein Recht, dessen Legitimität nicht etwa auf einer göttlichen Ordnung, sondern auf den Erfahrungen und Erwartungen der Beteiligten basiere, die damit rechnen könnten, so behandelt zu werden, wie es ihrer Leistung entspreche. Je mehr also die Menschen miteinander in der Moderne verbunden seien, glaubte Durkheim, desto stärker wirke die Kraft der Solidarität. Zugleich war er davon überzeugt, dass die Anerkennung wechselseitiger Abhängigkeit in den Menschen die Erkenntnis reifen lasse, dass ein möglicher Schaden des anderen auch ein Verlust eigener Handlungsfähigkeit sei. Das war ein recht optimistischer Ansatz, der zudem ganz den fortschrittsgläubigen Geist der Zeit atmete. Auch bei Durkheim klang jene neue Moralordnung an, die mit dem Begriff der Solidarität verbunden war. Aber als Analyseinstrument gesellschaftlicher Verhältnisse wollte er die Solidarität doch in einem anderen, weniger normativen Sinne verstanden wissen.

Solidarität – das war eine Vorstellung davon, dass es so etwas wie eine normative Bindung und Verpflichtungen zwischen Menschen und Gruppen zur gegenseitigen Hilfe gibt; eine Hilfe, die zugleich immer auch partikular geprägt ist. Natürlich: Solidarität hatte immer auch eine exkludierende Wirkung, und doch zielte der Begriff gerade darauf ab, Unterschiede zu den autoritären Gesellschaftsentwürfen der extremen Rechten zu markieren. Denn in ihm steckte gerade nicht primär die Abschottung, die Enge des Vorgartens, sondern die Erkenntnis, dass menschliches Leben immer in Beziehung zu anderen steht. Es ist eine Welt, die wir mit anderen teilen – ob wir das wollen oder nicht. Es braucht den anderen, um eine Vorstellung seiner selbst zu erhalten. Das klingt abstrakt, meint aber doch etwas sehr Einfaches: Solidarität entsteht im Tun für die und mit den anderen. Sie kostet etwas, und der Preis ist nicht immer klar.

Dass die Solidarität – stärker als die Idee der sozialen Gerechtigkeit – so stark ins Zentrum gesellschaftlicher Selbstbestimmungsdebatten gerückt ist, hat unterschiedliche Gründe: Einer dürfte sicher darin liegen, dass der Begriff gerade in der Phase eine besondere Konjunktur erhielt, seit den 1970er-Jahren, als die alten sozial-moralischen Milieus zunehmend an lebensweltlicher Bedeutung verloren. Zugleich ist aber doch auch zu spüren, dass die neoliberalen Stürme der 2000er-Jahre ein politisches Vakuum hinterlassen haben, an dessen Folge die politische Linke

Demokratie und Solidarität

nach wie vor schwer zu tragen hat: die Folgen von Aktivierungswahn, marktradikaler Entfesselungen und verschärfter individueller Konkurrenz. Wer die gegenwärtigen Debatten über das Bürgergeld und die damit verbundene Kritik am Sozialstaat verfolgt, wird manche Ähnlichkeiten zu den Kontroversen um die Jahrtausendwende wiedererkennen.

Die Strahlkraft solcher Ideen haben in jüngster Zeit deutlich an Attraktivität eingebüßt, aber es gehört zu strategischen Fehlern nicht nur der linken, sondern auch der demokratisch konservativen Kräfte, den Solidaritätsbegriff nationalistisch kapern zu lassen und dem fast unbemerkten Siegeszug der Rede von der »nationalen Solidarität« zugesehen zu haben, an dessen Ende ein machtvolles Wortungetüm Eindeutigkeit verspricht und doch vor allem auf Ausgrenzung setzt. Das Gemisch aus völkischen und ordoliberalen sozialpolitischen Positionen, die derzeit insbesondere die AfD bestimmen, markieren gerade keine »Verteidigung«, sondern eine Abkehr von jener sozialstaatlichen Ordnung, deren Ausgestaltung sich an Grundrechten und individuellen Bedürfnissen orientierte. »Die AfD«, so heißt es in der Präambel des sozialpolitischen Konzepts aus dem Jahr 2020, »bekennt sich zum Sozialstaat, zur sozialen Marktwirtschaft und zur Solidarität und gegenseitigen Hilfe innerhalb unseres Volkes«.[3] Ein solch exkludierendes Verständnis von Solidarität zielt auf eine andere Vorstellung gesellschaftlicher Ordnung, weil hier gerade nicht mehr die Menschenwürde jedes und jeder einzelnen im Zentrum steht, die über eigene Rechte verfügen, sondern es alleine das imaginierte »Volk« ist, an dem sich Leistungen und Zuspruch orientieren – und auch wieder genommen werden können.

Eine der Dimensionen des »Demokratie verteidigen« führt also mitten ins Zentrum der Frage: Was meint heute Solidarität und solidarische Praxis? In welcher Gesellschaft wollen »wir« leben? Wer ist dieses »Wir« und wo sind die blinden Stellen, die demokratisch-kapitalistische Gesellschaften selbst produzieren, ihre eigenen Exklusionsmechanismen, die alte Ungleichheiten fortschreiben und neue schaffen? Die Frage nach der Solidarität verweist also auch zurück auf jene, die die Demokratie gegen ihre Feinde verteidigen wollen. Und sie zwingt, genau darüber nachzudenken, wie sich in modernen, demokratischen Gesellschaften Macht- und Herrschaftsbeziehungen organisieren und sich womöglich ganz neue Bündnisse bilden, die die alten nationalstaatlichen Grenzen überspringen, ja angesichts der globalen Probleme überspringen müssen.

Ob »Solidarität« dabei mit den Jahren einfach »weniger« geworden ist? So einfach ist es sicher nicht. Sie hat im Laufe des 20. und 21. Jahrhunderts vor allem ihre Form verändert. »Solidarität« ist stärker Ausdruck individueller Entscheidung geworden. Sie verbindet in der globalisierten Welt Menschen miteinander, die früher nichts voneinander wussten. Die Demokratie zu verteidigen, hieße in diesem Fall dann auch: die Solidarität neu zu entdecken. Aber eben keine national bornierte. Ihr hässliches Gesicht sehen wir in diesen Tagen jedenfalls deutlich zu oft.

Anmerkungen:

1   Zit. nach: <https://www.zdf.de/nachrichten/politik/hubert-aiwanger-kritik-populismus-demo-bayern-100.html> (vom 12. Juni 2023, abgerufen zuletzt am 4.1.2023).

2   Der Text basiert u. a. auf Süß, Dietmar/Torp, Cornelius: Solidarität. Vom 19. Jahrhundert bis zur Corona-Krise, Bonn 2021; vgl. auch Süß, Dietmar: Hinweise auf ein neues Wir-Gefühl, in: taz vom 30. März 2019.

3   Zit. nach: Konzept zur Sozialpolitik. Alternative für Deutschland | 11. Bundesparteitag in Kalkar | 28. bis 29. November 2020, <https://www.afd.de/sozialkonzept/> (abgerufen zuletzt am 4. Januar 2023).

Ilija Trojanow

Tagträumen ist besser als Albträumen

Die Zukunft steht gerade auf tönernen Füßen. Alles war bis gestern gut, vieles ist heute nicht mehr so gut und nichts wird morgen gut sein – so denken gegenwärtig nicht wenige von uns in Mitteleuropa, besorgt um den Verlust dessen, was wir haben und offensichtlich nicht mehr in der Lage zu erkennen, was wir tatsächlich entbehren. Um uns abzulenken, ergötzen wir uns an Endzeitvisionen, die an Plausibilität gewinnen, je apokalyptischer sie daherkommen. So schlimm ist's bei uns dann doch nicht, entfährt uns ein behaglicher Seufzer. Die Flucht ins erfundene Grauen endet in der Erleichterung, weil wir so den essenziellen und realen Kämpfen, etwa gegen die ökologischen Krisen, ausweichen können. All jene, die das Privileg haben, keinen Überlebenskampf führen zu müssen (und das ist hierzulande weiterhin die große Mehrheit), lassen sich gern von Dystopien einlullen.

Je größer die drohende Katastrophe, desto mickriger die Alternativen, so scheint es momentan, entsprechend klein fällt unser Denken aus. Ein wenig E-Mobilität, ein wenig CO_2-Handel, sieben Prozent Bioprodukte und sieben Prozent Vegetarier, zum Teil kongruente Minderheiten. Es mangelt uns nicht an Wissen über das, was mit der Welt passiert. Keiner behauptet, es sei vernünftig, die Umwelt zu zerstören, Menschen zu entwurzeln, Ungerechtigkeiten zu vertiefen, Kriege zu entfachen. Und trotzdem: Das Bewusstsein für die sich zuspitzenden sozialen und ökologischen Probleme und die existenzielle Notwendigkeit ihrer Lösung geht meist einher mit Lähmung oder selbst auferlegter Blindheit, vor allem bei jenen, die Nutznießer des globalen Ungleichgewichts sind. Im politischen Diskurs herrscht das perfide Dogma der Alternativlosigkeit vor. Ausgerechnet jene Prinzipien, die die Katastrophendynamik beschleunigen – Profit, Wachstum, Konzentration von Reichtum und daher Macht – gelten als unantastbar.

»Das kann doch nicht alles gewesen sein?« fragt die Utopie. Utopisches Denken ist stets das Spekulieren über ein »noch nicht«, die Erweiterung der Vorstellungskraft zu einer Vision zukünftiger Momente, die vielfältig, überraschend und auch befreiend sind, sowohl in die Vergangenheit hinein als auch in die Zukunft hinaus. Zukunft wird als etwas begriffen, das anders werden könnte und Geschichte als das, was anders gewesen sein könnte. Und beide Vorstellungen sind eng miteinander verflochten.

Die Utopie muss einerseits in historischen Erfahrungen verwurzelt sein, denn sie geht von bestimmten Annahmen über das menschliche Verhalten aus, und wenn diese nicht durch Erfahrungen bestätigt werden, hat die utopische Vision nur eine metaphysische, um nicht zu sagen eschatologische Bedeutung. Andererseits sollten wir das, was es noch nicht gibt, nicht mit dem verwechseln, was unmöglich ist, so wie das Wort »Utopie« im täglichen Sprachgebrauch verwendet wird. Die Sklaverei abzuschaffen, Frauen das Wahlrecht zu geben oder Hunger auszurotten, das schien eine lange Zeit tatsächlich unmöglich zu sein. Und doch ist es – zumindest in Teilen der Welt – umgesetzt worden. Fortschritt ist zuweilen verwirklichte Utopie. Indem wir uns andere Realitäten vorstellen, imaginieren wir Alternativen zum Existierenden. Genau das meinte Robert Musil, der große österreichische Schriftsteller, als er den »Möglichkeitssinn« heraufbeschwor. Der »Nicht-Ort« (so bekanntlich die Bedeutung des griechischen Wortes *Ou-Topos*) kann nur mit der kreativen Kraft der Fantasie beschworen werden, indem die herrschenden Verhältnisse auf den Kopf gestellt oder umgestülpt werden, was im vertrauten Alltag gilt, ist im Gedankenexperiment außer Kraft gesetzt. Utopia ist somit viel mehr als eine Insel der Seligen, auf der Frieden und Gleichheit herrschen und Bildung als höchstes Gut gilt, Utopia ist die Vorwegnahme von Veränderung im Reich der Imagination. Utopia entfaltet das freieste Denken, um Alternativen zu ersinnen.

Dies sollte nicht verwechselt werden mit einem politischen Manifest, das den Anspruch erhebt, radikal zu sein. Das politische Manifest verkündet eine Wahrheit, die Morgen verwirklicht werden müsse, und wer diese klar konzipierte Zukunft nicht akzeptiere, der sei halt von gestern. Das ist dogmatisch und potenziell gefährlich. Die utopische Erzählung skizziert im Gegensatz dazu Vorläufiges, präsentiert offene Visionen.

Die Gründe liegen auf der Hand: Ein Entwurf einer wesentlich anderen Zukunft, der als präzise Zeichnung daherkommt, die pedantisch auf Genauigkeit pocht, entwickelt eine Vision mit begrenzter Geltung. Utopische Vorstellungen sollten nicht Baupläne übermäßig ehrgeiziger Architekten sein, sondern eine Teilhabe an einem weiteren Horizont, der die Zukunft von den Fesseln der etablierten sozialen, politischen und wirtschaftlichen Ordnungen befreit. Sinnvoll für uns alle, die wir uns nach anderen Formen des gesellschaftlichen Lebens und der individuellen Existenz sehnen und gelegentlich davon tagträumen. Wahrhaft utopische Erzählungen stellen bestehende Prämissen infrage, indem sie Fenster des Denkens und Türen der Fantasie öffnen.

Der seit 1989 oft verkündete »Untergang der Utopien« ist ein Totengräbergesang, der alle Träume begraben will, um universelle Friedhofsruhe durchzusetzen. Begleitet von der fragwürdigen Behauptung, die Schrecken des 20. Jahrhunderts wären die Folge utopischen Denkens gewesen, obwohl man mit weitaus besseren Argumenten althergebrachte Haltungen und Ideologien wie autoritäre Hierarchie, fanatischen Nationalismus, Rassismus, Nepotismus und exterminatorischen Imperialismus für den Staatsterror verantwortlich machen könnte. Das wird in diesem Jahr wieder einmal offenbar. Nichts an Putins imperialem Wahn, nichts an den russischen Verhältnissen ist eine Folge utopischen Denkens. Im Gegenteil: Es handelt sich um eine Regression in eine verklärte Vergangenheit. Putins Vorbilder, Lenin und Stalin, verachteten die Utopie. Lenin, ein wendiger Pragmatiker, konstatierte schon Ende 1917: »Wir sind keine Utopisten ... wir wollen die sozialistische Revolution mit den Menschen, wie sie gegenwärtig sind, mit Menschen also, die ohne Unterordnung, ohne Kontrolle, ohne Aufseher und Buchhalter nicht auskommen können.« Marx und Engels haben den »utopischen Sozialismus« zum Schimpfwort erhoben; Konservative und Liberale halten Utopien für gefährlich und extremistisch, weil sie irrational seien und zu Gewalt führten. Dieser Vorwurf basiert auf einer Verwechslung von Utopie mit Ideologie.

Worin besteht nun das Utopische? Des einen Utopie sei des anderen Dystopie, wird oft behauptet. Die logische Schlussfolgerung: Da sich Menschen nicht auf eine bestimmte Utopie einigen könnten, müssten sie notgedrungen auf dem stachligen Boden der real existierenden Ungerechtigkeiten und Leiden bleiben. Wenn das stimmt, dann müssten sich die verschiedenen utopischen Visionen in den meisten wichtigen Aspekten voneinander unterscheiden. Wer sich aber mit der reichhaltigen Tradition an utopischen Texten vertraut macht, wird feststellen, dass es trotz einer Vielfalt an Ideen auch erstaunliche Übereinstimmungen gibt. Viele Sprachen und doch eine zugrunde liegende Grammatik. So sehr, dass es möglich erscheint, aus den visionären Entwürfen ein Destillat zu gewinnen, quasi einen konzentrierten utopischen Brühwürfel (für einen hoffnungsfrohen Zaubertrank). Vielleicht sagt ein solches Destillat einiges aus über das Wesen des Menschen jenseits von Zurichtung und Manipulation, wenn wir es anhand seiner Tagträume eruieren, nicht anhand seiner Albträume.

Wie schaut dieses Idealbild von Gesellschaft aus? Gibt es so etwas wie die berühmte »Goldene Regel«, die in allen religiösen Glaubenssystemen vorzufinden ist: »Behandle andere so, wie du von ihnen behandelt werden willst«? Was wäre, wenn die essenziellen Übereinstimmungen einen Stimulus für die Verbesserung der Verhältnisse bildeten, indem sie ermöglichen, dass das Visionäre als mehrheitsfähiger Vorschlag wahrgenommen wird und nicht als eigenwillige Phantasmagorie? Hannah Arendt hat einmal betont, »dass keine hervorragende Leistung möglich ist, wenn die Welt selbst ihr nicht einen Platz einräumt.« Was im Umkehrschluss bedeutet, dass die utopischen Ideen erst den Raum schaffen für eine Veränderung, für die zuvor kein Platz da war. Das kann nur funktionieren, wenn sie einer großen Zahl von Menschen – gefühlsmäßig und/oder rational – einleuchten.

Hier nun ein Trockendock für Utopien, bevor sie wieder die Segel setzen. Hinsichtlich der gesellschaftlichen Organisation wird eine Gleichwertigkeit und Gleichberechtigung aller Bürgerinnen und Bürger imaginiert, die freie Entfaltung jedes Einzelnen, eine stark ausgeprägte Selbstständigkeit im Denken und Handeln und die freie Wahl der eigenen Tätigkeit gemäß den Talenten und Bedürfnissen des Individuums. Neuere Utopien gehen von der Überwindung des Patriarchats sowie aller Formen von Rassismus aus. Die Menschen kommunizieren gleichberechtigt miteinander, es herrscht ein gegenseitiges (Zu-)Hören vor, ebenso wie Toleranz und Akzeptanz gegenüber allen Lebensstilen und sexuellen Orientierungen. Altruismus ist eine selbstverständliche Grundhaltung, ebenso Hilfsbereitschaft und Solidarität, nicht zuletzt, weil die Erziehung den Fokus auf immaterielle Werte und auf Gemeinschaftssinn legt.

Was das Politische betrifft, sind flache Hierarchien ein weit verbreitetes Ideal, ohne rigide, verkrustete Institutionen und ohne Machtkonzentration in den Händen einiger weniger Menschen. Es gibt keine Privilegien für eine wie auch immer definierte Minderheit. Stattdessen egalitäre Netzwerke, Dezentralisierung, direkte Demokratie sowie eine universelle Teilhabe an wesentlichen Entscheidungen. Das Militär ist abgeschafft, selbstverständlich auch die Rüstungsindustrie, manchmal auch die Polizei und die Strafjustiz – das Gefängnis existiert nicht einmal als Museum. Die Welt kennt nur mehr Frieden und Gewaltlosigkeit.

Im Bereich der Wirtschaft genießen die Menschen in unterschiedlicher Ausprägung die Segnungen eines Schlaraffenlands, haben also freien Zugang zu allen materiellen Gütern der Grundversorgung. Es wird nirgendwo gehungert, es gibt keinen obsessiven Konsum mehr und keine unnötige Verschwendung. Statt Geld gibt es Gemeingüter, statt Wettbewerb und Profit Kooperation und Tausch. Anstelle von stumpfsinniger Arbeit sinnvolle Beschäftigung, vor allem dank kreativen und sozialen Aktivitäten, unterstützt von einer menschendienlichen Automatisierung. Wirtschaftswachstum ist kein ökonomisches Ziel mehr. Selbstorganisation und Selbstversorgung sind wesentliche Prinzipien.

Und was das Ökologische angeht (vor allem in den Utopien aus den letzten 100 Jahren), herrscht eine radikal andere Wertschätzung der Natur vor, die Natur gehört niemandem, nicht einmal Großkonzernen, Recycling ist so selbstverständlich wie die Herstellung von langlebigen, reparierbaren Produkten, die dem tatsächlichen Bedarf der Menschen entsprechen. Tiere werden geachtet und geschützt.

Alle utopischen Narrative kreisen um das Spannungsverhältnis zwischen dem Individuum und dem Kollektiv, im Streben nach Balance zwischen individueller Freiheit und gesamtgesellschaftlicher Gerechtigkeit. Einerseits trägt das Individuum eine Verantwortung gegenüber seinem sozialen Umfeld. Andererseits wird die Entfaltung der individuellen Persönlichkeit nur marginal eingeschränkt und niemals verhindert.

Zugleich gibt es geschützte Räume, in denen der Einzelne sich bei einem erwünschten Rückzug aus dem Kollektiv frei entfalten und entwickeln kann, ohne in ein antagonistisches Verhältnis zu gesellschaftlichen Interessen zu treten. In Zeiten, in denen eine starre Gegensätzlichkeit von Egoismus und Selbstaufopferung dominiert, klingt diese Quintessenz utopischen Denkens wie eine Quadratur des Kreises.

Utopien seien diffus, wird oft behauptet. Vielleicht ist gerade dies ihre größte Stärke, die Vielfalt an Denkweisen, die Verknüpfung von Ziffern und Zeichen mit Erträumungen. Die Unterwanderung des Quantifizierbaren durch die Fantasie. Zumal das Utopische wie erwähnt auch historischer Erfahrung entspringt. Was seit Anbeginn der Moderne utopisch genannt wird, war einst gelebte Wirklichkeit, mal als Ausnahme, mal als Regel, mal in einer Nische oder Oase, mal auf den weiten Prärien der Selbstverständlichkeit. Utopien erwachsen aus unserem kollektiven Gedächtnis. Die längste Zeit lebte die Menschheit in egalitären Gesellschaften, in denen es keine institutionalisierte Autorität gab, sondern die Rolle des Anführers oder der Anführerin – es handelte sich in uralten Zeiten nicht selten um Matriarchate – ging an Menschen mit natürlicher Autorität, an die Weisen, die Intelligenten oder Charismatischen. Jüngste Ausgrabungen in China, Niger, Pakistan, Peru, Mali und der Türkei belegen, dass sich in vielen frühen Zivilisationen keine Spuren zentralisierter Macht finden, keine architektonischen Manifestationen von Herrschaft und Unterwerfung, obwohl es damals bereits Arbeitsteilung und Spezialisierung gab. Neueste DNA-Tests an den Knochenfunden unterhalb der Häuser in Çatalhöyük (die Toten wurden unter dem eigenen Haus begraben) offenbaren, dass die Menschen in Wahlverwandtschaften zusammenlebten, nicht in repressiven Großfamilien. In einigen der ältesten religiösen Traditionen, im Judentum wie auch im Taoismus etwa, wird das Gemeineigentum (heute würden wir *commons* dazu sagen) propagiert. Selbst noch im Mittelalter herrschte eine dörfliche Ordnung der Allmende vor, so wie heute noch in Teilen Afrikas, weswegen es den Investoren, die dort *land grabbing* betreiben, leicht fällt, kommunales Land zu erwerben, indem sie die Dorfvorsteher bestechen.

Auch hehre Ziele unterliegen einer Konjunktur. Mal werden sie verwirklicht, mal sind sie verwirkt. Die Sklaverei der Antike verschwand

Tagträumen ist besser als Albträumen

im Mittelalter in Europa fast völlig, bis durch die »Entdeckung« Afrikas neue Rohstofflieferanten und neue Märkte entstanden. Die wieder eingeführte Sklaverei war so selbstverständlich wie heute die Container-Schifffahrt. Als Ende des 18. Jahrhunderts in England, in einer Epoche gewaltiger Umbrüche mit starkem utopischen Gehalt (die Amerikanische Revolution, die Französische Revolution) die Sklaverei infrage gestellt wurde, schlossen sich nur wenige diesem ethischen Bekenntnis an, denn der transatlantische Sklavenhandel war für Handelsmächte wie Großbritannien extrem profitabel. Er sicherte Arbeitsplätze, ermöglichte Vermögen, garantierte Konsumgüter. Er war daher gerechtfertigt. Kommt Ihnen diese Argumentation bekannt vor? Die frühen Gegner der Sklaverei waren vor allem durch ihre religiösen Überzeugungen motiviert. Viele waren Quäker, gesellschaftlich marginalisierte Sektierer, die wegen ihres unerschütterlichen Glaubens an Frieden und Gleichheit als Fanatiker angesehen wurden – als gefährliche Utopisten. Sie wurden aus dem öffentlichen Dienst entlassen, viele in die Kolonien verbannt. Sie hatten zunächst wenig Einfluss. Einige Jahrzehnte später war aus einigen einsamen Rufern in der grünen englischen Wüste eine mächtige Bewegung entstanden, die nach einem fünfzigjährigen politischen Kampf im Sommer 1833 zu einem Gesetz zur Abschaffung der Sklaverei im gesamten britischen Empire führte.

Der Kampf um die Gleichberechtigung der Frau, die wohl größte und wichtigste Utopie, entwickelte sich in den USA aus der abolitionistischen Bewegung, weil Frauen, die jahrelang durch die Landen tourten, um Reden gegen die Sklaverei zu halten, sich gegen die Männer durchsetzen mussten, überhaupt sprechen zu dürfen. Die World Anti-Slavery Convention verweigerte etwa den weiblichen Delegierten 1840 die Akkreditierung! Die Aktivistinnen, oft radikaler als ihre männlichen Mitstreiter, denn sie forderten ein sofortiges, nicht ein graduelles Ende der Sklaverei, begannen sich für Frauenrechte einzusetzen. Mit Stimme und Stift sammelten sie praktische Erfahrungen, organisierten und dozierten. Die Diskriminierung, der sie ausgesetzt waren, veranlasste sie, sich zusammenzuschließen, zu einer eigenständigen Emanzipationsbewegung. Ein wunderbares Beispiel für Karl Mannheims Interpretation von Utopien als Triebkräfte sozialer Bewegungen.

Wenn wir heute die damaligen Reaktionen der Pro-Sklaverei-Lobby oder der Anti-Frauenrechts-Lobby lesen, können wir nur staunen, wie sehr deren Vorwürfe strukturell jenen ähneln, die heute angeführt werden, wenn gegen dringend notwendige sozialökologische Transformationen gewettert wird.

Wie Sie sehen leiten sich utopische Ideale nicht von theoretischen Überlegungen ab, sie existieren als Ethik sowie als gelebte Alternative. Das ist auch gut so, denn die Kritik an den herrschenden Verhältnissen muss einhergehen mit Belegen, dass es anders geht, dass die Idee einer solidarischen Welt jenseits von ökonomischer Ausbeutung und Zerstörung nicht nur auf eine imaginierte Zukunft (auf einer abgeschiedenen Insel) verweist, sondern schon heute im Handeln der Menschen aufscheint. Nur unter Maßgabe dieses Nachweises verwandelt sich die Forderung nach einer menschenwürdigen Welt aus einer abstrakten in eine konkrete Utopie.

Womit wir bei der Praxis wären. Denn das Streben nach Utopie ist eine handfeste Angelegenheit. Am Anfang steht die Frage, wie Veränderung überhaupt gelingt. Theodor Adorno war pessimistisch, dass angesichts der kulturindustriellen und sozialtechnischen Beherrschung des modernen Menschen »eine Praxis, auf die es ankäme« noch möglich sei. Seine Konsequenz, dass allein noch im Denken und in der Kunst die Möglichkeit eines freien und widerständigen Handelns gegeben sei, trifft allerdings nicht zu (es gehört übrigens zum utopischen Denken, die großen alten Männer auf ihrem kanonischen Sockel ein wenig zu kitzeln). Als ich vor einigen Jahren Recherchereisen durch vier Kontinente unternommen habe (für das Buch »Hilfe? Hilfe!«), fiel mir auf, dass just in Momenten der Katastrophe an der grundsätzlichen Möglichkeit einer Befreiung aus Zerstörung, Not und Unmündigkeit nicht nur geglaubt wird, sondern diese Befreiung umgesetzt wird. Krise als utopische Chance. Oder: Ein Paradies, das in der Hölle entsteht.

Das Utopische ist hierzulande leider zu einem privaten Missverständnis geschrumpft, denn die enge Verbindung zwischen Selbstverbesserung und gesellschaftlicher Veränderung ist gekappt. Eine wachsende Zahl von Selbstoptimierern hastet von Herausforderung zu Herausforderung. Der Einzelne soll sich vervollkommnen, soll das Optimum aus sich herausholen, eigentlich ein utopisches Element, wenn auch durch Engstirnigkeit pervertiert. Bis hin zu der radikalsten aller Utopien, die Überwindung des Todes durch Kryostase (einfrieren und warten, bis die Zukunft einen von den Eistoten auferweckt). Jeder Mensch – so wird gefordert – soll flexibel und dynamisch auf Belastungen und Zumutungen reagieren, nicht aber die Gesellschaft. Das ist die Crux unserer Epoche. Der Ego-Wahn hat das Individuum in ein Labor der selbstexperimentellen Adaption – neudeutsch: Resilienz – verwandelt. Eher können wir uns vorstellen, den Menschen in einen Cyborg zu verwandeln oder durch Roboter und AI zu ersetzen, als die momentanen Rahmenbedingungen des Wirtschaftens infrage zu stellen.

Die Flaute visionären Denkens kann nur vorübergehend sein. Es gibt zuletzt verstärkt Anzeichen, dass utopisches Denken eine Renaissance erfährt. In Zeiten, in denen der Überwachungskapitalismus, die oligarchischen Strukturen und destruktiven Finanzmärkte Gegenentwürfe geradezu provozieren, wird der utopische Wind weiter aufbrausen und uns helfen, die entscheidenden Fragen entschieden zu stellen. Zum Beispiel: Ist Demokratie mit Vermögenskonzentration vereinbar? Geld ist Macht, sagt der Volksmund, so als habe er geahnt, dass keines der Regulative der parlamentarischen Demokratie eine exzessive Konzentration des Vermögens in den Händen einer kleinen Elite verhindern kann. Materielle Ungleichheit bedingt politische Ungleichheit. Dagegen kann man eben nichts machen, denkt sich der Pessimist (also einer, dem es an Fantasie mangelt), die viel zitierte Schere klafft immer weiter auf, sie schnippelt schon am Mittelstand, bis von diesem wenig mehr übrig geblieben sein wird als eine verängstigte Schicht zwischen Stigmatisierten und Selbstoptimierten. Die Utopie fragt: Wieso muss es extremen Reichtum überhaupt geben? Und ist nicht Reichtum das Gegenteil von Wohlstand, verstanden als besseres Leben?

Jeder sozialpolitische Raum wird durch existierende Rahmenbedingungen und inhärente Dogmen definiert, die es immer wieder infrage zu stellten gilt, denn sie prägen unser Verständnis von Gerechtigkeit und Wohlbefinden, von Glück und Fortschritt. Das Streben nach mehr Gerechtigkeit muss von der Annahme ausgehen, dass die herrschenden Prioritäten, Instrumente und Institutionen fehlbar sein könnten. Das ist nicht so radikal wie es zunächst klingen mag. So beginnt etwa das deutsche Grundgesetz mit einem erstaunlichen Ausspruch: »Die Würde des Menschen ist unantastbar«. Das ist entweder naiv oder ein durch und durch utopischer Anspruch, denn wie wir alle wissen wird auch in einer wohlhabenden Gesellschaft wie der deutschen die Würde von manchen Bürgern und Bürgerinnen durchaus verletzt.

Leider bedeutet die Globalisierung, dass der Moloch, den wir neoliberalen Kapitalismus nennen, den ganzen Planeten beherrscht, fast ohne Ausnahme. Dies ist ein erschreckender Gedanke. Monokulturen sind in der Landwirtschaft schlimm genug, in der Politik bedeuten sie irgendwann einmal einen Kollaps (wie das grandiose Buch von Jared Diamond betitelt ist, das derartige Entwicklungen anhand von historischen Beispielen analysiert). Um in Würde und Wohlergehen zu überleben, müssen wir unsere planetarischen Lebensformen neu definieren, und das wird ohne die utopische Vorstellungskraft nicht möglich sein. So betrachtet ist Utopie also nicht die Kunst des Unmöglichen, sondern die Vernunft des Notwendigen.

Eine Welt des Werdens. Wenn ich davon ausgehe, dass ich wie alle anderen auch aufgrund meiner kognitiven Einschränkungen sowie aufgrund des Zeitgeistes teilweise blind bin, dann muss ich ins Visionäre ausbrechen, um meine Blindheit zu überwinden. Wenn ich die Gegenwart nicht klar sehen kann, bleibt mir nichts anderes übrig, als die Zukunft in den Blick zu nehmen. In diesem Sinn verspricht Utopie zudem die Heilung unserer partiellen oder absichtlichen Blindheit.

Utopie erscheint uns als wundersame Spinnerei solange wir uns als wissend und den Problemen gewachsen betrachten. Wenn wir aber von unserer Ignoranz ausgehen, von den Scheuklappen und Verengungen unseres Denkens, würde sie uns so normal erscheinen wie Kürbiskerne oder löchrige Socken.

Es gibt Gründe genug, optimistisch zu sein. Trotz eines Systems, das Eigennutz und Gier belohnt, erleben wir täglich solidarisches Handeln, gegenseitige Hilfe, gemeinschaftliche Lösungen. Diese kleinen und großen Handreichungen tragen mehr zum Gleichgewicht in der Gesellschaft bei als das profitable Funktionieren all jener quantifizierbaren Prozesse, die dazu dienen, die Macht und den Reichtum einer zunehmend kleiner

Tagträumen ist besser als Albträumen

werdenden Schicht zu sichern. Ohne Utopien droht uns die Hoffnungslosigkeit, und diese ist »die vorweggenommene Niederlage« (Karl Jaspers). Und selbst wenn wenig Konkretes bei unseren Kopfreisen auf den sieben Meeren des Utopischen herauskommt, »ein Leben im Traumland macht glücklich« (so Mahatma Gandhi). Ein Verweilen im Traumland immunisiert gegen die grassierende Zukunftsangst. Ich kann es Ihnen nur ans Herz legen.

Rede in Straubing,
Für die Ringvorlesung »Globale Herausforderungen für Politik
und Demokratie – emanzipatorische Alternativen«,
Universität Wien, WiSe 2023/2024

Tanjev Schultz

Die Wahrheitspresse – kritischer Journalismus ist effektiver Demokratieschutz

Eine freie Presse ist kein abkömmliches Geschenk, das eine Gesellschaft hat oder eben nicht hat. Sie lässt sich nicht für etwas Besseres eintauschen. Sie ist ein Geschenk, das es zu hüten und zu nutzen gilt. Wer die freie Presse nicht verteidigt, verliert die Demokratie. Wer sie hergibt, hat die Freiheit selbst aufgegeben. In der Demokratie zu schlafen, kann bedeuten, in einer Diktatur aufzuwachen – diese alte Einsicht ist auch eine Mahnung, die Angebote der Medien nicht wie ein Schlafmittel zu nehmen; sie nicht nur zur Zerstreuung zu gebrauchen oder zur Propaganda. Ohne solide Informationen und ohne kritischen Blick auf die Mächtigen ist kein Volk souverän. Wer die Vierte Gewalt schleifen lässt, steht bald ganz ohne Gewaltenteilung da.

In Zeiten, in denen Donald Trump seriöse Journalistinnen und Journalisten in den USA als »Feinde des Volkes« beschimpft, muss das demokratische Dösen enden. In Zeiten, in denen nicht wenige Menschen die großen Zeitungen und Sender in Deutschland als »Lügenpresse« diffamieren, ist es nötig, aufzuwachen und die Unabhängigkeit der Medien zu sichern. Wer austeilt, sollte einstecken können – in einer offenen Gesellschaft müssen sich auch die Medien Kritik gefallen lassen: an ihren Beiträgen, ihren Fehlern, ihren Übertreibungen. Daran darf es keinen Zweifel geben. Doch den Demokratie- und Journalismusfeinden geht es nicht um vernünftige Medienkritik oder um konstruktiven Streit. Rechtsextremisten haben kein Interesse an Medien, die eine liberale Gesellschaft stützen. Es geht ihnen darum, unliebsame Informationen und Meinungen auszuschalten und die demokratische Infrastruktur zu zerstören.

Die Pressefreiheit »raubt der kühnen Sprache des Demagogen allen Zauber der Neuheit, das leidenschaftlichste Wort neutralisiert sie durch ebenso leidenschaftliche Gegenrede«. Können diese Worte, die Heinrich Heine vor fast 200 Jahren so kraftvoll und hoffnungsfroh formuliert hat, heute noch gelten? Kann es den Medien gelingen, die Wahrheit ans Licht zu bringen und all die »Lügengerüchte, die, von Zufall oder Bosheit gesät, so tödlich frech emporwuchern im Verborgenen«, schon während ihrer Geburt zu ersticken? Es ist schwierig, aber nicht unmöglich.

Oft ist es kompliziert zu bestimmen, was stimmt und was nicht. Journalistinnen und Journalisten tun gut daran, nicht der Vorstellung zu erliegen, sie hätten Wahrheit und Weisheit gepachtet und qua Presseausweis einen exklusiven Zugang zur Welt erlangt. Aber, und darauf kommt es bei aller erkenntnistheoretischen Demut an: Das ernsthafte, wahrhaftige Bemühen um die Wahrheit macht den seriösen Journalismus aus. Das genaue Prüfen von Informationen und Quellen, das Berichten aus unterschiedlichen Perspektiven, das Artikulieren von Kritik und Widerspruch, das faire Wägen von Argumenten, das Aufdecken von Korruption und Machtmissbrauch. Auch das Korrigieren eigener Fehler und das Zugeben von Unwissen oder Unsicherheit.

Heinrich Heine hat recht, immer noch: Die Pressefreiheit hilft im Kampf für die Wahrheit. Sie hilft im Kampf gegen Demagogen und Despoten – auch in der Gegenwart, in der es anstrengender wird, im Gestrüpp aus Lügen, Halbwahrheiten, ungedeckten Behauptungen und bloßen Bekenntnissen, die in den »sozialen Medien« wuchern, mit soliden Informationen und durchdachten Meinungen durchzudringen. In Sorgfalt und Vielfalt werden Qualitätsmedien zur Wahrheitspresse. Nicht ein einzelnes Medium, nicht ein einzelner Beitrag, nicht ein einzelner Journalist, sondern die freien, kritischen Medien als kollektives Organ, als vielstimmiger Chor.

Keine Extremisten als Rundfunkräte

Für ein paar selige Jahre war das Anrufen der Pressefreiheit und der Medienvielfalt in einer stabilen Demokratie wie der Bundesrepublik ein fast schon ödes Ritual. Es war der Stoff für Sonntagsreden und Gedenktage. Doch die Stabilität ist brüchig geworden. Die Demokratie steht auf dem Spiel, und mit ihr ein Journalismus, der ihr dient. Ein Journalismus, der unabhängig und überparteilich ist, aber beherzt Partei ergreift für die liberale Demokratie und ihre Prinzipien. Ein Journalismus, der sich nicht mit den Mächtigen gemein macht, wohl aber mit den Institutionen und Prozeduren, die ein freies und selbstbestimmtes Leben ermöglichen. Ein Journalismus, der individuelle und kollektive Lernprozesse anstößt.

Digitale Unruhestifter auf der einen Seite, Apathie und Eskapismus auf der anderen Seite bedrohen die politische Kultur und den zivilen Meinungsstreit. In den vergangenen Jahren ist die Bundesrepublik im weltweiten Ranking der Pressefreiheit, das die Organisation »Reporter ohne Grenzen« erstellt, um mehrere Plätze abgesackt. Im Vergleich zu vielen anderen Staaten, in denen Autokraten ihre Kritiker gängeln und verfolgen, steht Deutschland noch immer recht gut da. Aber es könnte besser dastehen – und wohin wird sich die Gesellschaft entwickeln? Deutschland ist für Journalistinnen und Journalisten nicht mehr so frei und so sicher, wie es sein sollte. Vor allem die Bedrohung durch Rechtsextremisten hat zugenommen, Angriffe auf Redaktionen und Reporter häufen sich. Bereits das Berichten von einer Demonstration gegen die Corona-Politik war mancherorts ohne spezielle Schutzvorkehrungen nicht mehr möglich.

Was würde geschehen, wenn Populisten und Extremisten weiter an Boden gewännen und sie nicht nur auf der Straße und im Internet versuchten, Journalistinnen und Journalisten einzuschüchtern, sondern dafür auch die Parlamente nutzen könnten; Behörden, Vereine und Verbände, Kommissionen und Rundfunkgremien, Hochschulen, Staatsanwaltschaften und Gerichte? Was würde geschehen, wenn es ihnen gelänge, die Angebote des öffentlich-rechtlichen Rundfunks zusammenzustreichen oder für die eigenen Ziele zu instrumentalisieren? Wenn sie die eigenen, ihnen ergebenen Medien ausbauten und wenn sie wichtige Zeitungen und Online-Portale übernähmen? Es braucht keine Änderung des Grundgesetzes, um die Freiheit der Presse zu untergraben und auszuhöhlen. Viktor Orbán hat in Ungarn vorgemacht, wie sich eine liberale Demokratie Schritt für Schritt in eine illiberale Ordnung führen lässt – mit immer mehr Redaktionen, die nach seiner Pfeife tanzen. Es braucht nicht unbedingt einen Putsch oder eine Revolution, um eine bunte Medienlandschaft auszutrocknen und in eine Wüste zu verwandeln.

Nur abzuwarten und zu hoffen, dass der populistische und rechtsextremistische Spuk vorüberzieht, wäre fahrlässig. Viele Medien sind infolge der digitalen Transformation ohnehin angeschlagen. Für Lokalzeitungen fehlt ein dauerhaft tragfähiges Geschäftsmodell, Fusionen und Marktkonzentration haben beängstigende Ausmaße angenommen. Zugleich steht der öffentlich-rechtliche Rundfunk unter Druck. Ihn zu stabilisieren und so zu reformieren, dass er auch in einer vollends digitalen Ära als verlässliche, staatsferne Quelle für den demokratischen Diskurs dienen kann, gehört zu den zentralen Herausforderungen der kommenden Jahre. Die öffentlich-rechtlichen Sender dürfen nicht weniger, sie müssen noch mehr in hochwertige journalistische Angebote investieren. Guter, kritischer Journalismus ist effektiver Demokratieschutz. Klar sein muss deshalb auch: Extremisten dürfen keine Rundfunkräte sein – in den Gremien der Sender haben sie nichts zu suchen, wie stark ihre Wahlergebnisse auch sein mögen.

Sieht man in der Pressefreiheit nicht nur ein Abwehrrecht gegen den Staat, sondern ein Leistungsrecht, folgen daraus Ansprüche an ein vielseitiges und leistungsfähiges Medienangebot. Es zu schaffen, zu erhalten und zu fördern, ist eine gesellschaftliche Aufgabe. Staatliche Zensur und Verfolgung können der Presse die Freiheit abschnüren, aber auch Profitinteressen, wirtschaftliche Einflussnahme und die Machtgelüste von Eigentümern. Ressourcen sind stets rar, der Druck zu sparen allgegenwärtig. Wenn die Medien ihren demokratischen Dienst erfüllen sollen, benötigen Journalistinnen und Journalisten die Zeit und den Freiraum, umfassend und gewissenhaft recherchieren zu können. Die Pressefreiheit ist wenig Wert, wenn die Freiheit fehlt, gründlich zu sein. Das gilt nicht zuletzt für den Lokaljournalismus – dort, wo die Demokratie den Menschen am nächsten ist. Wenn es keine Redaktion mehr gibt, die noch die Kraft aufbringt, den kommunalen Haushalt zu durchdringen oder das Gebaren lokaler Honoratioren zu überprüfen, werden sich dramatische Lücken in der Kritik- und Kontrollfunktion der Öffentlichkeit auftun. Gut möglich, dass diese Lücken längst klaffen und nicht einmal mehr gesehen werden.

Lokalen Journalismus retten

Der lokale Journalismus muss revitalisiert werden, bevor es zu spät ist. Die etablierten Medien haben ein ähnliches Partizipationsproblem wie die etablierten Parteien: Ihre Zielgruppen bröckeln, Loyalitäten lösen sich auf. Die Zahl der Nachrichtenvermeider, die gar nicht mehr erreicht werden, könnte wachsen; die Lektüre journalistischer Texte geht zurück, während Audio- und Film-Formate dominieren (darunter zum Glück auch einige gehaltvolle). Der Anzeigenverkauf funktioniert nicht mehr wie früher, zugleich haben sich viele Menschen daran gewöhnt, Informationen mit einem Klick oder Wisch abrufen zu können, ohne etwas dafür bezahlen zu müssen. Die klassischen Redaktionen haben ihre Autorität als unbestrittene Torwächter zur Öffentlichkeit eingebüßt. Was ein partizipativer Fortschritt sein könnte, wird krisenhaft, wenn der Verlust journalistischer Autorität nicht in eine emanzipative Vielfalt übergeht, sondern in eine Kakofonie der Ahnungslosen.

Es wäre naiv zu glauben, eine aufgeklärte Öffentlichkeit könnte sich ganz ohne professionelle Kräfte bilden und relevanten Themen zuwenden. Auch und gerade in der digitalen Ära sind die Bürgerinnen und Bürger auf Strukturierungs- und Validierungsleistungen angewiesen, die zwar nicht ausschließlich, aber zu einem wichtigen Teil weiterhin von professionellen Akteuren erbracht werden. Mehr denn je braucht es den Journalismus als prüfende Instanz und bündelnde Kraft.

Wo der Markt versagt, müssen andere Mechanismen gefunden werden, die mediale Infrastruktur der Demokratie zu sichern. Dass private Verleger jeden Versuch abwehren, in ihr Geschäftsfeld einzudringen, ist verständlich, aber ohne innovative Lösungen wird es immer weniger hochwertige journalistische Angebote in der Fläche geben. Den Staat müssen die Medien auf Distanz halten, eine bessere Presseförderung schließt das nicht aus. Stiftungsmodelle und die Gemeinnützigkeit von Medienangeboten müssen stärker gefördert werden, und es braucht eine offene Diskussion über neue Wege, vielfältigen und hochwertigen Journalismus zu sichern.

Jürgen Habermas plädierte bereits vor mehr als zehn Jahren dafür, ein stabileres Fundament für den Journalismus zu finden; er schrieb:

»Der Markt hat einst die Bühne gebildet, auf der sich subversive Gedanken von staatlicher Unterdrückung emanzipieren konnten. Aber der Markt kann diese Funktion nur solange erfüllen, wie die ökonomischen Gesetzmäßigkeiten nicht in die Poren der kulturellen und politischen Inhalte eindringen, die über den Markt verbreitet werden.«

Seine Diagnose ist aktueller denn je. Denn mittlerweile stehen durch minutiöse Analysen von Publikumsdaten, Zuschauerströmen und Zielgruppen-Präferenzen auch die öffentlich-rechtlichen Redaktionen in ständiger Versuchung, den demokratischen Auftrag zugunsten simpler Marktorientierung zu vernachlässigen.

Zu den Leistungen hochwertiger journalistischer Angebote gehört, dass sie dazu beitragen, Präferenzen zu reflektieren und zu verändern. Zu ihren Leistungen gehört, dass sie den allzu einfachen Wahrheiten ein Verständnis für die Komplexität der Wirklichkeit entgegensetzen. Zu ihren Leistungen gehört, dass sie bestehende Vorurteile nicht nähren, sondern Anstöße liefern, etwas zu lernen und Urteile so vernünftig wie möglich zu fällen.

Etwas lernen: Das betrifft auch das Wissen der Bürgerinnen und Bürger über die Medien und den Journalismus. Dieses Wissen ist ausweislich einiger Studien erschreckend gering. Das darf nicht so bleiben, Medienbildung ist Demokratiebildung. So gern diese in der Politik beschworen wird, so gering sind bisher die Bemühungen, in großem Stil zeitgemäße Angebote in Schulen und Betrieben zu verankern und die dafür nötigen Ressourcen bereitzustellen. Jugendliche und Erwachsene müssen Informationen einschätzen und die eigene Kommunikation regulieren können. Was dürfen, was sollen sie verbreiten und veröffentlichen? Welchen Quellen können sie vertrauen? Die Fragen, die Journalistinnen und Journalisten umtreiben, sind oft dieselben Fragen, die sich Bürgerinnen und Bürger stellen. Das ist eine Chance für professionelle Redaktionen, die eigene Arbeit dem Publikum zu erklären und zu empfehlen. In den Schulen sind nicht nur befristete, isolierte Projekte gefragt, es braucht intensive Medienbildung in allen Stufen und Fächern. Digitale Zeitungen, vielleicht sogar einige Exemplare aus Papier, gehören als dauerhafte Abonnements in jede Schule, Gespräche über das Weltgeschehen in jeden Morgenkreis.

Die Demokratie musste historisch erkämpft werden. Sie musste von den Menschen auch erlesen werden. Nun muss die Demokratie verteidigt werden – und mit dem Lesen fängt es an.

///

NUR EINE SCHÖNWETTERDEMOKRATIE?

///

Wolfgang Benz

Demokratie verteidigen

Nicht an aller Demokratieverweigerung ist die Pandemie schuld. Und Verdrossenheit am Gesellschafts- und Staatsmodell der parlamentarischen Demokratie ist keineswegs nur ein Merkmal von Menschen in den neuen Bundesländern. Der Zorn über Einschränkungen in der Corona-Zeit und die Enttäuschung ehemaliger DDR-Bürger, die sich die Einheit und Freiheit anders vorgestellt hatten, sind Symptome, aber nicht Ursachen verbreiteten politischen Unbehagens.

»Querdenken« ist zum Markenzeichen einer Auflehnung geworden, die als »Bewegung« nach den Regeln des Marketing von Werbestrategen organisiert ist, die ihre Impulse von Populisten und Verschwörungsideologen, von Identitären und Reichsbürgern, von Rechtsextremen, von AfD-Politikern im Schafspelz, von Sektierern und Narren erhält. Provokation und Usurpation sind die Methoden, Ziel ist die Destruktion von Normen und Regeln, die friedlichem Miteinander und vernünftigem Interessenausgleich in Staat und Gesellschaft dienen. Ursache ist die Verweigerung von Solidarität und Toleranz und die kollektive Entfaltung unbeschränkter Egozentrik.

Möglicherweise ist die destruktive Mechanik des Vorganges vielen Beteiligten unbewusst, weil sie vor allem Gefühle in gleichgesinnter Gemeinschaft abreagieren wie Ärger, Enttäuschung, Zukurzgekommensein, Inferioritätskomplexe, Sozialneid, beruflichen oder existenziellen Misserfolg. Vielleicht suchen sie Trost in gemeinschaftlicher Auflehnung gegen gesellschaftliche und staatliche Ordnung. Vielen ist wohl auch nur langweilig: Protest hat Unterhaltungswert, wenn gemeinsam gegen Regeln verstoßen wird wie beim Sturm auf den Reichstag im Bewusstsein, dass die Verteidiger – Polizei und sonstige Ordnungskräfte – an die Regeln gebunden bleiben, während sie der Mob durch Selbstermächtigung außer Kraft setzt.

Der Ostbeauftragte der Bundesregierung hat mit Äußerungen über die Demokratieskepsis der ostdeutschen Bevölkerung im Frühjahr 2021 viel Kritik geerntet. Man habe es mit »verfestigtem Protestwählerpotenzial und mit teilweise ebenso verfestigten nicht demokratischen Strukturen zu tun und diese Menschen seien nicht durch gute Arbeit von Regierungen zurückzugewinnen, weil sie in einer Form diktatursozialisiert sind, dass sie auch nach 30 Jahren nicht in der Demokratie angekommen sind.« Das Urteil wurde vielfach angezweifelt. Trotzdem ist die Frage berechtigt, ob die neuen Bundesländer einen besonderen Nährboden bieten für die Aufsässigkeit, die sich im Protest gegen demokratische Ordnungsvorstellungen, im Aufstand gegen die Vernunft artikuliert.

Aus Kritik am Handeln der Regierenden entstand bei vielen Skepsis gegen das Ordnungsmodell Demokratie. Erscheint das System manchen als zu wenig effektiv (was sich einst im Ruf nach dem »starken Mann« äußerte, der Hitler an die Macht brachte und sich heute in der Sympathie für Diktatoren zeigt, die zum Beispiel Russland oder die Türkei regieren), so gehört die Forderung nach Mitwirkung am unmittelbaren Regierungshandeln ebenso dazu. Das Postulat »Basisdemokratie« ist so populär wie illusionär. Wer Entscheidungen der Regierung verdammt, weil das Volk nicht zu jedem Problem befragt wurde, hat das Wesen der parlamentarischen Demokratie nicht begriffen, ebenso wenig wie diejenigen, die sich über die Unfähigkeit einzelner Abgeordneter oder Minister aufregen, deshalb die repräsentative Demokratie als bestmögliche Variante aller Regierungsformen ablehnen und für die Selbstermächtigung des Bürgers und der Bürgerin plädieren.

Demokratieverdrossenheit ist aktuell und für viele attraktiv. Der Verlust gewohnter Strukturen ist im parteipolitischen Spektrum zu beobachten. Ortsbestimmungen (rechts oder links, bürgerlich, konservativ, liberal) gelten nur noch bedingt. Emotionen wie Ratlosigkeit, Unsicherheit, Angst und Wut bestimmen das politische Verhalten stärker als Rationalität, Toleranz und Objektivität. In einer zunehmend komplexen Welt finden radikale Botschaften und Erlösungsversprechen von Demagogen Gehör. Neue Kommunikationsformen bieten zusammen mit der Erosion des Begriffs Wahrheit und dem Postulat Wahrhaftigkeit unbeschränkte Möglichkeiten der Verbreitung von Meinung und Einflussnahme. Zum Befund gehört verbreitetes Freund-Feind-Denken, das keine Verständigung kennt und keinen Kompromiss zulässt. Die Situation ist auch durch die Verachtung von Wissenschaft charakterisiert, das heißt rationalem Weltverständnis, dem gegenüber Gefühl und Überzeugung den Vorrang haben.

Das Ordnungsmodell Demokratie steht infrage wie nie zuvor seit dem Untergang der nationalsozialistischen Diktatur. Auch das Glück über die 1989 gewonnene Freiheit der DDR-Bürger ist bei vielen dumpfem Missmut über die neuen Verhältnisse gewichen, der sie als Wähler einer rechtsextremen Partei mit dem irreführenden Namen »Alternative für Deutschland« in die Arme treibt. Ein Merkmal des Problems der Systemverdrossenheit besteht darin, dass die Errungenschaften der Demokratie zwar mit Selbstverständlichkeit beansprucht und genossen werden, dass aber die Notwendigkeit nicht erkannt wird, sie alltäglich zu bewahren und zu verteidigen.

Nicht alle Angreifer sind so leicht zu erkennen wie einige Protagonisten der AfD oder Wortführer rechtsextremer Sekten, die offen predigen, dass sie die Essentials der Demokratie verachten: Toleranz, Humanität, Freiheit des Individuums, Respekt vor anderer Kultur, Gesinnung, Lebensart. Die gegen demokratische Werte und Rechte eifern, bekennen sich in ihrer Mehrzahl nicht als Feinde des Systems, behaupten vielmehr, lupenreine Demokraten zu sein, die lediglich Missstände beseitigen wollen. Dass sie die Methoden und Möglichkeiten der Demokratie nutzen, um Macht zu erlangen, macht sie so wenig zu Demokraten wie ihre Absicht legitim, die Demokratie zu beseitigen. Viele, die Missstände empfinden, die Angst vor gefühlter Bedrohung haben – durch Zuwanderer, durch drohenden Statusverlust, durch unbequeme Gesetze – oder die Wut empfinden, weil sie sich zurückgesetzt, allein gelassen, nicht geachtet fühlen und aus solchen Emotionen Demagogen zujubeln, die populäre Phrasen dreschen und vermeintliche Problemlösungen anbieten, erkennen nicht, dass Populisten die Spielregeln der Demokratie missachten, wenn sie Parolen ausgeben statt Argumente vorbringen. Wenn sie statt beweisbarer Fakten mit Ressentiments spielen, Legenden, Lügen, »Fake News« in die Welt setzen, damit Emotionen stimulieren, Verschwörungsfantasien gegen Vernunft setzen.

Demokratie verteidigen

Demokratie bedeutet nicht nur Respekt vor Menschen und deren Meinung, sondern Bereitschaft zum Interessenausgleich, zum Kompromiss. Die manichäische Gesellschaft, die nur gut und böse gelten lässt, die nur Freund und Feind unterscheidet, in der nur eine Überzeugung als »richtig« für alle fixiert ist, die Fremden, Schwachen, Unangepassten allenfalls minderes oder gar kein Recht zubilligt, ist ein Rückschritt in die Barbarei, die nur Anführer und willenloses Gefolge kennt. Diese historische Lektion haben wir mit allen Konsequenzen erfahren: Der Demagoge Hitler wurde zum Diktator, der unter dem Jubel seiner Gefolgschaft und dem stummen Protest weniger, die hilflos zusahen, erst die Freiheitsrechte beseitigte und nach dem Triumph über das demokratische System beispiellose Verbrechen beging, deren Folgen auch künftige Generationen noch zu tragen haben. Aus der Erfahrung der Hitlerdiktatur ist das Grundgesetz entstanden. Die demokratische Vielfalt mit der Frucht materiellen und ideellen Wohlstands ist das Ergebnis eines schmerzhaften Lernprozesses. Das wollen die falschen Propheten des Nationalismus, des Herrenmenschentums, der Fremdenfeindlichkeit, der Stigmatisierung Andersdenkender nicht zur Kenntnis nehmen und zunichte machen. Autoritäre und reaktionäre Staats- und Gesellschaftsmodelle, die auf Verheißungen wie Nationalstolz, auf Postulate der Überheblichkeit und Xenophobie, der Unduldsamkeit bauen, sind in Zeiten fortgeschrittener Globalisierung aber untauglich für das friedliche Zusammenleben unterschiedlicher Kulturen in der modernen Gesellschaft selbstbewusster Menschen.

Die Verdrossenheit gegenüber dem Staat und seiner demokratisch verfassten Ordnung wurde zuerst angesichts des Zustroms von Flüchtlingen, die Asyl begehren, von Unzufriedenen organisiert und artikuliert. Pegida und AfD dienten als Gefäße des Unbehagens. Den Takt des antidemokratischen Ressentiments vorgegeben hatte der Autor Thilo Sarrazin. »Überfremdung« lautet die griffige Parole. In der Pandemie kam der Zorn über Regeln und Maßnahmen hinzu, die staatlicherseits für notwendig erachtet wurden, um der Seuche zu begegnen. Wutbürger und Querdenker formierten sich, ermächtigten sich zur Regelverletzung und Gewalt, rebellierten gegen Vernunft und Prinzipien, stellten die Gesetze des Zusammenlebens infrage.

Politiker zu schelten und die Regierung zu kritisieren ist ein elementares Recht des Bürgers. Das Verlangen nach Preisgabe der Demokratie, die auf dem Konsens der Mehrheit beruht und jedem einzelnen Partizipationsrechte zugesteht, gehört aber nicht zu den Bürgerrechten. Die reflexhafte Forderung nach Veränderung (»Merkel muss weg«) oder der Ruf nach der starken Hand, die durchgreift, Minderheiten in die Schranken weist, lästige Fremde verjagt, eine gleichsinnige Haltung (»Volksgemeinschaft«) und Ausgrenzung anderer erzwingt, ist gefährlich. Die Geschichte hat die Folgen der Verachtung und des Untergangs der Demokratie in Deutschland drastisch vor Augen geführt. Der Jubel über die Heilsversprechen des Demagogen Hitler endete mit der Zerstörung des Rechtsstaats, dem Verlust der individuellen Freiheit und der Verwüstung Europas mit Millionen Toten.

Die Möglichkeit, Herrschaft zu kritisieren, die Regierenden zu verdammen oder zu verleumden, sie abzuwählen oder sie zur Verantwortung zu ziehen, gibt es ausschließlich in einer Demokratie. Aufsässige sind nur im demokratischen Staat geduldet und geschützt. Wutbürger und Systemfeinde existieren nicht unter diktatorischem Regime.

Auch deshalb müssen antidemokratische Agitation, Randale, Gewalt, Selbstjustiz verhindert und bestraft werden, als Verstoß gegen Regeln des Zusammenlebens, die sich die Mehrheit gegeben hat. Der Aufwallung von Demokratiekritik aus emotionaler Befindlichkeit, aus Unbehagen oder aus Verdruss über Eliten, mit der gleichen Erregung zu begegnen, die »Reichsbürger«, »Identitäre«, Extremisten, Sektierer, Populisten kennzeichnet, verspricht keinen Erfolg, bestätigt aber Unruhige und Wirre in ihrer Ablehnung. Gelassenheit bedeutet jedoch nicht Verzicht auf Abwehr und Verteidigung demokratischer Werte und Errungenschaften.

Folgende Überlegungen erscheinen dabei hilfreich.

1. Nicht wegschauen, wenn demokratischer Konsens verbal oder gewaltsam verletzt wird.
2. Demokratische Überzeugung muss gelebt werden, durch Bekenntnis und Widerspruch.
3. Verallgemeinerungen vermeiden, Klischees analysieren, Phrasen entlarven hilft gegen Demagogie und Populismus.

4. Essentials der Demokratie stehen nicht zur Diskussion.

5. Für verschwörungstheoretische Welterklärungen, für Gewaltfantasien, für Intoleranz gegenüber anderer Meinung darf kein Verständnis gezeigt werden.

6. Lagermentalität und manichäisches Politikverständnis, das nur Freunde oder Feinde kennt, verhindern gesellschaftlichen Frieden. Diese Erkenntnis muss im Bewusstsein verankert sein und in alltägliches Handeln eingehen.

7. Es ist naiv, zu glauben, über Konzessionen im Werteverständnis könnte man ins Gespräch mit Radikalen, Fundamentalisten, Ideologen oder Sektierern kommen, um sie dann in der Debatte demokratisieren zu können. Die entschiedene Haltung ist wichtiger.

8. Zu widerstehen ist auch der Mentalität, Befindlichkeiten und Gefühle über Vernunft und rationales Handeln zu stellen. Die Kultivierung des Gestus von Entrüstung und Empörung löst kein gesellschaftliches oder politisches Problem.

9. Wichtig ist es, Vorurteile zu hinterfragen und Feindbilder aufzulösen.

10. Wesentliches Element der Demokratie, das im Alltag gelebt werden muss, ist das Gespräch, die Diskussion, nicht das Plakatieren von Parolen, die dauernde Anklage, das Recht-haben-Wollen um jeden Preis, das Niederbrüllen unerwünschter Argumente, der Aufruf zu »Taten statt Worten«.

Albrecht von Lucke

Demokratie auf der Kippe: Die Republik am Scheideweg

Die Bundesrepublik ist eine »geglückte Demokratie«, postulierte vor bald 20 Jahren der Historiker Edgar Wolfrum. Angelehnt war dieser Satz an das bekannte Diktum des Journalisten Fritz René Allemann von 1956: »Bonn ist nicht Weimar«. Denn anders als die erste, Weimarer, Demokratie auf deutschem Boden würde die zweite, Bonner, tatsächlich nicht zum Scheitern verurteilt sein. Dieses Gelingen sollte jetzt, nach dem Niedergang des Kommunismus, umso mehr für die neue, glücklich zu Stande gekommene Berliner Republik gelten. Darin klang – ganz im hegelianisch motivierten Geiste Francis Fukajamas – die Idee eines guten »Endes der Geschichte« an, mit dem das vormals geteilte Deutschland nun endgültig zu einer normalen westlichen Demokratie geworden sein sollte, in der die politische Auseinandersetzung innerhalb der eingeübten demokratischen Spielregeln stattfindet.

Heute wissen wir, dass von einer solchen glücklichen Normalität im Deutschland des Jahres 2024 nicht die Rede sein kann. Die Republik erscheint hochgradig gespalten. Offenbar ist die Demokratie in den vergangenen Jahren von ihrem einstigen guten Wege abgekommen. Wir erleben eine enorme Radikalisierung und die Renaissance eines Freund-Feind-Denkens, wie es in der alten Republik überwunden schien.

Im Gegensatz zu Weimar kannte die Bonner Republik keine gewaltsamen Massendemonstrationen. Doch mit dem Aufstieg der Neuen Rechten tauchen in der Berliner Republik derartige Verwerfungen als im schlimmsten Falle »Aussichten auf den Bürgerkrieg« (Enzensberger) wieder auf. Und damit auch eine Frage, die nach dem Fall der Mauer und dem vermeintlichen Sieg von Demokratie und sozialer Marktwirtschaft kaum denkbar schien: Sollte die liberale Demokratie in Deutschland doch noch scheitern können – und nur eine kurze historische Ausnahme gewesen sein, ein Wimpernschlag der Geschichte? War sie vielleicht tatsächlich, wie manche Verächter bereits von Anfang an geunkt hatten, nur eine Schönwetterdemokratie – nämlich für die besondere Zeit des friedlich gehegten Kalten Krieges?

Angesichts der akuten Krise der Demokratie, die, siehe die Vereinigten Staaten, aber auch Frankreich oder Italien, weit über die Bundesrepublik hinausgeht, muss heute umso mehr nach den spezifischen Erfolgsfaktoren der Bonner Republik gefragt werden. Modifiziert man das bekannte Böckenförde-Diktum – »die Demokratie lebt von Voraussetzungen (nämlich Einstellungen und Mentalitäten), die sie aus sich heraus nicht garantieren kann« – unter geopolitischen Vorzeichen, stellt sich tatsächlich die Frage, ob die alte Bundesrepublik als »Erfolgsmodell« all die Jahre vielleicht vor allem von äußeren Faktoren profitiert hat, für die sie selbst nichts konnte – und die heute schlicht nicht mehr existieren.

Heute erkennen wir, dass Erfolg und Stabilität der Bonner Republik entscheidend von zwei außenpolitischen Voraussetzungen abhingen: vom Frieden auf dem europäischen Kontinent und der Integration in das westliche Bündnis, sprich: von einer funktionierenden NATO und eine erfolgreich sich entwickelnden Europäischen Union. Diese Voraussetzungen stehen heute grundsätzlich infrage, ja mehr noch: Sie sind nicht mehr gesichert.

Mit Wladimir Putins Überfall auf die Ukraine am 24. Februar 2022 ist der Krieg in Europa zurück auf der Tagesordnung; mit einem Sieg Donald Trumps am 5. November 2024 könnte das Ende der NATO eingeläutet werden; und die permanente Destruktionspolitik eines Viktor Orbán stellt die Grundlagen der Europäischen Union radikal infrage.

Wie anders sah dagegen die Lage vor 75 Jahren aus: Nach ihrem Gründungstag – als der klassischerweise die Verabschiedung des Grundgesetzes am 23. Mai 1949 angesehen wird – wurde die Bonner Republik zu einem integralen Teil der halben Welt des Westens. Das bedeutete einerseits harte Grenzen zum Ostblock – und damit auch zum anderen Deutschland der DDR – und andererseits, ob ihrer spezifischen Geschichte, eine »Karenz« von außenpolitischer Verantwortung, wie dies der Soziologe Niklas Luhmann nannte. Aufgrund der alliierten Vorbehaltsrechte, aber auch infolge der Bipolarität und des Eisernen Vorhangs wie des (euphemistisch beschriebenen) »Gleichgewichts des Schreckens«, also des atomaren Patts, war die Ausübung staatlicher Souveränität begrenzt. Insbesondere die Kriegsführung, vormals Inbegriff »großer Politik«, war faktisch ausgeschlossen – nicht zuletzt aufgrund der Angst vor der atomaren Auslöschung infolge tausendfacher Overkill-Kapazitäten. Insoweit segelte die Bonner Republik im Windschatten der Weltpolitik; es herrschte das Primat der Innenpolitik.

Doch mit der Herstellung der deutschen Einheit wurden die Fundamente der alten Republik förmlich auf den Kopf gestellt. Seit 1989 erlebt die Republik den Einbruch der Globalisierung – und zwar in gleich dreifacher Hinsicht, als Terror, Flucht und Krieg. (Und eine vierte Dimension ist die Umweltzerstörung, die allerdings nach einem eigenen Artikel verlangen würde.) Gleichzeitig bedeutete dies eine dreifache Verfeindung – auf globaler, europäischer und nationaler Ebene.

2015 sorgte die globale Flucht dafür, dass mit dem Aufstieg der Rechtsparteien das Freund-Feind-Denken voll durchschlug – und zwar auf europäischer Ebene, also zwischen den Staaten der liberalen und »illiberalen Demokratie« (Viktor Orbán), aber auch auf der innenpolitischen Ebene, in den jeweiligen nationalen Parlamenten und Gesellschaften. Dadurch gelang einer neuen identitären Bewegung der Durchbruch, die nationale Souveränität und ethnische Identität in den Mittelpunkt ihrer Politik der Ab- und Ausgrenzung stellt. Zum allgemeinen Ziel wurde die »Remigration«, die Ausweisung der migrantischen Minderheiten. Das vor allem hatte zur Folge, dass wir es heute in allen europäischen Nationen, nicht zuletzt in Deutschland, mit hochgradiger Polarisierung und zunehmender Verfeindung zu tun haben.

Befriedung durch Bipolarität

Dagegen hatte zu Zeiten des Kalten Krieges gerade die Bipolarität die innere Verfeindung verhindert. Gegen den äußeren Feind im Osten war die Demokratie nach außen durch die harte Grenze abgeschirmt. Und im Innenverhältnis gab es, jedenfalls dem grundgesetzlichen Anspruch nach, keinen Feind, sondern lediglich politische Gegner. Anders ausgedrückt: Der soziale Frieden der Demokratie funktionierte, wenn auch bloß in den Grenzen der Bipolarität, also in der einen Welthälfte.

Seit 1989 gibt es nun – wiederum jedenfalls dem Anspruch nach – die grenzenlose »Eine Welt«. Doch gleichzeitig, so die Ironie der Geschichte, erleben wir faktisch die Rückkehr der harten nationalen Grenzen und damit auch des Freund-Feind-Denkens.

Dafür steht auf allen drei Ebenen – national-europäisch-global – die Trias Höcke, Orbán, Trump. Alle drei verkörpern eine paradoxale Idee von »illiberaler Demokratie«, die ohne Opposition, freie Presse und freie Justiz auskommt – eine Idee also, die nach unserem liberalen und pluralen Demokratie- und Rechtsstaatsverständnis gar keine Demokratie mehr ist. Hier wird der Wille der Mehrheit absolut gesetzt, wodurch sie – nicht begrenzt durch checks and balances – stets Gefahr läuft, zur »Tyrannei der Mehrheit« unter einem allein den Volkswillen verkörpernden autoritären Führer zu werden.

Das scheint der neue Systemgegensatz des 21. Jahrhunderts zu werden: »wahre«, völkische Demokratie mit autoritärer Führerschaft gegen »bloß formale«, plurale Demokratie mit liberaler Gewaltenteilung. Und was die reine Macht- und Massenbasis anbelangt, ist der 1989 als gesichert angesehene Fortschritt in Richtung Demokratie keinesfalls ausgemacht, im Gegenteil: Längst stehen mit Russland und der Türkei starke Mittelmächte im autoritären Lager – und zudem mit China die schon ob ihrer schieren Menschenmasse wahrscheinlich zweite Hegemonialmacht des 21. Jahrhunderts. Und mit der rechtspopulistischen »Achse« von Polen über Ungarn bis nach Italien ist, bei allen Unterschieden im Detail, die autoritäre Versuchung längst mitten in Europa angekommen, was die demokratische Zukunft der EU auf eine harte Probe stellt. Die Europawahlen am 6. Juni 2024 sind in dieser Hinsicht von wegweisender Bedeutung.

Wohl am entscheidendsten für die Zukunft des Westens und damit auch der Demokratie ist jedoch die Entwicklung in den Vereinigten Staaten – und die Möglichkeit eines Comebacks von Donald Trump. Bereits in seiner (ersten) Amtszeit haben sich die USA von der Idee der westlichen Führungsmacht als Vorreiter der liberalen Weltordnung weitgehend verabschiedet, eine mögliche Preisgabe der NATO inbegriffen.

Mit einem Sieg Trumps am 5. November könnte sich diese Entwicklung weiter zuspitzen, insbesondere mit einer Aufgabe der Ukraine, nämlich der Beendigung ihrer Unterstützung durch die USA.

Vor allem für die Bundesrepublik hätte dies einschneidende Bedeutung: Denn damit erodierten endgültig die äußeren Voraussetzungen ihres demokratischen Erfolgsmodells, nämlich NATO und EU als die Konstanten der Bonner Republik.

Anders ausgedrückt: Ein »Westen« des Jahres 2024 unter Donald Trump hätte mit dem transatlantischen Westen der Jahre 1949 oder auch 1989 nur noch wenig zu tun. Angesichts der isolationistischen Neigungen und diktatorischen Sympathien Trumps würde der autoritäre Osten – von China über Russland bis Ungarn – mehr und mehr die Geschicke der Welt und des europäischen Kontinents bestimmen. »Go East« statt »Go West« wäre die Parole: Die liberale Perspektive der Verwestlichung von 1989 würde 35 Jahre später zu einer der autoritären Veröstlichung. »Die Weltgeschichte geht von Osten nach Westen, denn Europa ist schlechthin das Ende der Weltgeschichte, Asien der Anfang«, hatte einst Hegel prophezeit. Nun aber droht der Autoritarismus zum »Ende der Geschichte« zu werden. Wie brachte es Viktor Orbán 2018 auf den Punkt: »1989 war Europa unsere Zukunft. Heute sind wir die Zukunft Europas.«

Verfeindung und Entdemokratisierung

Rechtsradikaler Autoritarismus statt demokratischer Liberalismus: Diesen, ihren Moment der »Veröstlichung« erlebt derzeit auch die Bundesrepublik. Längst schlagen die außenpolitischen Entwicklungen auch im Inneren der Republik voll durch. Mit dem Einzug der AfD ist seit 2017 eine in weiten Teilen rechtsradikale Partei im Bundestag und in fast allen Landesparlamenten vertreten. Und bei den Landtagswahlen in Ostdeutschland schickt sie sich an, zur stärksten Partei zu werden.

Doch während neue Parteien in den Parlamenten bisher immer einen Prozess der Entradikalisierung durchliefen, verhält es sich bei der AfD genau umgekehrt: Seit ihrer Entstehung hat sich die Partei immer stärker radikalisiert. Damit stellt sich die Frage, ob es der deutschen Politik noch wie bisher gelingen kann, die verschiedenen Lager zu tauglichen, handlungsfähigen Koalitionen zu integrieren. Schon die letzten ostdeutschen Wahlergebnisse waren zur Bildung einer klassischen Koalition des links- oder rechts-mittigen Lagers außerstande. Und mit dem Erstarken der AfD dürfte die Koalitionsbildung noch schwerer werden. Dann aber stellt sich die Frage: Wer füllt das Regierungsvakuum? Und wird die Versuchung der Macht für die Union vielleicht am Ende zu groß sein, um nicht doch eine Koalition mit der AfD zu wagen?

Das aber würde die Republik einer dramatischen Prüfung unterziehen. Wie der Politikwissenschaftler Karl Dietrich Bracher schon 1955 feststellte, wurde in der Weimarer Republik gerade der Machtverlust der Demokraten zur Einbruchstelle für die Totalitären. Über das anschließende Machtvakuum gelangten die Nationalsozialisten am Ende zur Machtergreifung, die im Kern doch vor allem eine Machtabdankung der etablierten Politiker und Parteien war.

Gewiss, Berlin ist nicht Weimar, Höcke nicht Hitler und die Geschichte wird sich so nicht wiederholen. Und doch ist die AfD bereits heute ein gefährliches Modell der Desintegration. »Die AfD ist zum gesamtdeutschen Auffangbecken für rechte Strömungen in West und Ost geworden«, stellt der Historiker Norbert Frei fest. Und ihre Stärke besteht darin, dass sie ob ihrer Simulation von Bürgerlichkeit auch Konservative und enttäuschte Unionsanhänger in eine keineswegs bürgerliche Partei integriert. Ganz gezielt betreibt die Partei auf dieser Basis die »Verschiebung des Sagbaren«, wie es ihr vormaliger Partei- und Fraktionschef Alexander Gauland formulierte.

Der heimlich-unheimliche Anführer der AfD, Björn Höcke, spricht gar vom »Durchbrechen der Schweigespirale«. Beim thüringischen Parteichef findet man exemplarisch die klassischen Topoi des Rechtsradikalismus wie -populismus: hier das gute Volk, dort die korrupten Eliten. Die Regierung, so Höcke, sei »zu einem Regime mutiert« und habe das »gutmütige Volk heimtückisch hinters Licht geführt.«

Mit diesem schlichten Schwarz-weiß-Denken findet die AfD gewaltigen Anklang in der breiten Öffentlichkeit, aber auch in den Medien. Zum ersten Mal in der jüngeren Geschichte der Republik ist explizit rechtes Denken damit nicht mehr, zumindest öffentlich, geächtet.

Die neuen (a)sozialen Medien und die Sehnsucht nach dem starken Mann

Natürlich gab es auch in der alten Bonner Republik stets eine rechte, teilweise auch rechtsintellektuelle Publizistik, die jedoch nie offen, sondern eher fast verschämt und im Verborgenen stattfand. Heute hingegen kann von verschämter Zurückhaltung nicht mehr die Rede sein. Im Gegenteil: Mit dem Aufstieg der AfD ist der rechte Geist aus der Flasche. Das Spektrum ist denkbar weit; es reicht von rechtskonservativer Publizistik wie »Tichys Einblick« bis hin zu dezidiert rechtsradikalen Publikationen wie Jürgen Elsässers »Compact« und Götz Kubitscheks »Sezession«.

Fließend ist die Grenze aber vor allem zu den neuen Medien, in denen die wüstesten Verschwörungstheorien reüssieren und sich in ihrer Ablehnung der Demokratie permanent verstärken. Die auf diese Weise entstehenden Echokammern sind gegenüber Andersdenkenden weitgehend kommunikationsunfähig beziehungsweise -unwillig. Darin besteht ein fundamentaler Unterschied zur alten, prädigitalen Republik. Natürlich war zu Bonner Zeiten die ominöse »nivellierte Mittelstandsgesellschaft« (Helmut Schelsky) keineswegs wirklich nivelliert, gab es weiterhin gewaltige Unterschiede, nicht nur zwischen Arm und Reich. Und doch war die Gesellschaft in vielerlei Hinsicht weit homogener und mittiger als heute. Dies galt nicht nur in materieller, sondern auch in intellektuell-kommunikativer Hinsicht. Denn diese Nivellierung manifestierte sich auch in der Mediennutzung. Speziell zu Zeiten des bloß öffentlich-rechtlichen Rundfunks, aber selbst noch nach Einführung des privaten, gab es, trotz aller Unterschiede im Sehverhalten, eine gemeinsame, geteilte Öffentlichkeit – mit der allabendlichen »Tagesschau« als dem Lagerfeuer der zweiten Hälfte des 20. Jahrhunderts.

Dies hat sich in der Berliner Republik grundlegend geändert. Seit der Erfindung des Internets erleben wir die Auflösung von Gesamtgesellschaftlichkeit bei gleichzeitigem Entstehen neuer radikaler Teil- und Parallelgesellschaften. Diese neue Segmentierung erinnert stark an die Weimarer Republik, in der die unterschiedlichen Lager, Schichten und Milieus kaum Verbindungen untereinander aufwiesen und sich hart befehdeten.

Die Debatten der neuen (a)sozialen Medien sind meilenweit entfernt vom zivilgesellschaftlichen Ideal eines aufgeklärten, gar herrschaftsfreien Diskurses. Der in den digitalen Blasen gepflegte Rigorismus verachtet die Kultur des Kompromisses wie der parlamentarischen Aushandlung und Repräsentation. Dort wächst angesichts der immensen Komplexität der modernen Weltgesellschaft eine große Sehnsucht nach Komplexitätsreduktion und einsamer Entscheidung – der alte Dezisionismus für Tatmenschen vom Schlage Trumps, Putins und Erdoğans.

Und diese (Un-)Kultur der Kompromisslosigkeit schlägt – wie die jüngsten Proteste der Bauern, aber auch der »Klimakleber« zeigen – längst auf die Zivilgesellschaft und das Parteiensystem durch. In dieser Möglichkeit einer Radikalisierung auch der bürgerlichen Parteien liegt heute die vielleicht größte Gefahr des grassierenden Rechtsradikalismus.

Zur Erinnerung: In der alten Bonner Republik garantierten die beiden Volksparteien durch ihre »demokratische Polarisierung« (Jürgen Habermas) die zivile Austragung von inhaltlichen Konflikten, aber auch die anschließende Regierungsfähigkeit. Gleichzeitig sorgten sie für die Integration in die demokratischen Institutionen. Der heutige Rechtsradikalismus dagegen untergräbt ganz gezielt die Autorität der Institutionen. Björn Höcke begreift seine Partei denn auch als die Spitze einer »inhaltlichen Fundamentalopposition«, die sich dezidiert gegen diesen liberalen, gewaltenteiligen Staat stellt. Damit wird die autoritäre Rechte heute wieder – wie schon in den 1920er-Jahren – zum Gegner, ja Feind des demokratischen Staates.

Eine Republik ohne Verfassungspatrioten?

Bei alledem zeigt sich: 75 Jahre nach Verabschiedung des Grundgesetzes ist der Verfassungspatriotismus als demokratischer Konsens und Fundament unseres Zusammenlebens auf eine harte Probe gestellt. Und zugleich ist er offensichtlich brüchig geworden. Dabei kommt dem Verfassungspatriotismus, sprich: dem Willen zur Verteidigung der Werte des Grundgesetzes und der Demokratie, heute eine wohl noch gewichtigere Bedeutung als früher zu.

Es war der Politikwissenschaftler und Publizist Dolf Sternberger, der vor bald 50 Jahren die im Grundgesetz verankerten gemeinsamen Grundwerte als »lebende Verfassung, an der wir täglich mitwirken« bezeichnete. In dem Maße, so Sternberger, wie das Grundgesetz »Leben gewann, wie aus bloßen Vorschriften kräftige Akteure und Aktionen hervorgingen, wie die Organe sich leibhaftig regten, die dort entworfen, wie wir selbst die Freiheiten gebrauchten, die dort gewährleistet waren, wie wir in und mit diesem Staat uns zu bewegen lernten«, habe sich »unmerklich ein neuer, ein zweiter Patriotismus ausgebildet«, den er als »Verfassungspatriotismus« bezeichnete.

Jürgen Habermas, der den Begriff nach Dolf Sternberger aufnahm, reformulierte den Verfassungspatriotismus stark auf Basis universalistischer Prinzipien, also auf der Geltung der Menschenrechte und der Würde des Menschen. Weniger im Fokus waren bei Habermas dagegen, anders als noch bei Sternberger, die verfassungsrechtlichen Institutionen.

Dabei stehen heute gerade die demokratischen Institutionen – von den Parteien über die Parlamente bis hin zur Polizei – im Mittelpunkt der Auseinandersetzung, wird doch ihre Autorität massiv untergraben. Und zwar von den neuen radikalen Akteuren, aber auch den immensen äußeren Herausforderungen – was wiederum die autoritäre Versuchung zusätzlich steigert. Diese alte antidemokratische Sehnsucht nach dem starken Führer, der endlich ein Machtwort gegenüber der aufmüpfigen Gesellschaft, aber auch den »korrupten Parteien« und ihren »Schwatzbuden«, also den Parlamenten, spricht, wird von der Neuen Rechten nur allzu gerne bedient – von Orbán über Höcke bis Trump.

Wer daher heute als Verfassungspatriot unsere Demokratie verteidigen will, wird neben den Grund- und Menschenrechten vor allem unsere demokratischen Institutionen stärken müssen – von der Gewaltenteilung über freie Medien bis hin zur unabhängigen Gerichtsbarkeit. Noch ist die Demokratie nicht verloren und beileibe nicht am Ende ihrer Kräfte. Doch ihre autoritären Feinde werden stärker. Am Ende des Schicksalsjahres 2024 werden wir wissen, wie stark diese tatsächlich sind – und wie wehrhaft die Demokraten.

Marina Weisband

Die Antwort

Die Demokratie hat ein Problem. Und natürlich hat es mit Globalisierung, Abstiegsängsten und Populisten zu tun. Aber es lässt sich etwas tun – zum Glück ganz einfach

Wir haben, als Demokratie, ein offensichtliches Problem. Ich muss die wachsenden populistischen Tendenzen in Deutschland nicht aufzählen. Ich muss nicht erwähnen, dass derzeit weltweit mehr Demokratien sterben, als neue entstehen. Wir alle sehen es. Wir alle haben Bekannte oder hören in den Medien Leute, die sagen: »Vielleicht versuche ich es diesmal mit der AfD.« Und es ist offensichtlich, dass diese Partei diesen Menschen in ihrem Programm nichts bietet, was ihnen materiell in ihrem Leben hilft. Es geht nicht über ein »die zeigen es denen da oben« hinaus. Also warum funktioniert das so gut?

Gesellschaften waren schon immer einem Wandel unterworfen. Und dieser war nie stetig, sondern kam immer in Wellen. Derzeit sind wir in einer Welle großen Wandels. Unsere Technologie hat mit der Digitalisierung diverse Durchbrüche erfahren. Wir haben im Alltag mit immer mehr Geräten und Systemen zu tun, die wir fundamental nicht verstehen und deren soziale Auswirkungen niemand seriös vorhersagen kann. Normen wandeln sich im stetigen Kampf für die Rechte aller Menschen. Im Zuge dessen ändert sich das Bild von Frauen, Männern, von Familien und von Lebensentwürfen.

Die Populisten verstärken das Empfinden vieler Menschen, stets nur Opfer zu sein

Die Finanzmärkte und Lieferketten sind globalisiert wie nie. Eine Immobilienblase in den USA treibt hier den Preis von Butter hoch. Die

Schere zwischen Arm und Reich klafft immer weiter auf. Echte Macht sammelt sich an Stellen, die demokratisch unkontrollierbar sind. Und wir sind mit unserer Art zu wirtschaften an ökologische Grenzen gestoßen, die unsere Wirtschaft, unsere Sicherheit und unseren Frieden bedrohen. Wir haben sehr viel umzudenken. Und das auf einmal.

Viele Menschen sind von dieser Komplexität überfordert. Und während die meisten von uns darauf nicht mit Rassismus, Antisemitismus oder Verschwörungsmythen reagieren, belastet das die Gesellschaft ungemein. Hinter dieser Überforderung stehen Abstiegsängste und die Angst vor Kontrollverlust. »Werde ich noch gebraucht?«, fragen sich einige. »Macht mein Dasein irgendeinen Unterschied? Kümmere ich jemanden?«

An genau diese Zweifel docken autoritäre Populisten an. Sie nehmen das Selbstempfinden vieler Menschen als Opfer und bestätigen es: »Ja, ihr seid Opfer. Denn Dinge ändern sich, stets zum Schlechteren, und *die da oben* sind schuld. Aber wenn ihr mich wählt, den starken Onkel, dann werde ich es denen da oben zeigen!« Genau das, nicht mehr, ist die gesamte Erzählung von Putin, von Trump, von Erdogan, von allen rechten Populisten. Dass sie selbst oft zur Elite gehören, verschweigen sie, um sich selbst als Opfer des Establishments und als stark zu inszenieren.

So weit ist die Analyse einfach. Die spannende Frage ist: Wie begegnet man dem als demokratisch gesinnter Mensch? Welche Geschichten erzählen wir über den Wert von Demokratie, den Wert von Menschenrechten, den Wert von Entwicklung und Fortschritt? Nicht viele. Wenn ich jedenfalls Politiker sprechen höre, läuft es darauf hinaus, wie verachtenswert Populismus ist und dass ja im Wesentlichen alles in Ordnung sei. Das ist keine politische Antwort, das ist eine verwalterische.

Die Demokratie ist ins Verwalten gekommen. Ein Stück weit ist das natürlich. Begeisterung kann sich nicht ewig halten. Es ist nicht mehr wie vor 175 Jahren, als eine Frau wie Emma Herwegh sich auf ein Pferd schwang, um mit lauter Männern mit Gewehren im Wald zu kampieren und zu kämpfen für – für was eigentlich? Für die Idee, dass Menschen mündig sind. Über sich selbst bestimmen dürfen. Die Väter und Mütter des Grundgesetzes mussten noch begründen, warum Gleichberechtigung, warum Menschenrechte wertvoll sind. Wir müssen das nicht. Wir tun so, als wisse das jeder, als sei es hinreichend belegt. Das führt dazu, dass wir in einer Zeit des Wandels und der Systemfragen keine Systemantworten mehr geben. Keine leidenschaftlichen Appelle mehr dafür halten, was gut ist an Demokratie.

Meine Geschichte über die Demokratie, die ich in die Welt hinausrufen wollte, wäre folgende: »Wir haben viel neu zu denken. Nicht nur um Komfort und Frieden zu erhalten. Sondern um beides auszubauen. Denn es geht nicht allen gut, und die Welt kann besser werden. Aber unsere Probleme sind zu kompliziert für kleine Expertengruppen. Für akademische Kreise. Oder für Repräsentanten. Sie alle erfüllen wichtige Funktionen, aber sie haben unmöglich den Einblick in alle Bereiche des Lebens. Darum brauchen wir die Stimmen der Pflegekräfte und der Einzelhandelskaufleute und der Schüler und der Rentner und der Behinderten und der Immigranten. Jeder ist ein unverzichtbarer Teil der Gesellschaft und bringt etwas an den Tisch, auch wenn es nicht Erwerbsarbeit ist. Denn wir alle gedeihen in Solidarität und Gerechtigkeit. Dafür müssen wir entsprechend alle gemeinsam arbeiten.«

Der Haken an dieser Geschichte? Sie erzählt von einer Demokratie, wie ich sie mir wünsche, aber nicht, wie sie ist. Denn offensichtlich sind eben nicht alle Menschen gleich repräsentiert. Menschen mit Geld und Netzwerken finden ungleich mehr in der Öffentlichkeit statt. Ihre Probleme werden weit mehr beachtet. Im Bundestag sind mehr Lobbyisten registriert als Abgeordnete. Und die Bedarfe dieser Gruppen werden von allen gehört.

Während wir an sehr grundlegenden Scheidewegen stehen – beispielsweise wie unsere Wirtschaft auf eine nachhaltige Plattform gestellt werden kann und wie das gerecht geschehen kann – vertiefen sich die meisten politischen Lösungen in Symptombekämpfung. Die großen Entscheidungen und Themen scheinen gemieden zu werden. Und an dieser Stelle funktioniert Demokratie nicht optimal. Es wird Zeit, sie weiterzuentwickeln.

Wir haben die Instrumente.
Trauen uns bisher aber nicht, sie auch zu nutzen

Wir haben die Instrumente. Von direkten demokratischen Abstimmungen über Themen, die wenig Vorwissen erfordern, aber alle betreffen; über (verbindliche!) Bürgerräte zu Themen, die alle tief betreffen, aber viel Vorwissen erfordern; über liquiddemokratische Prozesse zu einfachen Themen, die aber sehr spezifisch sind; bis zum jetzigen repräsentativen System für Fragen, die tiefe Vorkenntnisse erfordern und Menschen nur indirekt betreffen. Es gibt nicht ein Zuviel an demokratischer Beteiligung, es gibt höchstens die falschen Werkzeuge.

Dazu könnte man in öffentliche Räume investieren, kommunale Beteiligung stärken, Orte schaffen, an denen Menschen im öffentlichen Raum nicht nur als Kunden, sondern als Bürger und Nachbarn unterwegs sind. Den Menschen eine Existenzsicherung ohne Druck ermöglichen und sie aufbauen, statt sie in einen bürokratischen Spießrutenlauf zu schicken.

Sie schlagen die Hände über dem Kopf zusammen und rufen: Was sollen wir nur tun gegen all den Populismus? Das. Etwas Neues, etwas Mutiges, etwas Politisches. Kommen wir aus dem Verwalten des Alten heraus. Denn die Demokratie wird sich entweder weiterentwickeln – oder sterben.

Wolfgang Niedecken

Ruhe vorm Sturm

Den Text zum BAP-Song »Ruhe vorm Sturm« habe ich im November 2018, kurz nach den Midterm-Wahlen in den USA, geschrieben, die Donald Trump zwar einschränkten, aber leider nicht entmachten konnten.

Überhaupt beunruhigten mich die Wahlerfolge der Populisten und Autokraten in aller Welt schon enorm. Von Brasilien bis nach Russland, von Großbritannien über Italien, Ungarn bis in die Türkei. Gott weiß wo konnten Rechtspopulisten der Demokratie Knüppel zwischen die Beine werfen, weil naive Menschen sie schließlich gewählt hatten. Allen voran Donald Trump, dessen Wahl ich vor etwas mehr als zwei Jahren noch für unmöglich gehalten hätte. Die Menschenkenntnis der Wahlberechtigten würde einen dermaßen offensichtlichen Trickbetrüger nicht an die Macht kommen lassen. Pustekuchen! Natürlich dachte ich auch an Marine Le Pen in Frankreich und an die AfD in unserem Land, die auf dem Sprung stand, die Demokratie zu kapern. Mir fiel ein Satz von Jonathan Swift (1667–1745) ein: »Die Lüge fliegt und die Wahrheit humpelt hinterher«. Auch an das Buch »Faschismus. Eine Warnung« von der ehemaligen amerikanischen Außenministerin Madeleine Albright musste ich denken, das ich im vergangenen Sommer auf Kreta gelesen hatte, in dem sie eindringlich auf faschistische Tendenzen und das Wiedererstarken antidemokratischer, repressiver und zerstörerischer Kräfte aufmerksam macht. Seitdem gehen mir die Parallelen zur Weimarer Republik nicht mehr aus dem Kopf. Vor allem das Zitat von Joseph Goebbels aus dem Jahr 1928: »Wir gehen in den Reichstag hinein, um uns im Waffenarsenal der Demokratie mit deren eigenen Waffen zu versorgen. Wenn diese Demokratie so dumm ist, uns für diesen Bärendienst Freikarten und Diäten zu geben, so ist das ihre Sache. Wir kommen nicht als Freunde, auch nicht als Neutrale. Wir kommen als Feinde. Wie der Wolf in eine Schafherde einbricht, so kommen wir.«

Ruhe vor'm Sturm

Benn ich nur ahm dräume, oder ess dat wirklich wohr,
dat die Weiche längs jestelltun alles unaufhaltsam rollt?
Skrupellose Bauernfänger, weltweit ahn der Macht,
schwarmdemente Spießer hann se brav dohinjebraat.

   Angst die verblendet, verblödet un manipuliert.
   NötzlicheIdiote, ignorant un ohne Plan,
   demagogisch verführt
   zu Hass un Rassenwahn.

Panik, se köhmezokoot,
föhlen sich ständisch bedroht,
mitleidlos, ir'ndwie verroht.
Et jittMinsche, die jammern op hohem Niveau.

   Spürs du die Ruhe vor'm Sturm?
   Kütt dir nitir'ndjet bekannt viüür?
   Seltsame Ruhe vor'm Sturm.
   Do woor doch jet, schon ens:
   Ruhe vor'm Sturm.

Räächte Pharisäer, scheinheilischunfeist,
prädijeBarbareie, radikal jeschmacksbefreit.
Schweinebauchverkäufer, miese Package-Deals,
Inflation der Bilder, gute Mine, böses Spiel.

   Lüjefleejeun die Wahrheit humpelt hingerher.
   Die schlemmste Lüje sinn die, wo merselverdraanjläuv.
   Ich kumm mir vüürwie'ne Kreisel,
   dä rotiert, bess'e fällt.

Zeitgeist, zum Monster mutiert,
erntet jetzwat'ejesäät.
Fake-News, jezieltennjesetz,
Algorithme, Twitter, alternative Facts.

Spürs du die Ruhe vor'm Sturm?
Kütt dir nitir'ndjet bekannt vüür?
Seltsame Ruhe vor'm Sturm.
Do woor doch jet, schon ens.

Kütt dir nitirjendjet bekannt vüür,
do woor doch jet, domohls.

Dä Himmel stockfinster, naachschwazze Samt.
Et weed immer schwööler, 'ne Bletz zuck un dann
däDonnerschlaach, als wöötjetjesprengk,
dann dä Sturm undäRäänun die Schreie,
die Luffrüschversängk.

Träume ich nur, oder ist es wirklich wahr, dass die Weichen längst gestellt sind und alles unaufhaltsam rollt? Skrupellose Bauernfänger sind weltweit an der Macht, schwarmdemente Spießer haben sie brav dahin gebracht. Angst, die verblendet, verblödet und manipuliert. Nützliche Idioten, ignorant und ohne Plan, demagogisch verführt zu Hass und Rassenwahn. Panik, sie würden zu kurz kommen. Sie fühlen sich ständig bedroht. Mitleidlos, irgendwie verroht. Es gibt Menschen, die auf hohem Niveau jammern. *Spürst du die Ruhe vor'm Sturm? Kommt dir nicht irgendwas bekannt vor? Eine seltsame Ruhe vor'm Sturm. Da war doch was, schon mal: Ruhe vor'm Sturm.* Rechte Pharisäer, scheinheilig und feist, predigen Barbareien, radikal geschmacksbefreit. Schweinebauchverkäufer, miese Package-Deals, Inflation der Bilder, gute Miene, böses Spiel. Lügen fliegen und die Wahrheit humpelt hinterher. Die schlimmsten Lügen sind die, an die man selber glaubt.

Ich komme mir vor wie ein Kreisel, der rotiert, bis er fällt. Zeitgeist zum Monster mutiert, erntet jetzt das, was er gesät hat. Fake-News gezielt eingesetzt, Algorithmen, Twitter, Alternative Facts. (...) Der Himmel stockfinster, nachtschwarzer Samt. Es wird immer schwüler, ein Blitz zuckt und dann der Donnerschlag, als würde etwas gesprengt. Dann der Sturm und der Regen und die Schreie, die Luft riecht versengt.

Ruhe vorm Sturm

Kübra Gümüşay

Die Agenda der Rechten

Immer stärker bestimmen Rechte, worüber wir reden. Sie diktieren die Inhalte, mit denen wir uns beschäftigen. Sie diktieren die Form, in der wir uns miteinander beschäftigen. Sie errichten eine Diktatur der immerwährenden Wiederholung – bis wir das glauben, womit sie uns beschäftigen. Bis wir uns selbst vergessen.

Es passiert schleichend. In einer veränderten, digitalen Welt, in der die alten Regeln des politischen Diskurses nicht mehr greifen, büßen wir unsere Vieldeutigkeit und Widersprüchlichkeit ein. Denn die Kontexte, in denen wir jeweils andere Facetten unserer Persönlichkeit ausleben – Arbeit, Freund*innenkreise, Freizeit, Familie –, verschmelzen zu einem einzigen Raum und die verschiedenen Aspekte unserer Persönlichkeit erstarren zu einer einzigen Identität. Was wir öffentlich schreiben, teilen und tun, kann von der Familie, dem Arbeitsumfeld, den Freund*innen, den Bekanntschaften und Fremden gelesen werden. Wie aber können unter den Bedingungen der digitalen Öffentlichkeit das Kindische und das Reife in uns, das Verletzliche und Selbstbewusste, das Professionelle und Schwache, das Rationale und Irrationale zugleich existieren, wenn es kein Vergessen gibt, wenn alles für immer auffindbar bleibt, als wäre unsere Vergangenheit auch unsere Gegenwart? Wie können wir unser Selbst noch gestalten, wenn wir in der Identität gefangen sind, die der Spiegel des Internets uns zeigt?

In dieser neuen Welt der Unfreiheit wächst eine polarisierte Diskurskultur, die kaum Raum für Positionen jenseits des Lagerdenkens lässt. Das Internet kehrt die hässlichen Seiten unserer Gesellschaft sichtbar hervor. Es macht den Hass sichtbar, der zuvor nur für die direkt Betroffenen sichtbar war. *Scheiß Ausländer! Du Schlampe!* Es ist eine kurze Begegnung, jemand raunt Ihnen diese Worte ins Ohr, und niemand außer Ihnen beiden kann es bezeugen. Dieser flüchtige Moment, in dem der

Hassende seinen Hass dem Gehassten offenbart, findet im Netz einen Echoraum, wiederholt sich, radikalisiert sich – und manifestiert sich so zu einer *dauerhaften* Öffentlichkeit. Der Hass wird zur neuen Normalität.

Die Hassenden glauben, sie hätten das Recht zu hassen. Und wir reagieren auf ihre Provokationen, konfrontieren uns mit dem immer Radikaleren und ernennen sie damit zu unserem Gegenüber. Ihre Reaktionen, ihr Verhalten ist stets Referenzpunkt, »weil die Empörung der jeweils anderen Seite als das eigentliche Ärgernis gilt« – so beschreibt der Medienwissenschaftler Bernhard Pörksen die allgemeine Gereiztheit. Die Folge sei eine, »in endlosen Schüben wuchernde *Skandalisierung der Skandalisierung*«[1]. Empört und erschöpft suchen wir den Beistand derer, die uns bestätigen. Die Gesellschaft spaltet sich zunehmend, ihre Teile driften auseinander.

Und noch während wir mehr Empathie, schärfere Gesetze, einen Kulturwandel, Zivilcourage, Schulungen für die Polizei und vieles mehr einfordern, müssen wir uns eingestehen, dass wir im Dunkeln tappen. Denn die digitale Architektur, die diese Entwicklungen prägt, ist intransparent. Es wird zwar viel gemutmaßt und philosophiert, doch die Algorithmen auf den prominentesten sozialen Plattformen sind für die Öffentlichkeit nicht einsehbar. Stellen Sie sich ein skurriles Abendessen vor, bei dem weder Sie noch die anderen Gäste begreifen, nach welchen Regeln das Tischgespräch verläuft, an dem Sie doch alle beteiligt sind. Sie wissen nicht, warum der eigentlich kluge Kommentar Ihrer Sitznachbarin so leise klingt und von den meisten anderen am Tisch scheinbar nicht gehört werden kann. Sie wissen nicht, warum das lustige Familienvideo eines anderen Sitznachbarn stundenlang am Tisch herumgereicht wird. Sie wissen nicht, warum ein einzelner Wortbeitrag plötzlich alle anderen übertönt. Sie wissen nicht, warum eine Zufallsbekanntschaft, die eben noch am anderen Ende des Tisches platziert war, nun plötzlich neben Ihnen sitzt und Ihnen alte Hochzeits- und Urlaubsfotos vor die Nase hält. Die Sprache am Tisch wird aus irgendeinem Grund rauer. Jemand tobt vor Wut, die Stimmung kippt. Es schreit ein Mann quer über den Tisch und hält den alten Tweet einer Politikerin hoch, ein anderer wedelt mit einem Blog-Eintrag aus der letzten Woche. Die anderen schreien empört zurück. Chaos.

Die Agenda der Rechten

Warum, so müsste die Frage lauten, machen wir eigentlich freiwillig mit bei einem Spiel, dessen Regeln wir nicht kennen? Anlässe, dies nicht mehr zu tun, gibt es mehr als genug.

Als 2016 in Großbritannien über den Brexit entschieden worden war, begab sich die Journalistin Carole Cadwalladr in ihrer Heimatstadt Ebbw Vale auf Spurensuche.[2] Sie wollte herausfinden, weshalb in dieser eigentlich linken Arbeiter*innenstadt mit einer der landesweit niedrigsten Zuwanderungsraten über 60 Prozent der Wähler*innen für den Brexit gestimmt hatten. Sie berichtete, wie eine Frau immer wieder über die Türkei sprach, die angeblich dabei sei, der EU beizutreten. Dabei lagen die Beitrittsverhandlungen schon seit Jahren auf Eis und waren in der öffentlichen Debatte kein prominentes Thema. Woher kam also ihre Angst? Woher die Informationen? Cadwalladr suchte, recherchierte, doch vergeblich – bis sie auf sogenannte *dark ads* stieß, Anzeigen bei Facebook, die nicht archiviert werden und die außer denen, die sie schalten, und denen, an die sie gerichtet sind, niemand je zu Gesicht bekommt. Journalist*innen oder Wissenschaftler*innen können also nicht nachrecherchieren, mit welchen Inhalten um Facebook-Nutzer*innen geworben wird. Oder auch: wie sie manipuliert werden.

Gesellschaftliche Entwicklungen, die durch das Medium Internet in Gang kommen oder beschleunigt werden, sind mit tradierten Methoden kaum mehr ursächlich zu durchschauen. Ohnmächtig und ratlos beobachten wir, wie sich ein fantastischer Nährboden für eindimensionale Perspektiven auf die Welt entwickelt, ein Paradies für Meinungsfanatiker und Radikale aller Couleur.

Sind wir uns wirklich der Gefahr bewusst, die in dieser Entwicklung liegt? Was passiert, wenn wir uns permanent am immer radikaleren politischen Gegner abarbeiten? Und nur das aufnehmen, was unser Weltbild bestätigt? Wenn die Gatekeeper unserer Zeit – Google und Facebook – uns durch ihre Algorithmen immer wieder das zeigen, von dem sie vermuten, dass wir es sehen wollen?[3]

Wenn infolgedessen Menschen, die vermeintlich die gleiche Sprache sprechen, immer häufiger die Erfahrung machen, dass sie nicht zueinander durchdringen, weil ihre Bedeutungssysteme nicht kompatibel sind – wie können wir uns dann noch auf geteilte Normen verständigen und gesellschaftliches Miteinander gestalten? Und wie können wir verhindern, dass Rechte unsere Empörung für ihre Zwecke instrumentalisieren?

Der Empörungsimpuls ist im Grunde ein wichtiges und nützliches gesellschaftliches Werkzeug. Stellen Sie sich vor, ein Mann betritt ein Restaurant und fängt an, die Bedienung zu beschimpfen. Die anderen Gäste im Restaurant werfen ihm abschätzige Blicke zu, schütteln energisch den Kopf, gehen gar dazwischen. Die temporäre Aufmerksamkeit, die sie dem schimpfenden Mann geben, dient der Zurechtweisung. Sie signalisieren ihm damit: Ein solches Verhalten ist hier unerwünscht, und vermutlich würde er das Restaurant wütend verlassen, dessen verwiesen werden oder sein Verhalten ändern und sich entschuldigen.

Würde der gleiche Mann jedoch auf einer sozialen Plattform schimpfen, würde er nicht sanktioniert werden, seine Empörung würde ihm im Gegenteil eine größere Reichweite verschaffen. Je stärker die Reaktion auf sein Verhalten, desto mehr Blicke sind auf ihn gerichtet, desto mehr Menschen hören ihm zu und verschaffen seinen Worten den Anschein von Relevanz. Mit jeder Provokation, jedem Skandal wächst sein Publikum. Und irgendwann fragen wir uns, warum er eigentlich so bekannt und einflussreich ist.

Phänomene dieser Entwicklung sind nicht nur ein Überfluss an Meldungen ohne Nachrichtenwert, sondern Wüteriche mit politischer Macht. Aggressive, kalkulierte Provokationen bergen das Potenzial, die Skrupellosen in höchste politische Ämter zu hieven. Während Nachdenklichkeit, Besonnenheit und Zögern mit Nichtbeachtung bestraft werden, wird unsere Aufmerksamkeit den immer extremeren Positionen zuteil. So haben wir es mit radikalisierten Jugendlichen zu tun, die glauben, es gäbe einen »Heiligen Krieg« und sie müssten sich ISIS in Syrien anschließen. Andere wiederum glauben, es gebe eine »schleichende Islamisierung« und ein Bürgerkrieg stünde uns bevor. Sie fühlen sich dazu berufen, Flüchtlingsheime in Brand zu setzen. Oder heterosexuelle Männer, die sich *Incels* nennen, *involuntary celibates*, und Frauen dafür verantwortlich machen, dass sie selbst keinen Geschlechtsverkehr haben, weil sie glauben, sie hätten ein Anrecht auf Sex, und deshalb zur Waffe greifen. Oder auch Menschen, die ernsthaft glauben, sie könnten sich von Licht ernähren, und deshalb sterben.

Die Agenda der Rechten

Doch wenn wir über den Hass in unserer Gesellschaft sprechen, wenn wir über Verschwörungstheoretiker*innen oder Radikale sprechen, dann tun wir das häufig mit der Arroganz und Erhabenheit jener, die glauben, bei uns – in der Mitte der Gesellschaft – sei alles noch gut. Dabei hat sich auch »unsere« Wahrnehmung radikal verändert.

Wie oft hörte ich in den letzten Jahren: Islam, Rassismus, Frauenrechte und Feminismus, Migration und Geflüchtete – *das sind halt Themen, die polarisieren.* Nein. Diese Themen sind nicht per se polarisierend, sie werden es erst, wenn in einschlägigen Blogs und Foren gehetzt wird, wenn unsere Kommentarspalten geflutet und die öffentliche Debatte entsprechend geprägt wird. Dabei bilden die massenhaften Hasskommentare keineswegs die Meinungsvielfalt der Gesellschaft ab, sondern werden von rassistischen und rechtspopulistischen Gruppen gezielt und systematisch organisiert. Das Institute for Strategic Dialogue hat über 3.000 Artikel deutscher Medien und 18.000 Kommentare auf Facebook analysiert und herausgefunden: Gerade einmal fünf Prozent aller Accounts sind für 50 Prozent aller Hasskommentare verantwortlich.[4] Von dort aus wird gezielt an Redaktionen geschrieben, werden ausgewählte Artikel kommentiert, um den Eindruck zu erwecken, bestimmte Positionen zu Islam, Migration, Frauen oder Geflüchteten seien gesellschaftlich nicht tragbar, zu marginal und provokant für die Mitte unserer Gesellschaft. Und so verschiebt sich unsere Wahrnehmung dessen, was »normal« und vertretbar ist, denn auch wer meint, diesen Schlagabtausch distanziert zu beobachten, wird davon verändert.

Stellen Sie sich vor, Sie sitzen im Publikum und hören einem Vortrag zu, dem Sie eigentlich zustimmen. Aber ein paar Plätze neben Ihnen, zwei Reihen vor Ihnen, dort drüben in der rechten Ecke des Raumes und direkt hinter Ihnen sitzen Personen, die immer wieder verständnislos den Kopf schütteln und dazwischenrufen, offensichtlich empört über das Gesagte. Sie wissen nicht, dass sie sich abgesprochen haben, um den Eindruck zu erzeugen, beträchtliche Teile des Publikums stimmten der Vortragenden nicht zu. Und am Ende des Abends denken Sie fast unweigerlich: Offenbar ist es ziemlich streitbar, was die Vortragende sagt. So wird das Streben nach einer gerechteren Gesellschaft *streitbar*. So wird das uneigennützige Helfen *streitbar*. Und so leben wir plötzlich in einer

Gesellschaft, in der sich jene rechtfertigen müssen, die Ertrinkende im Mittelmeer retten. Und nicht diejenigen, die ihre Hilfe verweigern.

Das ist es, worauf die Kommentator*innen in den Foren abzielen. Sie wollen nicht in erster Linie den Autor*innen etwas entgegnen, sondern diejenigen beeinflussen, die mitlesen. Ihr Ziel sind wir, das Publikum. Sie machen rassistische, xenophobe, antisemitische, islamfeindliche, demokratiefeindliche Positionen salonfähig, indem sie diese immer aufs Neue wiederholen. Sie stilisieren sich zu Held*innen, die vermeintliche Tabus mutig aussprechen und gegen unsere »politisch korrekte« Gesellschaft mit ihren »Denkverboten« aufbegehren.

Und indem wir auf ihre Provokationen ausgiebig reagieren, legitimieren wir sie. Wir verleihen ihren Positionen gesellschaftliche Relevanz. Wir erheben Rassismus, Sexismus, Antisemitismus und Homofeindlichkeit zu legitimen Sichtweisen auf die Welt, zu »Meinungen«. Wir lassen uns vorgeben, womit wir uns tagein und tagaus beschäftigen. Unsere Tage füllen. Rechte und Rassist*innen bestimmen unsere gesellschaftliche Agenda, geben uns Hausaufgaben. Die wir brav erledigen.

»Worte können sein wie winzige Arsendosen, und nach einiger Zeit ist die Wirkung da.«

Victor Klemperer

Stellen Sie sich vor, wir würden die Sprache von islamistischen Radikalen übernehmen: Nicht muslimische Menschen hießen fortan Ungläubige, *kuffar*. Die Attentäter vom 11. September wären »Helden«. Die deutschen oder die US-amerikanischen Streitkräfte würden *salibiyoun* genannt, also Armeen der Kreuzritter. Unsere Kanzlerin wäre eine *taghout*, eine unrechtmäßige Herrscherin. Und die Radikalen selber würden wir *mujahidun* nennen: diejenigen, die sich auf dem Weg Gottes anstrengen. Können Sie sich das vorstellen? Oder ist es egal, wessen Blick wir in unserer Sprache einnehmen?

In dem Moment, in dem ein Begriff wie »Gutmensch« zur Beleidigung wird, blicken wir auf die Engagierten und die Toleranten durch die Brille der Rechten. Wir setzen sie in einen Käfig und homogenisieren ein weites und heterogenes Spektrum von Menschen. Wir reduzieren sie auf wenige Facetten. Als der Gebrauch des Begriffes sich auf diese Weise wandelte, erlebten Menschen, die nie zuvor Benannte waren, erstmals, was es bedeutet, eingesperrt zu sein. Auf eine Kategorie reduziert zu werden. Diese Erfahrung ist auch der Grund, weshalb der Begriff *alter weißer Mann* die so Benannten derart erzürnt. Ihre Reaktion sollte ihnen einen Spiegel vorhalten, in dem sie jäh erkennen, wie erniedrigend und entmündigend es ist, wenn ein Mensch von anderen als bloße Kategorie betrachtet wird.

Rechtspopulist*innen können Helfende, Engagierte in der Geflüchtetenhilfe oder ökologische Aktivist*innen ruhig als »links-grün versiffte Gutmenschen« bezeichnen. Das ist an sich nicht das Problem. Dazu wird es erst, wenn der Begriff aus der Sprache der Rechten in den allgemeinen politischen Diskurs übernommen wird. Und wenn diejenigen, die abwertend als »Gutmenschen« bezeichnet werden, davon verunsichert sind. Wer möchte schon *naiv* oder *fahrlässig* sein, wer möchte sich wegen seines »weichen Herzens« übers Ohr hauen lassen? Wer möchte nicht *rational, realistisch, konsequent* und »hart im Nehmen« sein? Und so haben sich nicht wenige von ihnen gefragt: Bin ich zu links? Zu grün? Zu tolerant? Zu hilfsbereit? Zu nett? Zu gutgläubig? Zu naiv? Und nicht wenige kompensierten das, was ihnen zugeschrieben wurde, mit übertriebener Härte und Kälte. In diesem Moment geht die Selbstverständlichkeit von Pluralität, Engagement, Toleranz verloren, wird ersetzt durch den Drang nach Konformität, den Wunsch, denen zu gefallen, deren Gunst einzig durch Selbstaufgabe zu erreichen ist. Entnervt rollen sie mit den Augen, wenn jemand es wagt, über Werte und Moral zu sprechen. Nein, das machen nur Gutmenschen.

#ankerzentren #flüchtlingswelle #lügenpresse
#sozialschmarotzer #parasiten #rechtsbrecherin #zensurgesetze
#altparteienkartell #fassadendemokratie #volksverräter
#asyltourismus #tugendterror #sprachpolizei #gutmenschentum
#kopftuchmädchen #snowflake #klimalüge #umvolkung
#rapefugees #messerstecher #meinungskartell

Jeder dieser Begriffe zwingt uns dazu, die Welt aus der Perspektive rechter Ideologien zu betrachten. Bertolt Brecht wies schon 1935 darauf hin, dass die Wahl der Begriffe den Faschismus stützen oder ihm Widerstand leisten kann: »Wer in unserer Zeit statt Volk Bevölkerung und statt Boden Landbesitz sagt, unterstützt schon viele Lügen nicht. Er nimmt den Wörtern ihre faule Mystik.«[5] So kann selbst das bewusste Nichtverwenden rechter Begriffe Widerstand sein. Widerstand gegen den Blick auf die Welt durch ihre Ideologie, durchfärbt mit Hass, Entmenschlichung und Verrohung.

Die Autorin und Aktivistin Noah Sow zeigt in ihrem Buch *Deutschland Schwarz Weiß*, wie »sprachliche Ungenauigkeit mithilft, den rassistischen Status quo zu erhalten«.

> Sie tun das zum Beispiel, wenn Sie den Begriff »Rassismus« nicht in den Mund nehmen, weil Sie bei dem Wort zusammenzucken. Wenn Sie so agieren, ist das ein Zeichen dafür, dass Sie Rassismus lieber ausblenden und nicht beim Namen nennen wollen. Das geschieht unter anderem immer dann, wenn die Vokabeln »ausländerfeindlich«, »fremdenfeindlich« und »rechtsradikal« gerade im Zusammenhang mit rassistisch motivierten Straftaten falsch verwendet werden. Das Ignorieren oder Verdrängen von Rassismus ist aber eine große Hürde auf dem Weg zu seiner Überwindung.[6]

Wie aktuell ihr Befund ist, zeigt sich beinahe jedes Mal, wenn wie bei den rechtsterroristischen Anschlägen in Bottrop und Essen, bei dem ein Mann in der Silvesternacht 2018 mit dem Auto gezielt in Menschenmassen fuhr und mindestens acht Menschen verletzte, von »Fremdenfeindlichkeit« statt von Rassismus die Rede ist.[7] Es darf bei der Wahl unserer Worte nie nur um konservatorische Belange gehen, es muss eine Rolle spielen, welche Ideologien, welche Ungerechtigkeiten sie stützen. In diesem Sinne geht es bei gerechter Sprache gerade *nicht* um Partikularinteressen – sondern darum, dass Sprache sich wandeln darf, um sich an Menschenrechten, Gerechtigkeit, Gleichberechtigung und Chancengleichheit zu orientieren.

Es gibt Menschen, die es als besonders mutig darstellen, »politisch unkorrekte« Sprache zu verwenden. Diese Menschen sind weder konservativ noch traditionsbewusst, im Grunde revoltieren sie auch nicht gegen politische Korrektheit, sondern gegen Gerechtigkeit. In ihrem Beharren auf ächtende Sprache verhalten sie sich nicht rebellisch, sondern *unterdrückungsgehorsam*. Sie bekennen sich zur Ächtung von Menschen.

»Es gibt keine Sprachpolizei oder Zensur«, schreibt die Autorin und Aktivistin Tupoka Ogette. Jeder dürfe alles sagen, müsse aber auch Verantwortung für das eigene Sprechen übernehmen: »Wenn du das N-Wort benutzt, dann tue es in dem Bewusstsein darüber, dass du dich damit bewusst rassistisch verhältst und Menschen damit verletzt. Du bist nicht mehr unschuldig.«[8]

Wer also trotz der Auseinandersetzung mit einer gerechteren Sprache auf der Verwendung ächtender Sprache beharrt, der bekennt sich zur Ächtung von Menschen und positioniert sich bewusst *gegen* Gerechtigkeit, *gegen* die Gleichstellung der Geschlechter – für rassistische, sexistische, menschenfeindliche Sprachnutzung.

Manchmal entgleiten den Rechten Begriffe, die nicht für unsere Ohren gedacht waren und ihre Sicht entlarven. So etwa, als die AfD von ihrem Vorsitzenden Alexander Gauland als »Kampfgemeinschaft« bezeichnet wurde.[9]

Spätestens seit diese offen rassistische Partei mit offen rechtsextremen Mitgliedern in den deutschen Bundestag einzog, ist die Kritik an der medialen Reaktionslogik lauter geworden. Das Bewusstsein dafür, dass wir in den vergangenen Jahren auf kalkulierte Provokationen hereingefallen sind, ist gewachsen. Als Gauland 2016 behauptet hatte, »die Leute« würden den deutschen Fußball-Nationalspieler Jérôme Boateng nicht zum Nachbarn haben wollen, war noch ausführlich in den Medien darüber diskutiert worden, ob Boateng ein guter Nachbar sei. Es gab Beiträge darüber, wer ihn zum Nachbarn haben wollte, andere machten sich über Gauland lustig, wieder andere führten Interviews mit Boatengs Ex-Nachbar*innen oder führten vermeintlich lustig gemeinte Umfragen durch, in denen Passant*innen sich zwischen Gauland und Boateng entscheiden sollten. So stand tatsächlich die Frage im Raum: Können Schwarze Menschen gute Nachbar*innen sein? Was für ein Armutszeugnis.

Warum funktionieren solche Provokationen? Fragen wir uns selbst: Warum fühlen wir uns dazu berufen, zu reagieren? Weil diese Provokationen Gelegenheiten sind, uns moralisch erhaben zu fühlen? Weil wir glauben, es sei unser journalistischer Auftrag? Weil wir nicht erkennen, dass unsere Empörung ihre Währung ist? Weil wir Anstand voraussetzen bei denen, die keinen besitzen? Weil wir uns insgeheim voyeuristisch berauschen an der Unverschämtheit, weil es endlich »aufregend« wird?

Wir haben die AfD so groß gemacht, wie sie es heute ist. Indem wir ihre Provokationen durch unsere Diskussionen legitimierten. Indem wir ihren Hass zur Meinung erkoren haben. Indem wir ihre Menschenfeindlichkeit, ihren Rassismus, ihren Antisemitismus, ihren Sexismus zu legitimen Perspektiven geadelt haben.

Das Interessante, das Enttäuschende ist: Ich kenne diesen Mechanismus aus vielen muslimischen Gemeinschaften in Deutschland, die insbesondere nach dem 11. September 2001 einen Großteil ihrer Energie in Reaktion auf Angriffe von außen investierten: Angriffe von islamistischen Radikalen, die vorgaben, im Namen aller Muslim*innen zu handeln; und von der medialen und politischen Öffentlichkeit, die Muslim*innen kriminalisierte, stigmatisierte und auf die Handlungen der Radikalen reduzierte – deren Anspruch, die einzig wahren Vertreter des Islams zu sein, sie damit beglaubigte.

Viel Zeit, Energie, Mühe und Aufmerksamkeit wurde aufgewendet, um der Welt Selbstverständlichkeiten zu erklären. Wir antworteten auf die absurdesten Fragen, distanzierten uns von Gräueltaten, obwohl schon die Unterstellung, wir würden dem Morden, dem Blutvergießen, dem Leid, der Brutalität, der Abscheulichkeit in irgendeiner Hinsicht zustimmen, entwürdigend ist.

Nehmt das nicht persönlich, hieß es, wenn wir darauf hinwiesen, wie verletzend die Vorwürfe sind. *Seid nicht so emotional.* Und so schalteten wir, um die irrationalen Ängste besorgter Bürger*innen nicht zu bestärken, unsere Emotionen aus.

Und jetzt? Fast zwei Jahrzehnte später? Wenn ich zurückblicke, sehe ich, wie die ewige Verteidigungshaltung dazu führte, dass wir innerislamische Diskussionen vernachlässigt haben. Aus Angst davor, jemand könnte solche Diskussionen instrumentalisieren, haben wir vermieden,

Missstände innerhalb unserer Gemeinschaften – Sexismus, Antisemitismus, Radikalisierung, Rassismus – ausreichend zu kritisieren. Aus lauter Angst, Öl ins Feuer zu gießen, haben wir auch kein Wasser gegossen.

Über die Jahre drohten wir so den Blick für uns selbst zu verlieren, für das, was *uns* bewegt – aus uns heraus. Wir haben immer weniger *miteinander* gesprochen und immer mehr *übereinander* in der Öffentlichkeit. Uns gingen die Räume für ein Gespräch verloren, das frei ist vom Wettstreit darum, Gehör zu finden und vom nicht muslimischen Publikum bescheinigt zu bekommen, der *gute* Muslim zu sein.

Ich frage mich: Wie wäre es, wenn wir nicht so sehr darum besorgt wären, was andere über uns und unsere Religion denken? Womit würden wir uns beschäftigen? Würden wir anders umgehen mit denjenigen, die unsere Religion instrumentalisieren? Denjenigen, die es auf unser Zusammenleben, auf unsere Vielfalt und nicht zuletzt auf unsere Kinder abgesehen haben: als Munition für ihre Kriege und gewaltvollen Machtfantasien? Würden wir auf Bildung setzen statt auf Rhetorik? Auf Wissen statt auf Verteidigungsgefechte? Denn es ist diese ewige Verteidigungshaltung, die uns zwanghaft homogenisiert.

Dasselbe Muster wiederholt sich nun innerhalb der Mehrheitsgesellschaft: Indem wir uns die politische Agenda von populistischen Rechten und Rechtsextremen diktieren lassen, vernachlässigen wir die Diskussion der wirklich relevanten Themen. Sie geben uns Themen vor, und wir reagieren brav und vorhersehbar. Die Sendung *Monitor* untersuchte alle Polit-Talkshowsendungen des Jahres 2016 bei ARD und ZDF und stellte fest: Mehr als die Hälfte der insgesamt 141 Sendungen behandelte Themen wie Flüchtlinge, Flüchtlingspolitik, Islam, Gewalt und Terrorismus, Populismus und Rechtspopulismus. Kein einziges Mal wurden Themen wie Kohle- oder Atomausstieg, die Bildungspolitik oder der weltweit Schlagzeilen machende Abgasskandal diskutiert.[10]

Wenn also immer mehr junge Menschen massenhaft auf die Straßen gehen, dann rebellieren sie auch gegen die Aufmerksamkeitsdiktatur der Rechten und gegen die Regierenden, die sich dieser Diktatur unterwerfen. Klima, Umwelt, Bildung, Gesundheit, soziale und Generationengerechtigkeit, der Schutz von Minderheiten – all diese Themen wurden und werden zugunsten der Themensetzung der Rechten vernachlässigt.

Nicht umsonst leugnen Rechte die Klimakrise. Nicht umsonst wollen sie verhindern, dass wir auf eine Weise auf die Welt blicken, die den Weg für globale Solidarität mit den ärmsten Ländern und Menschen bereitet. Wenn wir die Klimakrise ernst nehmen, ist es unvermeidbar, dass nationale Interessen dem Bewusstsein weichen: Wir sind viele verschiedene Länder, Staaten und Nationen, aber nur *eine gemeinsame* Menschheit auf *einer gemeinsamen* Erde.

Was also tun? Wie können wir den Rechten entgegentreten, ohne sie durch unsere Reaktionen unwillentlich zu stärken? Beispielsweise, indem wir sie mit den Folgen ihrer Worte konfrontieren. Und indem wir ihre Strategien entlarven. Indem wir ihrer Behauptung, sie sprächen für »das Volk«, nicht auf den Leim gehen, indem wir ihre Begriffe nicht übernehmen, ihrer Logik nicht folgen. Indem wir klarmachen: Unsere politische Sprache ist das Schlachtfeld einer rechtsextremen »Kampfgemeinschaft«. De facto streiten wir gerade darum, durch wessen Brille wir auf die Gesellschaft schauen. Wen wir als uns nah empfinden, als Freund, und wen als fremd, als Feind. Wie Victor Klemperer einst schrieb: Man spricht die »Sprache des Siegers« nicht »ungestraft, man atmet sie ein und lebt ihr nach«.[11]

Wir müssen aufhören zu reagieren. Und stattdessen die Themen und Fragestellungen auf die Tagesordnung setzen, die uns als Gesellschaft voranbringen. Denn die reaktive Haltung überlässt das politische Spielfeld den Agierenden. Und wir verkommen zu den ewig Getriebenen. Der Investigativjournalist Ron Suskind zitierte 2004 in einem Artikel einen politischen Berater des US-Präsidenten George W. Bush mit folgenden Worten:

> Wir sind jetzt ein Imperium, und wenn wir handeln, erschaffen wir unsere eigene Realität. Und während ihr diese Realität analysiert (...), handeln wir erneut, erschaffen andere neue Realitäten, die ihr dann ebenfalls analysieren könnt. Wir sind die Handelnden der Geschichte (...), und ihr alle werdet euch damit begnügen müssen, zu analysieren, was wir tun.[12]

Sie müssen keine Weltmacht sein, um die kulturelle oder diskursive Hegemonie zu besitzen. Um zu diktieren, womit sich die Öffentlichkeit beschäftigen soll. Und während Rechtsextreme sich als *Underdogs* inszenieren, als die mutigen, marginalisierten, ausgeschlossenen, armen, bemitleidenswerten Vertreter*innen der »kleinen Leute« und des »wahren Volkes«, kreieren sie neue Realitäten. Und wir laufen ihnen hinterher. Reagieren. Reagieren. Reagieren. Bis wir uns selbst vergessen.

Anmerkungen:

1 Bernhard Pörksen: Die große Gereiztheit. Wege aus der kollektiven Erregung, München 2018, S. 165.

2 Von der Carole Cadwalladr in einem TED-Talk berichtete: <https://www.ted.com/talks/carole_cadwalladr_facebook_s_role_in_brexit_and_the_threat_to_democracy/transcript#t-886323> (abgerufen am 11.10.2019).

3 Die Journalistin Ingrid Brodnig schreibt hierzu: »Die wichtigsten Gatekeeper im Netz, die Informationen für uns sortieren und aussortieren, heißen nicht BBC, CNN, Le Monde oder New York Times. Sie heißen Facebook und Google. Umso problematischer ist dann, wenn deren Techniker so tun, als hätten sie keinen Einfluss auf die Informationsselektion, die die von ihnen programmierte Software durchführt.« Ingrid Brodnig: Hass im Netz. Was wir gegen Hetze, Mobbing und Lügen tun können, Wien 2016, S. 201.

4 Philip Kreißel, Julia Ebner, Alexander Urban und Jakob Guhl: Hass auf Knopfdruck. Rechtsextreme Trollfabriken und das Ökosystem koordinierter Hasskampagnen im Netz, London 2018, <https://www.isdglobal.org/wp-content/uploads/2018/07/ISD_Ich_Bin_Hier_2.pdf> (abgerufen am 20.09.2019).

5   Brecht, Bertolt: »Fünf Schwierigkeiten beim Schreiben der Wahrheit«, Unsere Zeit 8, Nr. 2/3 (1935), S. 23 f.

6   Sow, Noah: Deutschland Schwarz Weiß. Der alltägliche Rassismus, München 2009, S. 30 f.

7   In diesem Interview erklärt der Soziologe Matthias Quent, wie wichtig es ist, diese Tat explizit als »Rechtsterror« und nicht als »Amoklauf« zu bezeichnen: »Die Tat hat eine spezifische politische und gesellschaftliche Wirkung. Offenbar hat der Täter durch eine schockierende Botschaftstat gegen nicht weiße Menschen, gegen People of Color, Angst und Schrecken hervorrufen wollen. Die rassistisch motivierte Opferauswahl steigert Spannungen zwischen gesellschaftlichen Gruppen. Sie betont und verstärkt ethnische Unterschiede und inszeniert sie als Grund für Gewalt. Deswegen spreche ich von Vorurteils- oder Hassverbrechen und auch von Rechtsterrorismus.«; Vu, Vanessa: »Die Grenzen zwischen Amok und Terror können verwischen«, Zeit Online, 02.01.2019, <https://www.zeit.de/gesellschaft/2019-01/rechtsextremismus-anschlag-bottrop-rassismus-radikalisierung-terror-matthias-quent/komplettansicht> (abgerufen am 09.10.2019).

8   Ogette, Tupoka: exit RACISM. rassismuskritisch denken lernen, Münster 2017, S. 80.

9   So geschehen im ARD-Sommerinterview 2019. Gauland: »Aber es gibt manchmal Menschen bei uns, die verkennen, dass die Partei eine Kampfgemeinschaft ist ...« Moderatorin: »Eine Kampfgemeinschaft?« Gauland: »Eine Kampfgemeinschaft im Sinne der politischen Veränderung und der politischen Machtteilhabe.« <https://www.daserste.de/information/nachrichten-wetter/bericht-aus-berlin/videosextern/bericht-aus-berlin-ut538~_withoutOffset-true.xml> (abgerufen am 09.10.2019).

10 Monitor, 19.01.2017.

11 Klemperer, Victor: LTI: Notizbuch eines Philologen, Stuttgart 2007, S. 256.

12 Suskind, Ron: »Faith, Certainty and the Presidency of George W. Bush«, NY Times Magazine, 17.10.2004, <https://www.nytimes.com/2004/10/17/magazine/faith-certainty-and-the-presidency-of-george-w-bush.html> (abgerufen am 20.09.2019). Übersetzt von der Autorin.

Gerhart Baum

Rechtsruck: Die AfD ist Ausdruck einer deutschen Krankheit

Die Wahlerfolge in Bayern und Hessen sowie die aktuellen Umfragen zeigen die erschreckende Stärke der AfD – einer Partei, die außerhalb des demokratischen Konsenses steht. Frust, konzentriert auf die Migrationspolitik, und eine diffuse Unzufriedenheit mit der Politik der Ampel sind das eine. Aber hinter dem Aufstieg der AfD steht viel mehr. Nicht wenige sind ja der Ansicht: Lösen wir das Migrationsproblem, lösen wir das AfD-Problem. Oder: Lösen wir die Bundesregierung ab, dann tritt Ruhe ein.

Die Politik muss endlich aufhören, die AfD derart naiv mit reinem Protestverhalten zu verharmlosen. Seit Jahren wächst eine tiefe Strömung des Rechtsextremismus – die Mitte radikalisiert sich. Migration spielt als Brandbeschleuniger eine Rolle, ist dafür aber nicht die Hauptursache. Das Problem sitzt tiefer. Wendet sich gerade ein Teil der Deutschen – mal wieder – von den normativen Ideen der Aufklärung ab? Wenn das so ist, und einiges spricht dafür, dann ist die rechtsextreme Welle keine Laune des Augenblicks, sondern hat ihre Ursprünge jedenfalls auch in der Geschichte und Mentalität der Deutschen.

Sind die Deutschen nie ganz im Westen angekommen?

Maßgebende Wissenschaftler sprachen nach dem Zweiten Weltkrieg von der »Deutschen Frage«: Vielleicht gehört das Unbehagen mit der Freiheit ja zur Eigenart eines Teils der Deutschen. Der große Liberale Ralf Dahrendorf stellte damals eine »tragische Spannung zwischen Deutschland und den Werten der Aufklärung« fest. Warum, so fragt er, »hat sich Deutschland der Aufklärung in ihrem liberalen Verstande versperrt«? Dieser innere Widerspruch zwischen der Zugehörigkeit zum Westen und gleichzeitig einer Suche nach dem Antiwestlichen bestimme das deutsche Denken wie seine politische Theorie und Praxis, so Dahrendorf. Der Westen, das hieß für ihn: Rationalität, Liberalismus und der Verzicht auf romantische Sehnsüchte.

Auch Thomas Mann hatte seine Zweifel am Freiheitswillen der Deutschen. In seiner Rede zu *Deutschland und die Deutschen* im Jahr 1945 in der Library of Congress in Washington, D. C., stellte er fest, dass die Deutschen in ihrer Geschichte nie eine gelungene Revolution hatten. (Später kam immerhin die der Ostdeutschen dazu, aber das konnte Mann nicht vorhersehen.) Schon mit Niederschlagung der Bauernaufstände 1525 sei die Untertanengesinnung gewachsen. Die gescheiterte Revolution von 1848 hatte verheerende Folgen, die letztlich bis ins Dritte Reich wirkten: Nationalismus wurde in Deutschland, anders als in anderen Staaten, nicht konsequent mit Freiheit im Einklang gedacht. Der deutsche Nationalismus war in den Augen von Thomas Mann spießbürgerlich, ein »Kosmopolitismus mit der Nachtmütze«. Den Deutschen attestierte er eine romantisierende Innerlichkeit, die weit entfernt ist vom angelsächsischen Pragmatismus.

Im Kern eine verfassungsfeindliche Geisteshaltung

Noch der Erfolg Hitlers, so konstatiert der Historiker Heinrich August Winkler, »lag in letzter Instanz daran, dass Deutschland sich die normativen Ideen der Aufklärung nur zum Teil angeeignet hatte«. Nach 1945 änderte sich die Situation, allerdings nur langsam. Mit dem Grundgesetz, also erst 1949, sind die Deutschen wirklich in der Demokratie angekommen. Nun ist diese im Grunde gelungene Demokratie zum ersten Mal ernsthaft bedroht.

Es ist das Ziel der neuen Freiheitsverächter, sie in ihrem Wesenskern zu zerstören. Die freie Gesellschaft wird bedroht durch eine Partei, die keine kleine Sekte ist, sondern in Wahlen beständige Erfolge hat und die mit ihren Netzwerken ins Land hineinwuchert. Die AfD vertritt eine Geisteshaltung, die der Soziologe Wilhelm Heitmeyer auf den treffenden Begriff gebracht hat: autoritärer Nationalradikalismus. Ihr Kern ist eine rassistisch geprägte Ausgrenzung all jener, die nicht zum Volk gehören sollen. Eine solche Gesinnung, so hat es das Bundesverfassungsgericht festgestellt, ist verfassungsfeindlich.

Die wegweisende Analyse zum völkischen Denken von Fritz Stern aus dem Jahr 1961 ist mit dem Aufstieg der AfD plötzlich wieder aktuell. Sterns Beschreibungen zeigen erstaunlich viele Parallelen unserer heutigen Lage mit der Entwicklung in der Weimarer Republik. Die Sehnsucht nach »geistiger Erlösung« und einfachen Lösungen in einer chaotischen Zeit.

Der Kampf gegen die AfD ist Aufgabe aller Parteien

Das Grundgesetz verpflichtet die Deutschen, »in einem vereinten Europa, dem Frieden der Welt zu dienen«, wie es in der Präambel heißt. Die neuen Nazis wollen dieses Europa zerstören. Der Staatsrechtler Carlo Schmid forderte nach der Verabschiedung des Grundgesetzes eine »Intoleranz denen gegenüber, die die Demokratie missbrauchen, um sie umzubringen«. Manchmal zweifle ich, ob die demokratische Gesellschaft diese Gefahr wirklich sieht. Im Mittelpunkt der Aufmerksamkeit stehen zurzeit die Wähler der Rechten und nicht diejenigen, die sie für einige Jahre in die Parlamente gewählt haben. Aber sie werden die Zeit nutzen, um genau das zu machen, wovor Carlo Schmid warnte.

Der Blick für die Gefahr darf sich nicht allein auf die AfD als Partei verengen. Die aktuelle Mitte-Studie der Friedrich-Ebert-Stiftung legt Abgründe offen: Jeder dritte Befragte stimmte der Aussage zu, dass »die Politiker und andere Führungspersönlichkeiten nur Marionetten der dahinterstehenden Mächte« seien.

Besorgniserregend ist auch der sprunghafte Anstieg der Bürger, deren Weltbild als »manifest rechtsextrem« gilt. Andere Untersuchungen bestätigen diese Analyse.

Es ist zum Verzweifeln, dass die demokratischen Parteien immer noch keinen Weg gefunden haben, das tief gestörte Vertrauensverhältnis zu großen Teilen der Bevölkerung zu verbessern. Das ist die Kernaufgabe, dazu müssten sie zunächst einmal die existenzielle Gefahr für die Demokratie als solche benennen. Aber sie sind nicht laut genug. Alle

Parteien müssen zum Schutze der Demokratie zusammenstehen – und nicht nur die Parteien. Den AfD-Wählern gilt es unmissverständlich klarzumachen, dass nichts, kein Missstand, kein Protest, eine Stimme für diese Partei rechtfertigt. Das hat Bundespräsident Walter Steinmeier kürzlich in aller Deutlichkeit getan.

Rassistisch motivierten Rechtsextremismus gibt es auch in anderen Ländern. Aber man darf, nein, man muss von den Deutschen immer erwarten, dass sie sich für die Menschheitsverbrechen der Nazizeit verantwortlich fühlen – und dafür, dass diese sich nicht wiederholen. Das tun die meisten, eine wachsende Minderheit wohl nicht mehr aus voller Überzeugung. Die Erinnerungskultur hat dieser Demokratie Kraft gegeben. Sie ist ein Stück unserer Identität.

Die »Deutsche Frage« hat sich nie erledigt, sondern stellt sich derzeit neu. Sie ist eine deutsche Krankheit – offenbar eine verschleppte Krankheit, die bei einer Minderheit immer wieder ausbricht, gegen die Werte der Aufklärung, gegen die Bindung an den Westen, zum Beispiel mit einer schwärmerischen Friedenssehnsucht, die vergisst, dass Frieden immer mit Freiheit verbunden werden muss.

Nach 1945 haben die Deutschen gezeigt, dass sie Demokratie können. Jetzt müssen sie zeigen, dass sie für sie kämpfen können.

Heinrich Bedford-Strohm

Die Kostbarkeit der Demokratie

Demokratie ist nicht nur ein Wahlverfahren. Demokratie ist Ausdruck eines Menschenbildes. Im Zentrum dieses Menschenbildes steht die Würde des Menschen. Der Mensch – so hat es der Philosoph Immanuel Kant ausgedrückt – darf nie allein Mittel zum Zweck sein, sondern ist immer auch Zweck an sich. Was heute aus ganz unterschiedlichen religiösen oder nicht religiösen Perspektiven gemeinsam festgestellt werden kann, ist tief verwurzelt in der jüdisch-christlichen Tradition. Jeder Mensch ist geschaffen zum Bilde Gottes. Diese in der Bibel (1. Mose 1,27) zum Ausdruck gebrachte Überzeugung ist untrennbar verbunden mit dem Einsatz für die Demokratie. Denn sie überwindet jede Abstufung in Wert und Würdigkeit von Menschen. Wie Menschen behandelt werden, gründet sich nicht mehr vorrangig auf Macht, sondern auf ein Recht, das alle Menschen gleichermaßen schützt.

Die Herrschaft eines durch demokratische Willensbildung zustandegekommenen Rechts, die in unserem Land nach so vielen Irrungen in der Vergangenheit heute gilt, ist etwas, wofür wir nicht dankbar genug sein können, so wenig wir uns mit dem Erreichten zufriedengeben können. Dass – jedenfalls grundsätzlich – nicht derjenige herrscht, der am brutalsten vorgeht, dass nicht diejenigen das letzte Wort haben, die andere Worte mit Gewalt ersticken, dass sich nicht die Starken einfach nehmen können, was sie wollen, sondern an Regeln gebunden sind, die alle, auch die Schwächsten, schützen, das ist eine Riesenerrungenschaft, die wir hierzulande häufig viel zu selbstverständlich nehmen.

In meinem Amt als Vorsitzender des Weltkirchenrats, der 352 Kirchen in 120 Ländern mit 600 Millionen Mitgliedern vertritt, bin ich viel in anderen Ländern unterwegs. Ich höre über unsere weltweiten ökumenischen Netzwerke aus erster Hand immer wieder bedrängende Geschichten von Menschen, die schlimmes Leid erfahren, weil es niemanden gibt, der das Recht aufrechterhält, weil es niemanden gibt, der die Schwachen schützt. Denn das ist die ureigene Aufgabe des Rechts: die Schwachen zu schützen! Die Starken haben in der Regel die Mittel, um für die Durchsetzung ihrer Interessen zu sorgen.

Die Schwachen aber brauchen den Schutz des Rechts. Deswegen gibt es einen untrennbaren Zusammenhang zwischen der biblischen Option für die Armen und der Herrschaft des Rechts. »Mischpat we zedaka« – Recht und Gerechtigkeit – gehören zu den zentralen Begriffen der Hebräischen Bibel, die als Altes Testament auch für Christen konstitutiv für ihren Glauben ist. Und es geht dabei in besonderer Weise um den Schutz der Witwen und Waisen, der Fremdlinge und der Armen.

Der sich aus diesen Quellen ergebende Einsatz für Demokratie und Rechtsstaat ist aber längst nicht mehr nur eine Aufgabe in *failed states*, in Diktaturen oder Autokratien. Er ist zur zunehmend dringlichen Aufgabe auch hierzulande geworden. Der wachsende Erfolg rechtspopulistischer Bewegungen in Europa, und nun auch in Deutschland, und die dabei zu beobachtende zunehmende Salonfähigkeit rechtsradikaler Ideologien müssen alle Alarmglocken klingeln lassen. Die Demokratie – das wird immer deutlicher – ist gefährdet. Sie muss aktiv und mit entschiedenem Einsatz gegen die Bedrohungen verteidigt werden, denen sie insbesondere vonseiten rechtspopulistischer Strömungen ausgesetzt ist.

Hinter dem Erfolg rechtspopulistischer Bewegungen stehen klar benennbare Faktoren. Einer der wichtigsten ist das Narrativ der Angst.

Das Narrativ der Angst

Das Narrativ der Angst ist in öffentlichen Debatten und in den Medien ständig präsent. Rechtspopulistische Bewegungen schüren solche Angst. Ihr Interesse ist nicht die gemeinsame Suche nach den richtigen Antworten auf die großen Herausforderungen der Zeit, die als Zielbestimmung der Demokratie gelten kann. Ihr Interesse ist, die Angst zu verstärken, weil sie Zulauf verspricht. Angst vor Fremden wird nicht durch differenzierten Umgang mit den Fakten und Förderung menschlicher Begegnungen bekämpft, sondern durch die Warnung vor dem

Verlust des eigenen Wohlstands noch verstärkt. Die Schwachen werden gegen die Schwachen ausgespielt.

Elemente dieses Narrativs sind das Modell des »Kampfes der Kulturen«, der die Notwendigkeit der Selbstbehauptung gegenüber fremder Bedrohung der eigenen Identität suggeriert, und ein nationalistisches Paradigma von Schande und Ehre, das jede selbstkritische Distanz gegenüber dem Handeln der eigenen Nation systematisch unmöglich macht. Die Pflege von Nationalstolz soll Emotionen gegen andere mobilisieren und einfache Lösungen suggerieren anstatt um reale Lösungen zu ringen. Die eigene Identität soll durch die Abwertung der anderen gestärkt werden. »America first« und »Make America great again« ist nur das bekannteste Beispiel dafür.

Die »Remigrations«-Fantasien rechtspopulistischer und rechtsradikaler Kreise in Deutschland sind ein besonders widerliches Beispiel für die Gefährdungen der Demokratie, die von solchen identitätspolitischen Strategien ausgehen.

Worte als Gift – die Saat der Gewalt

Das Erschreckendste am Rechtsradikalismus und seinen rechtspopulistischen Vorstufen ist für mich seine menschliche Kälte. Man kann über alles diskutieren: über Möglichkeiten der Steuerung der Flüchtlingsbewegungen, über die Notwendigkeit von Rückführungen und auch über Überforderungsgefühle bei der Aufnahme. Aber es darf dabei nie eine menschliche Kälte zum Ausdruck kommen, die unberührt bleibt vom Leid der Menschen, um die es geht.

»Sprache dichtet und denkt nicht nur für mich, sie lenkt auch mein Gefühl, sie steuert mein ganzes seelisches Wesen [...]. Worte können sein wie winzige Arsendosen: sie werden unbemerkt verschluckt, sie scheinen keine Wirkung zu tun, und nach einiger Zeit ist die Giftwirkung doch da.«[1] Das hat Victor Klemperer formuliert, als er die Sprache des »Dritten Reiches« analysierte.

Wenn Wortführer einer radikalisierten AfD unverhohlen rechtsradikale Ressentiments schüren und in Demonstrationen hasserfüllte Parolen skandieren, dann hat das mit einem lebendigen Diskurs, wie ihn die

Demokratie braucht, nichts mehr zu tun. Wer bei solchen Demonstrationen mitläuft, muss sich im Klaren darüber sein, dass er rechtsradikalen Hetzparolen, die dort geäußert werden, Legitimation verleiht. Von »Volksverräter«-Parolen bis zu Brandanschlägen und politischen Morden – das haben wir erleben müssen – ist es nicht weit. Wer angesichts großer Herausforderungen hierzulande und weltweit Gift in die Gesellschaft streut, anstatt sich an der Suche nach konstruktiven Lösungen im Geiste der Humanität zu beteiligen, stellt sich gegen alles, was das Christentum in seinem Kern ausmacht!

»Man wird ja wohl noch sagen dürfen ...«
Die Instrumentalisierung des »Political-Correctness«-Vorwurfs

»Man wird ja wohl noch sagen dürfen ...« Mit diesem Satz werden immer öfter menschenfeindliche Aussagen gerechtfertigt. Diejenigen, die sich eine ethisch begründete Zurückweisung solcher menschenfeindlichen Aussagen vom Leib halten wollen, haben ein neues Instrument entdeckt: den Vorwurf eines Klimas der Political Correctness, in dem Menschen sich nicht mehr trauen, ihre Meinung zu sagen, weil sie damit riskieren, sozial geächtet zu werden. Wenn Menschen tatsächlich nicht mehr wagen, kontroverse Diskussionen über die Steuerungsprobleme in der Flüchtlingsfrage oder die Legitimität von Abschiebungen zu führen, dann kann man sie nur dazu ermutigen, diese Angst zu überwinden und frei ihre Meinung zu äußern. Wir brauchen eine Atmosphäre der Angstfreiheit in diesen Debatten und den Willen, die jeweiligen Argumente kontrovers und hörbereit zu diskutieren.

Wenn aber der Political-Correctness-Vorwurf dazu dienen soll, sich ethische Gesichtspunkte überhaupt vom Leibe zu halten, dann muss er in aller Deutlichkeit zurückgewiesen werden. Eine Haltung des Mitgefühls gegenüber Menschen in Not ist keine persönliche Macke von Gutmenschen oder Gesinnungsethikern. Eine solche Haltung ist die Basis dafür, dass der Satz ins Ziel kommt, den wir alle kennen: »Die Würde des Menschen ist unantastbar.« Dieser Satz ist nicht das Privatbekenntnis von Einzelpersonen oder religiösen oder weltanschaulichen Gemeinschaften. Dieser Satz ist der Dreh- und Angelpunkt der besten Verfassung, die unser Land je hatte.

Wer bewusst gegen die Schwachen hetzt, wer Mitmenschlichkeit zielgerichtet untergräbt, wer Ängste befeuert, wer Fakten bewusst fälscht, der kann nicht versuchen, dies alles durch die Berufung auf die Meinungsfreiheit zu legitimieren. Was rechtlich noch hingenommen werden kann beziehungsweise muss, müssen die Gerichte klären. Aber auch was noch legal sein mag, ist noch lange nicht legitim. Freier Diskurs gründet auf der wechselseitigen Anerkennung der Menschenwürde des anderen. Wer die Würde des Menschen nicht achtet, kann sich nicht auf den freien Diskurs berufen. Denn er untergräbt den freien Diskurs.

Deswegen: Ausländerfeindlichkeit ist keine Meinung. Sie sabotiert die Menschenwürde. Hass ist keine Meinung, sondern die Saat für Gewalt. Rassismus und Antisemitismus sind keine Meinung. Sie sind geschichtlich belegte Ausgangspunkte für millionenfachen Mord.

Die Bedrohung der Demokratie durch soziale Internetnetzwerke

Über die gesellschaftlichen Folgen der Digitalisierung wird mit guten Gründen viel diskutiert. Dabei ist weder euphorische Unterstützung noch Verteufelung angesagt. Es gilt vielmehr, die Digitalisierung verantwortlich zu gestalten. Das ist gerade im Hinblick auf die Verteidigung der Demokratie eine Aufgabe, deren Dringlichkeit noch viel zu wenig im Blick ist.

Es ist kein Zufall, dass die rechtspopulistischen Bewegungen weltweit zu den Akteuren gehören, die sich die neuen Kommunikationsmöglichkeiten der sozialen Internetnetzwerke am frühesten und am professionellsten zunutze gemacht haben. Ihr politischer Aufstieg liegt nicht zuletzt genau darin begründet.

Die durch bestimmte Mechanismen in den sozialen Netzwerken verursachte Dynamik vergiftet unsere private und politische Kommunikation immer mehr und sabotiert den demokratischen Diskurs. Es ist immer noch viel zu wenig im Bewusstsein, dass das mit der Digitalisierung verbundene systemische Gründe hat. Sie liegen in der kommerziellen Logik der Algorithmen: Je länger sich die User auf einer Internetseite aufhalten, desto mehr Geld kann mit Werbung verdient werden. Die Algorithmen spülen deswegen die Inhalte verstärkt auf die Bildschirme, die am meisten Werbeeinnahmen versprechen. Studien haben inzwischen gezeigt, dass dieser Mechanismus extreme Inhalte, Hassbotschaften oder schlicht Unsinn in besonderer Weise ins Zentrum rückt. Nicht die Logik von Argumenten, an der sich – jedenfalls prinzipiell – der demokratische Diskurs orientiert, steuert die Kommunikation, sondern kommerziell gesteuerte Algorithmen, denen solche Maßstäbe völlig egal sind, und zwar aus systemischen Gründen. Der digitale Tribalismus ist die direkte Konsequenz des Geschäftsmodells der Netzökonomie.

Was wir brauchen, ist eine digitale Infrastruktur, die dafür sorgt, dass Algorithmen sich am Maßstab der Menschenwürde orientieren, anstatt ihn aktiv zu sabotieren. Auch die Modellierung von Algorithmen muss öffentlicher Verantwortung zugänglich gemacht werden, so dass wir zu einem Zustand kommen, in dem die Algorithmen der großen Plattformen qualitativ hochwertigen und journalistisch sauber recherchierten Inhalt zugänglich machen und hoch priorisieren. Ob das mit den bestehenden Plattformen gelingen kann oder ob ein großer politischer Wurf für demokratisch-pluralistische Alternativen notwendig ist, wird sich zeigen müssen. In jedem Falle ist klar: Auch durch gesellschaftlich verantwortliche Rahmensetzung für das Internet muss die Demokratie geschützt werden.

Demokratie braucht Religion

»Demokratie braucht Religion« – diese These hat der Soziologe Hartmut Rosa zu einem viel beachteten Buchtitel gemacht. Angesichts der viel zu spät entdeckten Liebe der Kirchen in Europa zur Demokratie gibt es keinen Grund, dieses Zitat als Relevanzbeweis der Kirche vor sich herzutragen. Sehr wohl aber muss es Anlass sein, die Verantwortung der Kirchen im aktiven Eintreten für die Demokratie – und das heißt gegenwärtig ganz besonders: gegen Rechtsextremismus und Rechtspopulismus – zu unterstreichen. Religion erreicht nicht nur den Kopf, sondern auch Herz und Seele. Die Leidenschaft für die Menschenwürde ist eine direkte Konsequenz aus dem Glauben an Gott. Jesus selbst hat

Die Kostbarkeit der Demokratie

im Doppelgebot der Liebe – Gott lieben und den Nächsten lieben – den Glauben und den Einsatz für den Nächsten, ganz besonders den verletzlichen Nächsten, untrennbar miteinander verbunden.

Gerade die Kirchen und alle Christinnen und Christen müssen deshalb in der ersten Reihe stehen, wenn es darum geht, gegenüber den menschenfeindlichen Ideologien Flagge zu zeigen, die jetzt wieder salonfähig zu werden drohen und mit der AfD eine erschreckend hohe Präsenz in den Parlamenten gefunden haben. Es ist unerträglich, wenn man sich bei solchen menschenfeindlichen Einstellungen auch noch auf das Christentum beruft, wenn Fremde – etwa unter dem Stichwort »christliches Abendland« – ausgegrenzt werden. Rassismus, Antisemitismus und andere menschenfeindliche Ideologien sind Gotteslästerung!

Wie könnte das keine Konsequenzen für unser Handeln haben!? Wie könnten wir schweigen, wenn die Menschenwürde mit Füßen getreten wird!? Nie darf der Hass in der Demokratie handlungsleitende Bedeutung gewinnen. Martin Luther King hatte recht, als er sagte: »Dunkelheit kann Dunkelheit nicht vertreiben. Nur Licht kann das. Hass kann Hass nicht vertreiben, nur Liebe kann das.«

Aber Liebe ist nichts Harmloses. Entschiedene Menschenliebe führt zu entschiedenem Handeln. Entschiedener Einsatz für die Demokratie und ihre Werte heute lässt schon jetzt eine Welt aufscheinen, in der alle Menschen in Würde leben können.

Anmerkung:

1   Klemperer, Victor: LTI. Notizbuch eines Philologen [1957]. Leipzig 1996, S. 21.

Dieter Gosewinkel

Eine Feinderklärung
an die liberale Demokratie

Zu Maximilian Krah, Politik von rechts. Ein Manifest

Ein Gespenst geht um in Europa und der Welt: die Rückkehr des Rechtsextremismus an die Regierungsmacht. Die Wahlen zum Europäischen Parlament, die Präsidentschaftswahlen in den USA, vor allem aber die Landtagswahlen in drei ostdeutschen Bundesländern 2024 werfen einen dunklen Schatten voraus. Die Befürchtung verdichtet sich, dass mit der »Alternative für Deutschland« erstmals in der deutschen Geschichte seit der Zerschlagung des nationalsozialistischen Regimes eine rechtsextreme Partei die meisten Stimmen im Wahlvolk erhalten wird. Als »gesichert rechtsextrem« stuft der Verfassungsschutz die Landesverbände der AfD in Thüringen, Sachsen-Anhalt und Sachsen ein. Obwohl es gerade eine Gefährdung der freiheitlich-demokratischen Ordnung markiert, verleitet das Urteil »gesichert« rechtsextrem, paradoxerweise zu einem Gefühl der Sicherheit qua behördlicher Erkenntnis. Dahinter bleiben die Tatsachen diffus, die eine Gefährdung der Demokratie begründen. Dazu gehören Personen, die politisch handeln und ihre Beweggründe vorab öffentlich darlegen.

Die Gefährdung der Demokratie durch Rechtsextremismus, die der Verfassungsschutz im Vorfeld der Wahlen aufzeigt, beleuchtet ein grundsätzliches Problem von Demokratien: die prinzipielle Offenheit ihrer Verfahren auch gegenüber extremen Positionen und Persönlichkeiten. Diese gelangen vor allem durch Wahlen in demokratische Institutionen, sammeln dort Erfahrungen als Funktions- und Amtsträger und vermögen aus dieser Position heraus von innen her die Offenheit demokratischer Einrichtungen gegen diese selbst zu wenden. Historische Erfahrungen zeigen, dass gerade entwickelte Demokratien weniger durch äußere gewaltsame Aggression als durch Selbstauflösung von innen her zerstört wurden.[1] Dabei kommt insbesondere gebildeten Funktionsträgern eine Schlüsselrolle zu. Kraft ihrer Ausbildung und Erfahrung genießen sie Renommee, wecken Vertrauen und üben Macht aus – Attribute, die sie zu Legitimitätsüberträgern von demokratischen hin zu nicht demokratischen Systemen machen.

Deshalb verdienen die politisch-programmatischen Äußerungen von Parteigängern besondere Aufmerksamkeit, die zu den Bildungseliten zählen, Ämter in der Demokratie bekleiden und zugleich durch extreme Positionen den Bestand der Demokratie infrage stellen. Dies trifft zu auf das 2023 erschienene Buch von Maximilian Krah unter dem Titel »Politik von rechts. Ein Manifest«.[2] Der Spitzenkandidat der AfD für die Europawahlen 2024 ist promovierter Jurist und Rechtsanwalt, besitzt internationale Erfahrung und gehört seit 2019 als AfD-Abgeordneter dem Europaparlament an. Nominell gehört Krah also zur politischen Funktionselite. Er genießt zudem die ausdrückliche Wertschätzung und Unterstützung der AfD-Spitzenpolitiker Alice Weidel, Björn Höcke und Alexander Gauland, der das Vorwort beisteuert, so dass sein »Manifest« nicht für den Rand, sondern das Machtzentrum der AfD steht. Erschienen ist die Schrift im Antaios-Verlag des rechtsextremen Verlegers Götz Kubitschek, der zugleich Gründer des Instituts für Staatspolitik ist, einer Denkfabrik und Bildungsstätte der Neuen Rechten.

Krah, der sich im Vorspann des Buches einen »der bekanntesten, streitbarsten und visionärsten Politiker der deutschen und europäischen Rechten« nennen lässt, verleiht dem Manifest den Duktus einer pointierten, umfassenden, begrifflich ambitionierten, apodiktisch einprägsamen, scharf formulierenden politischen Programmschrift. Es setzt die Ingredienzien der Tradition politischer Essayistik ein, die insbesondere ein gebildetes, an grundsätzlichen Fragen interessiertes Publikum anspricht – kurzum, eine Schrift mit intellektuellem Anspruch für eine Leserschaft, die als Bildungsschicht ihrerseits erheblichen Einfluss auf die Verbreitung der Thesen nehmen kann und soll.

Krah spannt einen weiten thematischen Bogen von der »Identität«, dem »Staat«, der »Weltordnung im Wandel« über die globale Wirtschaft bis hin zur politischen Gestaltung der Zukunft. Im Innersten zusammengehalten aber wird sein Manifest durch die Frontstellung gegenüber einem erklärten »Feind«, wie er unumwunden sagt: dem globalen »Linksliberalismus«. Krah lässt es an Klarheit nicht fehlen, indem er sich und sein Manifest ohne Umschweife als »rechts« definiert und abgrenzt gegenüber einem »Konservatismus«, der in der politischen Praxis oftmals nur »liberalkonservativ« sei. Gegen den »absoluten Freiheitsbegriff«, den Krah jeder Form von Liberalismus zuschreibt, setzt er als zentralen Leitbegriff »Identität«, von dem aus er das »Menschenbild der politischen Rechten« bestimmt: Identität als Leben des Menschen im »Einklang mit seiner Herkunft, Prägung und Biologie« (36), der die »natürliche Ordnung« einhält und überdies »Natur und Tradition normativ« versteht. Krahs identitäre Anthropologie definiert die maßgeblichen Ordnungselemente seines politischen Kosmos: die Identität von Mann und Frau in einer zweigeschlechtlichen, monogamen, heterosexuellen Beziehung als Norm; die Familie; die »lokale Gemeinschaft in Dorf und Familie«. An der Spitze dieser »natürlichen Ordnung«, steht das »Volk« als umfassendste Form der Identität. »Menschheit« hingegen ist für ihn kein tauglicher Anknüpfungspunkt für Identität, da ein »Universalethos« sich immer »in Konflikt mit jeder Identität als lokaler Gemeinschaft« befinde. (72)

In welchem Verhältnis steht ein solcher identitärer Programmentwurf zur Demokratie? Inwieweit hat diese Bedeutung für rechte Politik? Das soll anhand des Volksbegriffs und der Bedeutung der Verfassung für rechte Politik gezeigt werden.

(1.) Zunächst ist festzuhalten, dass »Demokratie« in dieser rechten, identitären politischen Anthropologie keinen ›natürlichen‹ Ort besitzt. Sie wird vereinzelt erwähnt, kann, aber muss nicht mit den Elementen einer identitären Ordnung verbunden sein. Sie ist für rechte Politik schlechterdings nicht konstitutiv. Sie erhält argumentatives Gewicht in einem defizitären Sinn: Demokratie bedürfe zur Herstellung eines kollektiven Willens eines »willentlichen Konsenses« über das »Gemeinwohl« und damit der »Gemeinschaft«, die in einer vom absoluten

Freiheitsdenken des »Linksliberalismus« zerrissenen Gesellschaft nicht mehr vorhanden sei, auch bedürfe sie des vom *demos* längst entkoppelten *ethnos* (56, 170). Krah spricht die Konsequenz nicht aus, die sich indes aufdrängt: Nach Maßstäben rechter Politik ist Demokratie in einer vom »Linksliberalismus« bestimmten Gesellschaft nicht möglich.

Was aber begründet die notwendige »Gemeinschaft«? Hier führt Krah den für ihn zentralen Begriff des »Volkes« ein. Doch welches Volk ist gemeint? Als Jurist weiß Krah um die Doppeldeutigkeit des Begriffs »Volk« in der politischen Theorie und im Verfassungsrecht – und er spielt mit diesem Wissen. Es gibt zum einen den »demos«, das Staatsvolk, bestehend aus den deutschen Staatsbürgern, von dem die demokratische Verfassungsordnung des demokratischen Grundgesetzes ausgeht, wenn sie vom »Deutschen« spricht. Allein die Gesamtheit der deutschen Staatsbürger begründet den demokratischen Verfassungsstaat und erfüllt ihn mit Gehalt durch ihre kollektiven Willensentscheidungen. So schreibt es das Grundgesetz vor. Krah setzt dagegen einen anderen Volksbegriff, den »ethnos.« Volk in diesem Sinne ist die auf »Kultur, Geschichte und Sprache basierende(n) Traditionsgemeinschaft« sowie »Schicksalsgemeinschaft«. Kann Volk als *ethnos* neben dem *demos* der deutschen demokratischen Verfassungsordnung überhaupt eine politische Bedeutung haben? Krah lässt daran keinen Zweifel. Er beharrt auf der politischen Bedeutung des Volkes als *ethnos*, und zwar »jenseits der Gemeinschaft der Staatsbürger«. Für ihn geht es um den Schutz des Volkes in seinem »ethnischen Substrat«. Und er macht die Rangordnung klar: »Ohne Volk wird »deutsch« zu einem rein äußerlichen, verwaltungsrechtlichen Konstrukt, was jedwedem Individuum auf diesem Planeten, sofern es ein Mensch ist, potenziell durch Verwaltungsakt zugebilligt werden kann.« Demnach sei Volk »mehr als die Gemeinschaft der Staatsbürger« (53, 56). Nur der Erhalt des Volks als »Schicksalsgemeinschaft« verhindere die Umwandlung Deutschlands »als Land der ethnisch Deutschen in ein potenziell jedermann offenstehendes Siedlungsgebiet«. Was folgt politisch daraus? Krah überlässt es dem Leser, die konkreten Konsequenzen zu ziehen. Wenn für ihn der Erhalt und die Homogenität eines ethnisch bestimmten Volkes Maßstab und Grenze für die Aufnahme in die deutsche Staatsbürgerschaft sind, kann daraus nur folgen, dass die

Einwanderung nach Deutschland und die Einbürgerung maßgeblich von Kriterien ethnischer Homogenität abhängig gemacht werden. Was aber bedeutet dies für Menschen, die eingebürgert worden sind, auch wenn sie nicht der deutschen Traditions- und Schicksalsgemeinschaft entstammen? Wenn, wie Krah postuliert, die politische Rechte Einwanderung grundsätzlich als »Bedrohung des kollektiven Erbes« sieht und »das Bewusstsein für das Fremde bewahrt"(55, 59), kann dann der ›kulturfremde‹ Eingebürgerte denselben Status beanspruchen wie der von Deutschen abstammende Staatsbürger? Indem Krah das ethnische dem rechtlich-formal definierten Volk vor- und überordnet, ist eine diskriminierende Unterscheidung zwischen ›kulturfremden‹ und ›kulturverwandten‹ Staatsbürgern eine logische Konsequenz. Damit würde die rechtliche Einheit und Gleichheit des *demos* im Grundgesetz zerstört. Krah spricht indes diese Folgerung nicht aus, denn sie könnte ihn in die Nähe der Volkstumspolitik des NS-Regimes rücken – wobei dieses neben den Kriterien von Sprache und Kultur auch das »Blut« als Abstammungsmerkmal heranzog.

Im »Streit um den Volkstumsbegriff« stellt die Rechte Grundlagen der demokratischen Verfassungsordnung infrage. Das weiß Krah, wenn er hier »unerbittlichen Widerstand« des Verfassungsschutzes ausmacht, der Krahs Volksbegriff, gemessen an der freiheitlich-demokratischen Grundordnung, als »rechtsextrem« einstuft. Wie wesentlich indes dieses Thema für die Rechte ist, zeigt sich, wenn Krah hier, entschieden wie an keiner anderen Stelle des Buches fordert: »Der Gegensatz ist antagonistisch. Er muss ausgefochten werden.« (56)

(2.) In Krahs Rückgang auf das ethnische Volk als »vor- und außerrechtliche Institution« (78) zeigt sich ein zweites Spezifikum des politisch rechten Ordnungsdenkens. Es ist ein Denken vom Staat her, nicht von der Verfassung. Während der Staat als »natürliche und organische«, »vorrechtliche« Ordnung erscheint, gilt die Verfassung nurmehr als »konkrete, zeit- und situationsabhängige« Ausgestaltung der vorgefundenen staatlichen Ordnung. Diese von der monarchisch-etatistischen Staatstheorie geprägte, bis in die zweite Hälfte des 20. Jahrhunderts dominierende Grundannahme hat weitreichende Folgen für die Bestandskraft des Verfassungsstaats. Zum einen ist für sie nur Staatlichkeit, nicht

Eine Feinderklärung an die liberale Demokratie

Demokratie erheblich. Zum anderen gerät sie – selbst in einer Demokratie – mit dem Konzept der liberalen Demokratie in Konflikt. Denn diese zeichnet sich aus durch eine umfassende rechtliche Bindung der Staatsgewalt. Eben von dieser Bindung will das rechte Ordnungsdenken das Volk als Souverän und Träger der Staatsgewalt befreien. Zu diesem Zweck greift Krah zentrale Prinzipien und Institutionen des liberalen Verfassungsstaats an. Erster Ansatzpunkt ist das Leitprinzip der Menschenwürde im Grundgesetz. Diesem Prinzip, das nach dem Willen der Verfassungsgeber, der Rechtsprechung des Bundesverfassungsgerichts und der überwiegender Auffassung der Staatsrechtswissenschaft eine liberale, individuelle Freiheit sichernde Funktion hat, will Krah eine neue Interpretation gemäß der »eigenen Anthropologie« der politischen Rechten unterlegen. Menschenwürde soll dem in Identität mit sich selbst, in »Natur und Tradition« verwurzelten Menschen zukommen – und auch nur diesem, denn gerade er soll »Ziel und Zweck [...] der robusten Gewalt des Ordnungsstaats« sein (99). Was aber geschieht den Menschen, die nicht in »Natur und Tradition« verwurzelt sind? Krah lässt nur den Schluss zu, dass diesen keine Menschenwürde und kein staatlicher Schutz zukommen. Mit dieser restrikten Interpretation qua Selbstermächtigung greift Krah im Dienste einer, wie er einräumt, »immer auch ausgrenzend wirkenden« Identität (55) die Universalität der Menschenwürde an, die das Grundgesetz legitimiert. Damit setzt er sich in Gegensatz zur Verfassungsordnung.

Von hier ist es nur ein Schritt zur Durchbrechung einer Schlüsselinstitution des liberalen Verfassungsstaats, des Verhältnismäßigkeitsprinzips. Krah will es – auf bestimmte Störer der öffentlichen Ordnung bezogen – außer Kraft setzen, um einer »repressiven Staatsgewalt« zur Durchsetzung zu verhelfen (95). Dieser Vorstoß zum Rückbau liberalrechtsstaatlicher Prinzipien zeugt von Krahs Abwendung vom Rechtsstaat insgesamt. Er hält ihn nicht mehr für funktionstüchtig, da er in Ermangelung eines hinreichenden gesellschaftlichen Konsenses nicht mehr seine Rolle als Faktor der Neutralisierung erfüllen könne (97). Stattdessen setzt Krah darauf, den Kampf um neue politische Inhalte zu führen, nicht mehr um die Einhaltung rechtsstaatlicher Formalia.

Dieser grundsätzliche Primat des Politischen gegenüber rechtlich-formaler Bindung führt zum Kern von Krahs Auffassung von Verfassungsstaatlichkeit. Nach seinem Rechtsverständnis bestimmt das »Sein das Sollen«. Das führt zu einer weitreichenden Folgerung: »Wenn sich die Verfassung in ihrer Rechtspraxis gegen ihre Voraussetzung wendet« – das heißt das »Sein« – »dann muss die Rechte grundlegend argumentieren und sich auf die Volkssouveränität berufen und darf sich nicht auf verfassungsrechtliche Spitzfindigkeiten reduzieren« (80). Krah nennt als Beispiele die Revolution der DDR-Bevölkerung gegen die SED 1989 und das Corona-Regime als »absolute Selbstermächtigung des Staates« (88). Dabei ist seine These von fundamentaler Tragweite. Sie hebt die Bindungskraft der Verfassung auf und legitimiert Widerstand gegen sie, sobald das »Volk« als Souverän dies verlangt. Wer aber das »Volk« ist und wann sich die »Verfassung gegen ihre Voraussetzungen« stellt, bedarf einer politischen Entscheidung. Krah lässt keinen Zweifel daran, dass es die politische Rechte ist, die diese Entscheidung treffen kann und will. Er spielt eine politisch frei bestimmbare »Volkssouveränität« gegen die Verfassung aus – und durchbricht damit die Grenze der liberalen, auf Verfassungsstaatlichkeit gründenden Demokratie.

Krahs Manifest bedeutet eine Feinderklärung gegenüber dem »Linksliberalismus« und »Universalismus« und der mit ihnen verbundenen politischen Form, der liberalen Demokratie. Es bringt eine seit der frühen Bundesrepublik nicht mehr erreichte programmatische Schärfung der Politik von rechts. Aber mehr noch: Es beansprucht die Stiftung einer neuen »politischen Anthropologie« der Rechten. So neu ist sie allerdings nicht. Über weite Strecken – von der existenziellen Feinderklärung über die völkerrechtliche Großraumordnung bis hin zur Verfassungstheorie – liest sich die Schrift wie eine Paraphrase und Applikation der politischen Theorie Carl Schmitts, auch wenn dieser nur bisweilen als Quelle der Erkenntnis genannt wird. Schmitt, der aus der Konservativen Revolution kommende scharfsinnige Analytiker und Kritiker des Liberalismus, dient als intellektueller Gewährsmann für das eingeweihte wie für das neu zu gewinnende Publikum. Im Bemühen um intellektuelle Legitimation scheut Krah auch Fehlgriffe nicht, wenn er zum Beispiel den Schmitt-Schüler und bekennenden Anhänger der liberalen

Demokratie, Ernst-Wolfgang Böckenförde, als Zeugen seiner politischen Welterklärung beruft. Wie würde Krahs politische Rechte, so sie die Mehrheit gewinnt, mit der »Prämie auf den legalen Machtbesitz« (Carl Schmitt)[3] umgehen? Wenn für Krah der »woke Linksliberalismus« der »Feind des Selbsterhalts« ist, mit dem man keinen Interessenausgleich suchen kann (203), ist »das Konstitutionsprinzip der Demokratie« verlassen. Denn dieses besteht für den ehemaligen Verfassungsrichter Böckenförde darin anzuerkennen, dass in der Konkurrenz um die politische Führerschaft für die jeweilige Mehrheit »die derzeitige Minderheit immer potenzielle Mehrheit ist«.[4]

Was bleibt, ist ein politischer Programmentwurf, der nicht auf eine neue deutsche Republik, sondern, radikaler, auf eine neue politische und gesellschaftliche Ordnung abzielt, in der die politische Rechte die Hegemonie ausübt. Gemeint ist eine Ordnung jenseits des liberalen demokratischen Verfassungsstaats. Krah spricht das mit fast dankenswerter Klarheit aus und überlässt dem Leser, die Konsequenzen zu konkretisieren. Nach der Lektüre dieses »Manifests« kann niemand sagen, er habe es nicht gewusst.

Anmerkungen:

1   Dazu einprägsam Levitsky, Steven/Ziblatt, Daniel: Wie Demokratien sterben. Und was wir dagegen tun können, Bonn 2018.

2   Krah, Maximilian: Politik von rechts. Ein Manifest, Schnellroda 2023. Alle Zitate sind diesem Buch entnommen, Seitenangaben in Klammern.

3   Schmitt, Carl: Legalität und Legitimität, 7. Auflage, Berlin 2005, S. 33, 36.

4   Böckenförde, Ernst-Wolfgang: Demokratie als Verfassungsprinzip, in: ders.: Staat, Verfassung, Demokratie, Frankfurt am Main 1991, S. 289–378, hier S. 340, mit Bezug auf Schmitt.

Hedwig Richter

Gendersterne, Schweiß und Tränen

Die deutsche Friedensgesellschaft überwindet ihre Geringschätzung der
Landesverteidigung. Das ist gut, doch wenn sie dafür ihre Diskurse auf-
gibt, hat Putin doch gewonnen.

28. Februar 2022, 17:47 Uhr

Unzählige Expertinnen haben vor der Gewalt gewarnt. Vor aller Augen
hatte Putin längst den Krieg angefangen, hat sich wie ein Fürst des 18.
Jahrhunderts mit der Krim ein Stück Land geraubt. In Tschetschenien
hat er zerstört, geschändet und eine Schar bestialischer Milizen und Fol-
terknechte herangezüchtet. Er ist ein Mörder, ein Zyniker, ein Verächter.
Analysten haben es ein ums andere Mal gesagt: Diese Gewalt lässt sich
nicht mit Worten und Mikrosanktionen stoppen.

Und doch: Es war nicht vorstellbar. Es lag nicht auf der Hand, dass ein
Gewaltherrscher über Europa herfällt und alles zerstören will, was uns
lieb und heilig ist: Toleranz, Selbstrelativierung, Rücksicht, die Utopie
der Gleichheit, den freien Alltag mit Zeitung und Dialektik und liebevol-
len Kinderbüchern, Begreifen, Freundlichsein, Abwägen – Demokratie.
Dass er es wirklich in diesem Ausmaß tun und nicht nur mit der Drohung, es zu tun, kleinere Ziele erreichen würde.

Wir wussten es. Und doch wussten wir es nicht. Es ist zu einfach, »dem
Westen« vorzuwerfen, weiter auf Frieden und Diplomatie gesetzt zu haben – dem Westen, diesem merkwürdigen Konstrukt, von dem plötzlich
so ziemlich alle wissen, was damit gemeint ist und dass es wertvoll sei.

Der Vorwurf ist wohlfeil, weil unsere Welt denkbar weit entfernt ist
von Gewalt und Krieg. Europa ist ein Kind eines fast achtzigjährigen
sehr weitreichenden Friedens. Der ganze Habitus steht dem Krieg entgegen, und das ist ein kostbares Gut, das nun niemand verdammen und
verhöhnen sollte.

Denn diese Welt des Friedens und der Freiheit ist filigran. Der Himmel über uns ist bedeckt mit Gendersternen und die Luft flirrt von empfindlichen und zerbrechlichen Schneeflöckchen. Nie hatten die Menschen in Europa so viel Freizeit, nie so viel Wohlstand. Die Sorge in dieser Welt gilt der Gleichheit und sozialen Gerechtigkeit, die weiter unvollkommen ist. Dass es die Töchter und Söhne nicht noch besser haben als ihre Eltern, war Anlass zorniger Empörung. Die Sorge gilt aber auch der Schuld, die sich dieser Westen in seiner Geschichte aufgeladen hat, der Frage nach geraubten Gütern in Museen, der Erinnerung an die Opfer. In dieser Friedenswelt kann endlich über Rassismus geredet werden, über die Zerbrechlichkeit von sexuellen und sonstigen Identitäten. Kriege fanden auf Netflix und bei Star Wars statt. Zugleich weist man unermüdlich auf die Konflikte weltweit hin und auf die eigene Schuld, die der Westen in dieser globalisierten Welt an allen Kriegen trägt.

Als Lehre aus seiner Gewaltgeschichte hat Europa gezogen: Suchet den Frieden und jagt ihm nach. Und das ist richtig. Gewalt ist der denkbar größte Gegensatz zur Demokratie, die vom Wort lebt, vom Nachdenken, Überzeugen und Nachgeben. In Deutschland war die Friedenslektion drängender als in anderen Ländern. Es hat lange gedauert, bis sich die deutsche Bevölkerung mit den Naziverbrechen näher auseinandergesetzt hat. Dagegen war den Deutschen eins direkt nach der Niederlage klar: dass der Krieg ein Ende haben muss. Fast verwundert es da, dass es überhaupt gelang, 1955 die Bundeswehr zu gründen. Der Widerstand gegen die Wiederbewaffnung in den spießigen 1950er-Jahren war erbittert.

Diese Gegnerschaft erwies sich freilich als das schlichteste Eingeständnis. Die deutsche Armee hatte verloren, und die Verlierer wollten mit dem Krieg nichts mehr zu tun haben. Doch wer so schändlich zwei Weltkriege verloren hat und am Boden liegt, für den ist der Verzicht auf Krieg eine leichte Übung.

Das Ende der schichtspezifischen Arroganz

Die Konsequenz ist ein herausragend distanziertes Verhältnis zur eigenen Landesverteidigung. Die bundesrepublikanische Armee wurde an den Rand gedrängt, und die Wertschätzung des Dienstes an der Waffe wirkte immer etwas ridikül. Die Politik zeigte sich gleichwohl realistisch: Ohne militärische Abschreckung wäre Willy Brandts Annäherung nicht möglich gewesen. Annegret Kramp-Karrenbauer, eine der ganz wenigen in der deutschen Politik mit sicherheitspolitischem Sachverstand, erklärte zuletzt auf Twitter: »Wir haben die Lehre von Schmidt und Kohl vergessen, dass Verhandlungen immer den Vorrang haben, aber man militärisch so stark sein muss, dass Nichtverhandeln für die andere Seite keine Option sein kann.«

Tatsächlich ist die Wehrhaftigkeit der Demokratie die zweite Lehre aus den Weltkriegen – neben dem Frieden. Europa schien diese Lektion weitgehend vergessen zu haben und Deutschland hat sie seit den 1980er-Jahren systematisch verdrängt. Das hat auch damit zu tun, dass diese zweite Lehre moralisch widersprüchlicher und ästhetisch weniger ansprechend ist. Zunehmend verzichteten die deutschen Söhne insbesondere bürgerlicher Familien darauf, den Wehrdienst zu leisten; die Verachtung gegenüber dem Militär wurde unverhohlen. Der Hass, den Soldatinnen und Soldaten immer wieder erleben, zeugt nicht nur von einer schichtspezifischen Arroganz, sondern auch von einer Unfähigkeit, sich der blanken Wahrheit zu stellen: Auch im 21. Jahrhundert müssen wir die Demokratie mit militärischer Gewalt verteidigen.

Die Bundeswehr war lange Zeit wie das Klosett der Nation: Nicht hinschauen, aber ohne geht's ja auch nicht. Zwar konnte nur eine geschichtsvergessene Partei wie Die Linke behaupten, wir kämen ohne eine Armee aus, und die NATO sei der eigentliche Hort der Finsternis. In der Bevölkerung ist das Ansehen der Bundeswehr in den letzten Jahren gestiegen, doch viele in politischer Verantwortung hegten lieber ihre Ressentiments.

Es ist an der Zeit, gerade auch für Linke, sich an den Krieg im Kosovo und an die zweite Lehre aus den deutschen Verbrechen zu erinnern, die doch mindestens ebenso auf der Hand liegt: Nur Gewalt hat Hitler und sein Volk gestoppt. Angesichts der Ukraine schreit diese Wahrheit zum Himmel: Die Namen der Städte und Landschaften stehen für diese Verantwortung, dort haben unsere Groß- und Urgroßväter gewütet und gemordet und den Tod organisiert, von Babyn Jar bis Lemberg. Viele ukrainische Juden dienten in der Roten Armee, um der deutschen Gewalt Einhalt zu gebieten.

Lange genug hat Deutschland seine Verantwortung als Verantwortungslosigkeit interpretiert. Spätestens seit den – zum Symbol für Feigheit gewordenen – fünftausend Helmen, die Deutschland an die Ukraine lieferte, und spätestens seit die Ampel-Regierung die Freiheit ganz offen gegen den niedrigen Gaspreis feilbot, liegt es zutage.

Nach langem Zögern und einem wirklich atemberaubenden und in seiner Schnelligkeit auch Respekt heischenden Lernprozess hat der Bundeskanzler im Parlament nun allerdings eine »Zeitenwende« angekündigt. Die bittere Einsicht wird durch zwei schmerzliche Entwicklungen bestärkt und unumgänglich. Die kleinere davon ist die Tatsache, dass die USA schon bald wieder von Trump geführt werden kann, dem die Demokratie keine fünfzig Helme wert ist. Europa muss sich selbst verteidigen können, so unrealistisch das noch klingt. Doch noch mehr geht die Einsicht einher mit der ökologischen Transformation. Die Veränderungen und die Zumutungen müssen kommen, damit nicht der Planet und mit ihm jede Menschlichkeit und Demokratie zugrunde gehen. Die Regierung muss jetzt ehrlich sein und nicht nur Zahlen präsentieren, sondern, ja, Blut, Schweiß und Tränen in den bundesrepublikanischen Horizont rücken. Die Idee kann nicht mehr sein, dass es die Kinder noch besser haben, sondern, dass irgendwie ein Leben in Frieden, Demokratie und Sicherheit weiterhin möglich ist.

Und doch sollte jetzt nicht die andere Lehre aus den Weltkriegen in Vergessenheit geraten: Der Frieden ist kostbar – und mit ihm sein Klima der Gendersterne und Schneeflöckchen. Wenn wir diese Friedenswelt vergessen, wenn wir ihre Diskurse dekadent nennen, hätte Putin, der Freiheitsfeind, in vielerlei Hinsicht gewonnen. Es ist nicht ganz einfach, den Friedenswunsch und den Verteidigungswillen in Einklang zu bringen. Und es ist absolut verständlich, dass sich nach vielen Generationen des Friedens die Menschen damit schwertun. Aber es ist notwendig.

Wir wussten es. Und doch wussten wir es nicht, jetzt aber sollten wir uns den Tatsachen stellen und bereit für einen schmerzlichen Aufbruch sein. Deutschland muss kritisch bleiben, wenn es ums Militär geht, Waffen nicht an Despoten liefern, den Frieden lieben, Nazis in der Bundeswehr verhindern – was übrigens umso leichter wird, je weniger sich die Gesellschaft von ihr abwendet. Die nüchterne Demokratie und Distanz zum Kriegerischen sind nobel. Doch beides gehört zusammen, es muss zusammengehören: die diverse, freie Welt des Friedens und die rohe militärische Verteidigung.

///

ES IST ETWAS AUS DEN FUGEN GERATEN IN DIESEM LAND

///

Renatus Deckert

»Warum lebst du noch, du Lump?!«

Dresden, Judenhass und eine Begebenheit in Victor Klemperers Tagebuch

In Victor Klemperers Tagebuch aus den Jahren 1933 bis 1945 gibt es unzählige Stellen, bei denen mir der Atem stockt oder ich unwillkürlich die Lippen aufeinanderpresse. Eine davon ist der Eintrag vom 24. Juni 1943. Zwar unterscheidet er sich kaum von anderen Passagen, in denen Klemperer festhält, wie andere auf seinen Judenstern reagieren. Und doch berührt er mich mehr als viele andere.

> »Vox populi: Eine Gruppe radelnder Jungen, vierzehn bis fünfzehn Jahre, um zehn abends in der Wormser Straße. Sie überholen mich, rufen zurück, warten, lassen mich passieren. ›Der kriegt einen Genickschuss ... ich drück' ab ... Er wird an den Galgen gehängt – Börsenschieber ...‹ und irgendwelch Gemauschel.«

Man kann sich die Bedrohung ausmalen, die Klemperer empfand: die verächtlichen Blicke der Halbwüchsigen, ihr antisemitisches Geplapper, die Mordfantasien. Doch was mich fast ebenso sehr verstört, das ist der Ort, an dem dies geschieht. Die Wormser Straße in Dresden: ich kenne sie gut. In einer der Altbauten, die dort den Krieg überstanden, wohnen heute meine betagten Eltern. Wann immer ich sie besuche und, von der Straßenbahn kommend, in die Wormser Straße einbiege, fällt mir dieser Tagebucheintrag ein.

In Dresden bin ich geboren und aufgewachsen, und auch wenn ich schon lange anderswo lebe, begleitet mich diese Herkunft wie ein Rucksack. An manchen Tagen fühlt er sich so leicht an, als würde mir jemand zärtlich die Hand auf die Schulter legen; an anderen zieht mich sein Gewicht fast zu Boden. Wenn ich Victor Klemperers Tagebuch lese, wiegt meine Dresdner Herkunft zentnerschwer.

Es ist meine Stadt, in der Klemperer schon kurz nach der Machtübergabe an Hitler um sein Leben fürchtet. »Eine Explosion wird kommen – aber *wir* werden sie vielleicht mit dem Leben bezahlen, wir Juden«, notiert er am 3. April 1933. Doch statt einer Explosion vollzieht sich der Terror in einem von Jahr zu Jahr fürchterlicheren Crescendo. Klemperer hat seinen Dante gelesen: Ein ums andere Mal kommt er in seinen Aufzeichnungen auf das »Inferno« zu sprechen und sieht die Juden in immer tiefere Höllenkreise hinabbefördert.

Als Student las ich das Tagebuch zum ersten Mal: mit heißer Stirn und einem bis heute anhaltenden Gefühl von Scham über das, was sich Jahrzehnte zuvor in meiner Stadt abgespielt hatte. »Warum lebst du noch, du Lump?!« wurde Klemperer angeblafft: eine Beschimpfung unter vielen. Wie ignorant und empathielos, wie schäbig, ja abgrundtief böse sich viele Dresdner gegenüber ihren jüdischen Nachbarn verhalten hatten – es war kaum zu ertragen.

Seither kann ich nur den Kopf schütteln, wenn einmal wieder von der »unschuldigen Stadt« die Rede ist, die am 13. Februar 1945 »sinnlos« in Schutt und Asche gelegt wurde. Eine Stadt kann nicht schuldig oder unschuldig sein; ihre Bewohner schon. Und eins ist klar: Die große Mehrheit der Menschen, die damals in Dresden lebten, hat den Charaktertest nicht bestanden.

Doch es gab auch andere Begebenheiten, und Klemperer notiert sie so akribisch wie die täglichen Beschimpfungen. Die grauhaarige Frau am Wasaplatz, die auf ihn zukommt, um ihm lächelnd die Hand zu schütteln: »Sie wissen schon, warum!« Oder der wildaussehende Arbeiter auf dem Bahnübergang, der laut zu ihm sagt: »Kopf hoch! Die Lumpen sind bald zu Ende!« Man glaubt, die Ermutigung zu spüren, die Klemperer aus jeder dieser Bemerkungen zog. Und man begreift, dass in Zeiten des Terrors eine kleine solidarische Geste nicht weniger wiegt als die großen Akte des Widerstands.

Seit einigen Jahren gehe ich an Schulen, um aus Victor Klemperers Tagebuch zu lesen und über Judenvernichtung und Antisemitismus zu sprechen. Es war noch vor den Protesten der sogenannten Querdenker, bei denen sich erwachsene Menschen Judensterne an die Brust hefteten und eine Elfjährige erklärte, bei ihrer Geburtstagsfeier unter Corona-Regeln habe sie sich gefühlt wie Anne Frank.

Schon vorher konnte man spüren, wie in diesem Land etwas zu bröckeln begann und sich ein gesellschaftlicher Konsens aufzulösen schien. Ich wollte etwas tun gegen die grassierende Geschichtsvergessenheit und gegen die Vogelschiss- und Schuldkult-Rhetorik der rechten Rattenfänger. Die Gleichgültigkeit gegenüber einem Antisemitismus, der sich 80 Jahre nach Auschwitz immer unverhohlener äußerte, fand ich unerträglich.

»Wir sind die Letzten. / Fragt uns aus. / Wir sind zuständig«, heißt es in einem Gedicht von Hans Sahl, das mich nie losgelassen hat, seit ich es als 15-Jähriger im Radio hörte. Die Letzten aber werden immer weniger. Wer wird zuständig sein, wenn niemand mehr da ist, um Zeugnis abzulegen?

Wie gut, dass es heute so viele Menschen gibt, die sich zuständig fühlen. Ich ahne, warum. Es werden die gleichen Beweggründe sein, aus denen ich an manchen Tagen in aller Frühe in den Zug steige, nach Magdeburg oder Stendal, nach Braunschweig oder Bremerhaven, um an einer Schule von Victor Klemperer zu erzählen.

»Nie wieder!« lautet die Forderung, die an Gedenktagen in aller Munde ist. Doch es genügt nicht, sie mit mahnendem Unterton auszusprechen. Es gilt, sie mit Leben zu füllen. Und das heißt: aufzuklären.

Dass es einer solchen Aufklärung bedarf, wird mir immer wieder bewusst. Da war der Schuldirektor, der mich fragte: »Victor Klemperer war also Jude. Aber seine Frau war Deutsche, oder?« Ich sagte: »Auch Victor Klemperer war Deutscher.« Oder der Schüler, der mich nach einer Lesung ansprach: »Woher wollen Sie wissen, dass das mit den Gaskammern wirklich stimmt?« Und der junge Mann, der »für einen Freund« fragte, was ich antworten würde, wenn er sage, er glaube das alles nicht?

Die Schüler, die heute vor mir sitzen, sind nicht viel älter, als die Jungen in der Wormser Straße waren, an jenem Sommerabend 1943. Was mag aus ihnen geworden sein? Hat man sie kurz vor Kriegsende noch mit Panzerfäusten losgeschickt? Kamen sie bei den Luftangriffen auf

Dresden zu Tode? Oder überlebten sie und wuchsen später zu linientreuen Funktionären des kommunistischen Regimes heran?

Unwahrscheinlich, dass auch nur einer von ihnen noch am Leben ist. Wenn doch, würde ich ihn gern fragen, was er heute über sein damaliges Tun denkt. Ob ihm die Erinnerung daran nicht die Schamesröte ins Gesicht treibt? Womöglich würde er mit den Schultern zucken und das Ganze als Dumme-Jungen-Streich abtun. Oder würde er mir entgegnen, dass an Hitlers Furor gegen die Juden ja schon »etwas dran« gewesen sei?

Doch was mich noch mehr interessiert: Was haben die Jungen von der Wormser Straße später ihren Kindern und Enkeln erzählt? Was haben sie ihnen vorgelebt und weitergegeben? Welches Wissen, welche Erfahrungen, welche Vorurteile? Und welche Brocken nie verdauter Nazi-Ideologie? Kaum zu glauben, dass die Welle des Rechtsextremismus, die schon bald nach 1989 durch Ostdeutschland rollte, aus dem Nichts kam.

Damals, als ich Victor Klemperers Tagebuch zum ersten Mal las, konnte ich mir nicht vorstellen, dass eines Tages im Land der Täter wieder Juden um ihr Leben fürchten müssten. Wahrscheinlich war das naiv – ja, ganz sicher war es das.

Es war ein paar Tage nach dem Massaker der Hamas am 7. Oktober, bei dem so viele Juden an einem Tag getötet wurden wie seit dem Holocaust nicht mehr, als mein Blick auf einen Tagebucheintrag fiel, dem ich bis dahin keine besondere Beachtung geschenkt hatte. Jetzt stockte mir der Atem, als ich unter dem Datum des 5. April 1942 las: »Die Gespanntheit der Situation und, dementsprechend, die Grausamkeit in judaeos nehmen täglich zu. Neueste Verordnung: Ein Judenstern ist an den Wohnungen der Juden anzubringen.« Kurz zuvor hatte ich gehört, dass in Berlin Häuser, in denen Juden lebten, mit einem Davidstern markiert worden waren.

Bei der Lesung am anderen Morgen spürte ich, wie mir Klemperers Worte, die ich schon so oft vorgetragen hatte, noch näher gingen als sonst. Immer wieder erklärte ich, ordnete ein, schilderte, was mich besonders betroffen machte. Ich sprach darüber, was Juden weltweit gerade ertragen müssen und dass dies nichts anderes sei als blanker Antisemitismus. Ich hob den Händedruck der Frau am Wasaplatz und die

Worte des Arbeiters hervor und sprach davon, wie wichtig es sei, auch heute Solidarität zu zeigen.

Als ich zu der Stelle kam, an der Klemperer das Erlebnis auf der Wormser Straße schildert, hielt ich einen Moment inne. Ich musste an die jüdischen Kinder denken, die heute Angst haben, zur Schule zu gehen, weil sie attackiert werden könnten wie vor 80 Jahren Victor Klemperer.

Und wieder war es ein Zufall, der meinen Blick lenkte: diesmal auf den Tagebuch-Eintrag vom Vortag. Ich las: »Gestern abend in der Wormser Straße radelt ein älterer Arbeiter – soweit ich das im Dämmerlicht erkennen konnte – hinter mir her, dicht an mich heran und sagt mit gutmütiger, väterlicher Stimme: ›Es kommt auch schon mal wieder anders, nicht wahr, Kamerad? ... Hoffentlich recht bald‹ – worauf er im Bogen zurückfährt und in eine Seitenstraße biegt ...«

Anders als die erwähnten Solidaritätsbekundungen hatte ich diese Stelle nie vorgelesen. Es sollte nicht der Eindruck entstehen, halb Dresden habe damals zu den Juden gestanden. Die Beschimpfungen und Bedrohungen, denen Klemperer ausgesetzt war, vor allem aber die Gleichgültigkeit und Ignoranz nehmen im Tagebuch einen ungleich größeren Raum ein.

An diesem Morgen las ich sie. Und als ich in die Gesichter der Schülerinnen und Schüler blickte, die, wie mir schien, genauso bewegt waren wie ich selbst, spürte ich so etwas wie Erleichterung, Zuversicht – wenigstens für ein paar Augenblicke.

Eine gekürzte Fassung des Textes erschien am 11./12. November 2023 in der »Süddeutschen Zeitung«.

»Warum lebst du noch, du Lump?!«

Josef Schuster

Wir wollen frei leben in Deutschland, in unserem Land

Zentrale Gedenkveranstaltung 85. Jahrestag der Reichspogromnacht
in der Beth Zion Synagoge in Berlin, 9.11.2023.

Mehr als 1.000 Ermordete.

Verwüstung und Brandschatzung.

Familien – brutal auseinandergerissen.

Ich könnte hier vom 9. November 1938 sprechen – der Reichspogromnacht.

Ich könnte aber auch vom Pogrom unserer Zeit sprechen; vom grausamen Terror der Hamas des 7. Oktober 2023. Die Beschreibungen gleichen sich.

Wer verstehen will, was Jüdinnen und Juden in diesen Tagen fühlen, der muss sich der historischen Pogromerfahrungen im jüdischen Denken bewusst sein. Die Jagd auf Juden, dort wo sie zu Hause sind, brennt sich tief ein in das kollektive Bewusstsein von Jüdinnen und Juden.

Wer verstehen will, warum der Terroranschlag auf Israel in der jüdischen Gemeinschaft auch in Deutschland tiefe Traumata, Ängste und Verunsicherungen hervorruft, der muss sich bewusst sein, was auch 85 Jahre nach der Reichspogromnacht in den jüdischen Seelen vorgeht, wenn wieder Davidsterne an Häuser von Juden gemalt werden, wenn wieder jüdische Geschäfte attackiert werden. Wenn wieder Brandanschläge auf Synagogen verübt werden – wie vor wenigen Wochen hier auf die Beth Zion Synagoge.

Er muss sich bewusst sein, was in den Köpfen vorgeht, wenn ein Mob durch die Straßen zieht und die Vernichtung Israels und die Auslöschung aller Juden fordert. Wenige Stunden nach dem grausamsten Verbrechen an Juden seit der Shoah.

Es ist der Versuch, gezielt diese Ängste zu erzeugen. Auch um das zu verstehen, sind die Erinnerung und das Gedenken an den 9. November 1938 so wichtig.

Diesen Einschüchterungsversuchen zu widerstehen, gelingt nicht immer. Viele Mitglieder der jüdischen Gemeinden in Deutschland haben diese Pogrom-Erfahrungen noch viel präsenter, waren doch Jagdszenen wie wir sie vor wenigen Tagen von einem Flughafen im russischen Dagestan gesehen haben in der Zeit während des Zerfalls der Sowjetunion nicht unüblich.

Diese Bilder waren verstörend, zeigen sie doch eindeutig, dass die Vernichtungsideologie der Hamas keine Grenzen kennt. Wer zum Tag des Zorns gegen Juden aufruft, dem geht es nicht nur um Israel.

Die Bilder aus Dagestan erscheinen weit weg. Oder auch nicht? Der Schutz jüdischen Lebens in Deutschland ist hoch. Das ist wohl der größte Unterschied zu 1938: Wurde die Gewalt damals vom den Nationalsozialisten geschürt, schützt heute der Staat die jüdische Gemeinschaft. Es ist eine Botschaft, die auch bei den Jüdinnen und Juden in Deutschland ankommt, und dafür möchte ich Ihnen an diesem Tag und an dieser Stelle danken.

Aber ist es nicht denkbar, dass eine solche Jagd auf Juden in einem solchen Rahmen auch in Deutschland stattfindet? Ein Mob, aufgehetzt durch Fanatiker, die offen Hass schüren; auf TikTok, Telegram? Vor fünf Wochen hätte ich Ihnen noch gesagt, dass ich mir das nicht vorstellen kann, heute bin ich mir dabei nicht mehr so sicher. Wie weit sind wir davon entfernt, wenn ich die Bilder vom Brandenburger Tor vom Abend des 17. Oktober sehe und nur wenige Stunden später den Anschlag mit Molotow-Cocktails auf diese Synagoge, in der wir gerade sitzen? Schutz kann nie absolut sein, bei allen Bemühungen.

Meine Damen und Herren, ich erkenne in den vergangenen Wochen zuweilen dieses Land nicht wieder. Es wurde zugelassen, dass es sagbar erscheint, öffentlich die Vernichtung Israels und die Auslöschung aller Juden zu propagieren. Es wurde zugelassen, dass sich Tausende Menschen mit arabischem Migrationshintergrund, aufgehetzt von radikalen

Fanatikern, auf die Straße trauen und all dies fordern – noch einmal: wenige Stunden nach dem grausamen Massaker der Hamas; und bis heute.

Es gibt eine Parallele in der Geisteshaltung radikaler Islamisten, die die Vernichtung Israels und der Juden wollen, und den rechtsextremen Verächtern unserer Erinnerungskultur an die Shoah. Die deutsche Verantwortung für Israel ist ein Kern dieser Erinnerung. Auch in linksextremen und immer mehr linken Kreisen ist die Verachtung dieser Lehren zu spüren – auch der des 9. November 1938. Die Dämonisierung der Juden damals, ist heute der jeder historischer Fakten und Kontexte entbehrenden Idee von Israel als westlichem Kolonialstaat gewichen. Was für eine unheilige Allianz hat sich hier gebildet?

Der 9. November 1938 war die ultimative Demonstration des Judenhasses und der Gewissheit: Die gewaltige Mehrheit der Deutschen sieht dem mörderischen Treiben tatenlos zu oder wird selbst zum Täter. Die Gewalt richtete sich gegen die Symbole jüdischen Lebens, aber auch gegen das ganz Alltägliche, wie die unzähligen Privatsynagogen, die so sinnbildlich für die Emanzipation der Juden in Deutschland gestanden haben. Privatsynagogen wie diese hier.

Wenn heute das Existenzrecht Israels deutsche Staatsräson ist, dann heißt das auch, dass das unverrückbar verknüpft ist mit dem Erinnern und Gedenken an den 9. November 1938; an seinen Schrecken, an seine Grausamkeit und an all das, was daraus folgte: die Shoah. Wer das eine sagt, muss auch das andere sagen. Das ist der logische Schluss, den nicht mehr alle gehen wollen.

Es ist etwas aus den Fugen geraten in diesem Land. Es ist noch die Gelegenheit, dies zu reparieren, doch dafür muss man sich auch eingestehen, was in den letzten Jahren schiefgelaufen ist, was man nicht hat sehen können oder wollen. Dazu gehört auch die Erkenntnis, dass hinter vorgehaltener Hand Antisemitismus in Deutschland bis in die Mitte der Gesellschaft vorgedrungen ist; vor allem israelbezogener Antisemitismus, wie sich zeigt; in die Hörsäle, in die Theater, auch in die bürgerlichen Vorstadthäuser.

Wer nach dem 7. Oktober noch glaubt, BDS sei harmloses Geschwurbel, dem ist nicht zu helfen. Aber es gibt auch Zeichen der Zuversicht: Zwei Intendanten, die die »Initiative GG 5.3« unterschrieben hatten, die letztendlich der BDS-Ideologie in Deutschland weiter Vorschub leistet, haben ihre Unterschrift wieder zurückgezogen. Es ist diese Ehrlichkeit, die jetzt so bitter nötig ist.

Ich bin mir bewusst, dass Politik selten ein Geschäft des Schwarz oder Weiß ist, aber in diesen Tagen darf es in der Frage der Verteidigung Israels keine Zweifel geben. Es ist nun keine Zeit für Zurück- oder Enthaltung, meine Damen und Herren.

Von uns Juden können Sie das ohnehin nicht erwarten. Wenn Israel angegriffen wird, dann steht die jüdische Gemeinschaft in Deutschland an seiner Seite. Unsere Herzen sind bei den Menschen in Israel, das ist einfach so. In diesen Tagen sind unsere Gedanken außerdem ganz besonders bei den noch mehr als 200 Geiseln der Hamas und ihren Angehörigen! Und wir fordern diese Solidarität auch ein.

Das gehört zum Selbstbewusstsein der Juden in Deutschland. Wir stehen fest zusammen, gerade in Zeiten der Bedrohung. Wir lassen uns nicht einschüchtern, auch das ist eine der Lehren historischer Pogromerfahrungen wie der des 9. November 1938. Jüdinnen und Juden in Deutschland sind stark und selbstbewusst. Ich habe in den vergangenen Wochen viele Gespräche geführt mit Mitgliedern der Gemeinden. Ja, ich war erschüttert über die große Angst, die mir geschildert wurde, aber gleichzeitig auch beeindruckt angesichts des Mutes und der Widerstandskraft.

Gerade das, was die jungen Gemeindemitglieder, die jüdische Studierendenunion und andere, in den vergangenen Wochen sichtbar für den Zusammenhalt innerhalb der jüdischen Gemeinschaft geleistet haben, ringt mir großen Respekt ab. Es lässt mich auch in dieser schweren Zeit versöhnlich in die Zukunft blicken.

Meine Damen und Herren, Schutz ist gut und, gerade jetzt, wichtig. Aber wir wollen keine Schutzschilder. Wir wollen frei leben in Deutschland, in unserem Land; frei leben in dieser offenen Gesellschaft. Und wenn es dieser Tage so weit weg wie lange nicht mehr erscheint, ist die Formulierung des Wunsches vielleicht umso wichtiger: Wir wollen frei leben und dabei nicht auf Schutz angewiesen sein. Diesen Wunsch habe ich und den werde ich mir nicht nehmen lassen.

Vielen Dank, dass Sie heute hier sind!

//

JEDE GENERATION MUSS VON NEUEM
VERSUCHEN, DAS SCHWARZE ZU SCHAUEN

//

Navid Kermani

Auschwitz morgen –
Die Zukunft der Erinnerung

Mit einer Beobachtung möchte ich beginnen, die ich im vergangenen Sommer nach einer Reise durch Osteuropa aufgeschrieben habe. Um Auschwitz zu besuchen, musste ich mich online anmelden und für eine Sprache entscheiden, Englisch, Polnisch, Deutsch et cetera. Die Prozedur war nicht viel anders als auf einem Flughafen: Die Besucher, die meisten mit Backpacks, kurzen Hosen oder anderen Signalen, auf der Durchreise zu sein, hielten den Barcode hin, um einzuchecken, nahmen einen Aufkleber für ihre Sprache in Empfang und passierten eine Viertelstunde vor Beginn der Führung eine Sicherheitsschleuse. In einer engen Halle verteilten sie sich auf zu wenige Sitzbänke, bis ihre Gruppe aufgerufen wurde. Nachdem ich das Ticket unter einen weiteren Scanner gehalten hatte, stand ich von einem Schritt auf den anderen im ehemaligen Konzentrationslager, vor mir die Baracken, die Wachtürme, die Zäune, die jeder von Fotos, Dokumentationen, Filmen kennt.

Die Gruppen hatten sich bereits gesammelt und warteten darauf, von ihren Führern abgeholt zu werden. Während die israelischen Jugendlichen – oder bildete ich mir das nur ein? – etwas lauter und selbstbewusster waren, drückten sich die Deutschen – nein, das bildete ich mir nicht nur ein – stumm an die Mauer des Besucherzentrums. Plötzlich wog der Aufkleber schwer, den ich in der Hand hielt, eigentlich doch nur ein kleines Stück Plastikfolie. Er wog schwer. Instinktiv holte ich Luft, bevor ich den Aufkleber an die Brust heftete, auf dem schwarz auf weiß ein einziges Wort stand: deutsch. Das war es, diese Handlung, von da an wie ein Geständnis der Schriftzug auf meiner Brust: deutsch. Ja, ich gehörte dazu, nicht durch die Herkunft, durch blonde Haare, arisches Blut oder so einen Mist, sondern schlicht durch die Sprache, damit die Kultur.

Wenn es einen einzelnen Moment gibt, an dem ich ohne Wenn und Aber zum Deutschen wurde, dann war es nicht meine Geburt in Deutschland, es war nicht meine Einbürgerung, es war nicht das erste Mal, als ich wählen gegangen bin. Schon gar nicht war es ein Sommermärchen. Es war letzten Sommer, als ich den Aufkleber an die Brust heftete, vor mir die Baracken, hinter mir das Besucherzentrum: deutsch. Ich ging zu meiner Gruppe und wartete ebenfalls stumm auf unsere Führerin. Im Tor, über dem »Arbeit macht frei« steht, stellten sich nacheinander alle Gruppen zu einem bizarren Foto auf. Nur wir schämten uns.

Meine Damen und Herren, seit sich die Bundesrepublik Deutschland an den Nationalsozialismus, den Angriffskrieg, den Völkermord an den Juden sowie die Vergasung, die Erschießung, das Aushungern und die Deportation weiterer Millionen Menschen erinnert, seitdem wird die Erinnerung auch für schandbar, ungesund oder jedenfalls übertrieben erklärt. Die Dialektik von Gedenkkultur und Gedenkkritik zieht sich in Gestalt wiederkehrender, immer ähnlich verlaufender Debatten durch die Geschichte des immer noch jungen Staates, der seit 1990 allein in der Nachfolge des Deutschen Reichs steht. Sie hat nicht erst mit dem Historikerstreit 1986 eingesetzt und nicht mit der Friedenspreisrede von Martin Walser 1998 aufgehört. Schon das Ausführungsgesetz zu Artikel 131 des Grundgesetzes, das sämtlichen Nazibeamten, also auch Angehörigen von Polizei, Strafverfolgungsbehörden und Gerichten, ohne weitere Prüfung die Wiedereingliederung ermöglichte, wurde 1951 mit der Notwendigkeit eines »Schlussstrichs« begründet, der Frankfurter NS-Prozess 1963 als »Nestbeschmutzung« oder »Brunnenvergiftung« bezeichnet, auch der Kniefall von Willy Brandt 1970 von weiten Teilen der Presse und des Bundestags als »Vaterlandsverrat« kritisiert, 1979 die Ausstrahlung der Serie »Holocaust« mit Bombenanschlägen zu verhindern versucht, 1983 die Gnade der späten Geburt gefeiert und anlässlich der Aufführung eines Fassbinder-Stücks 1986 gegenüber Juden das »Ende der Schonfrist« gefordert. Und wenn der diesjährige Vorstoß, die Vergangenheit ein für allemal für bewältigt zu erklären, der Vortrag des thüringischen AfD-Vorsitzenden Björn Höcke in Dresden, keine Kontroverse, sondern eine konsensuale Empörung zur Folge hatte, dann nicht aufgrund seiner Schlüsselsätze, sondern wegen des offen völkischen Zusammenhangs, der Person des Redners und seiner Parteizugehörigkeit. Inhaltlich war mit Höckes »Mahnmal der Schande« nichts anderes gemeint als mit Walsers »Dauerpräsentation unserer Schande«, so empört diejenigen das zurückweisen werden, die seinerzeit in der Paulskirche stehend applaudierten. Im Kern geht es in allen öffentlichen Auseinandersetzungen über den Umgang mit dem nationalsozialistischen Erbe um die Frage: Wann endlich wird aus Deutschland wieder ein normales Land?

Die Auseinandersetzung wird vermutlich in den nächsten Jahren und Jahrzehnten in eher kürzeren Abständen wiederkehren, und sie wird an Schärfe, oder vielleicht nicht an Schärfe, sondern folgenreicher: an Arglosigkeit noch gewinnen. Nicht mehr die ewig Gestrigen werden leugnen, sondern ganz normale, sogar weltoffene junge Leute nicht mehr verstehen, was Hitler mit ihnen zu tun haben soll. Denn, meine Damen und Herren, wir stehen an einer Zäsur, die bei allem Bemühen der Gelehrten, der Verbände und der Kulturpolitik noch nicht genügend ins öffentliche Bewusstsein gedrungen ist: Sehr bald werden die letzten Überlebenden von Auschwitz gestorben sein. Und nicht nur die Überlebenden verstummen, sondern überhaupt alle Zeitzeugen, Opfer, Verbrecher, Mitläufer, Unbeteiligten, Widerständler. Am Niedergang der Europäischen Union konnten wir bereits verfolgen, was es bedeutet, wenn eine Generation die politische Verantwortung übernimmt, die die Größe und Notwendigkeit der europäischen Einigung nicht mehr selbst biografisch erfahren hat. Und inzwischen sind wir noch einmal eine Generation weiter: Wer heute in Deutschland aufwächst, hat in der Regel nicht einmal mehr Großeltern, die noch erzählen oder sei es auch verschweigen – gerade das Schweigen kann schließlich zum Nachfragen anstiften, wie an einer anderen Generation, den Achtundsechzigern, zu verfolgen war.

Wer künftig aufwächst, wird niemals mehr die Übertragung einer Festrede aus dem Bundestag hören, in der aus eigener Anschauung gesprochen wird, er wird in der politischen Bildung niemandem begegnen, dem die Leiden, die Schuld, aber auch die Kraft zur Versöhnung in die Augen geschrieben, in die Stimme gedrungen oder eben in die Haut tätowiert sind. Er wird im benachbarten Ausland – paradoxe Folge erfolgreicher deutscher Reintegration – kaum mehr als Nazi beschimpft oder veralbert werden, wie es meinen Mitschülern noch geschah. Wohl wird er auf der Klassenfahrt nach Berlin von seinen Lehrern zum Denkmal für die ermordeten Juden Europas geführt, aber er wird in den Gängen Verstecken spielen, auf einer der Stelen sein Butterbrot auspacken und das Selfie nicht vergessen. Im besten Fall wird er sich in Erinnerung an diesen oder jenen Film oder eine besonders engagierte Unterrichtsstunde um etwas Betroffenheit bemühen. Aber eine Begegnung, ein einschneidendes Erlebnis, gar eine Zäsur in der eigenen politischen Sozialisation kann das Denkmal für die ermordeten Juden keinem Jugendlichen bescheren. Hier liegt ein berechtigter oder jedenfalls nachvollziehbarer Grund für das Unbehagen, das an der offiziellen Erinnerungskultur artikuliert wird.

Das kulturelle Gedächtnis braucht Rituale, Mahnmale, Jahrestage, wiederkehrende Bilder und, ja, auch sprachliche Floskeln, um sich zu bilden, zu bewahren und zu entwickeln. Seiner Natur nach tendiert das zeremonielle Gedenken zur Wiederholung und Formelhaftigkeit. Es ruft durch Zeichen eine Erinnerung wach. Das ist in religiösen Vergegenwärtigungsritualen nicht anders. Wenn jemand nicht mit dem Evangelium aufgewachsen ist, zu wessen Archiv nicht die Weihnachtsgeschichte, die Bergpredigt, die Kreuzigung, die Auferstehung und die Erinnerung an die eigene Kommunion gehören, für den bleibt die Eucharistie ein äußerlicher Vorgang, der allenfalls von einem kuriosen ästhetischen Reiz ist. Wem die Geschichte des Judentums, diese dreitausendjährige, so reiche und zärtliche, aber auch leidvolle und gewalttätige Liebesgeschichte zwischen dem Schöpfergott und seinem Volk, nicht in die individuelle Lebensgeschichte eingewoben ist, an dem wird der Moment vorübergehen, da der Vorbeter die Thorarolle in die Höhe hält.

Es gab die Erwartung, dass der Holocaust für die Bundesrepublik Deutschland so etwas wie ein fundierender Mythos sei, der durch Vergegenwärtigungsriten und -orte über die beteiligten Generationen hinweg stetig im Bewusstsein erneuert würde. Das Denkmal für die ermordeten Juden in Berlin ist gerade nicht auf Einfühlung ausgerichtet – es geht nicht darum, dass die Besucher zwischen den Stelen tatsächlich eine Beklommenheit nachempfinden sollen, die der Todesangst der Opfer ent-

spräche. Das Denkmal fängt das Eingepferchtsein in den Ghettos, Gü-
terwaggons, Konzentrationslagern und Gaskammern, das Verlassensein
und die Ausweglosigkeit symbolisch als ein angedeutetes Labyrinth aus
Grabsteinen ein. Aber an eben diesem Mahnmal lässt sich Tag für Tag
beobachten, wie schwierig dieser Übergang ist. Es überträgt eine reale
Situation, statt sie etwa wie in einem Spielfilm oder einem Schauspiel
möglichst originalgetreu nachzubilden, ins Zeichenhafte. Die Besucher
jedoch, zumal die jüngeren, laufen zwischen den Stelen, als wären sie in
einem Mitmachtheater, das schockieren soll. Aber es schockiert natürlich nicht. Also packen sie ihr Butterbrot aus. Wenn in der eigenen Bio-
grafie die Referenzpunkte fehlen, auf die sich das kulturelle Gedächtnis
in Formeln, Gesten und Symbolen bezieht, dann werden diese Formeln,
Gesten und Symbole als leer empfunden.

Ich möchte noch auf eine weitere Schwierigkeit der sogenannten Gedenkkultur aufmerksam machen: Wer in Deutschland geboren ist, nach
Deutschland einwandert, durch Deutschland reist, für den sind die Dimensionen des Völkermords an den Juden kaum zu fassen. In Deutschland waren die Juden eine winzige Minderheit, ein Prozent, als Hitler
Reichskanzler wurde, ein Viertelprozent zu Beginn des Zweiten Weltkriegs. Man wohnt als Deutscher vergleichsweise selten in Häusern, in
denen Juden gewohnt haben, geht nicht durch Straßen, in denen jedes
Geschäft und jeder Handwerksbetrieb einen jüdischen Besitzer hatte,
ist nicht in Vierteln zu Hause, in denen alle Straßenzüge einmal ihre
Mikwe, ihren Chedar oder ihre Synagoge hatten, lebt nicht in Städten,
die mehrheitlich jiddisch sprachen. Die goldenen »Stolpersteine«, die
hier und dort in den Bürgersteig eingelassen sind, verstärken mindestens im naiven, im kindlichen, unwissenden oder gehässigen Gemüt
den Eindruck, dass es so viele gar nicht waren. Nein, waren es auch
nicht: Hundertfünfundsechzigtausend jüdische Opfer unter fast acht-
zig Millionen Deutschen sind nicht »viel«, wenn allein im litauischen
Vilnius siebzigtausend Juden ermordet worden sind – von hundertfünf-
zigtausend Bewohnern insgesamt. Die Westbindung der jungen Bundesrepublik, so zukunftsweisend sie war, hat den Holocaust aus dem
topografischen Bewusstsein getilgt. Der eigentliche Völkermord an den
Juden fand dort statt, wo man nicht hinblickte, wenn man im Westen

Deutschlands geboren und aufgewachsen war: im Osten, in Belzec, Sobibor und Treblinka, in Auschwitz-Birkenau, Majdanek und Chelmno, in Maly Trostenez, Bronnaja Gora, Babi Jar und an vielen anderen Orten. Gewiss lernt man als junger Deutscher die Zahlen. Aber es ist noch einmal etwas anderes, wenn man auf Schritt und Tritt den Geistern der Ermordeten begegnet. Würde man in Vilnius Stolpersteine in den Asphalt einlassen, oder in Minsk, Lemberg, Odessa, Brest, Riga, dann wären nicht einzelne Flecken, sondern halbe Städte aus Gold – golden wie das himmlische Jerusalem.

Dass der Holocaust in die Ferne rückt, ist allerdings nicht nur den Jahren geschuldet, die vorüberziehen, oder den Kilometern, die zwischen dem heutigen Deutschland und den zentralen Stätten des Völkermords liegen. Es kommt eine demografische Entwicklung hinzu. Immer mehr Menschen leben in Deutschland, die nicht einmal mehr einen familiengeschichtlichen Bezug zum Nationalsozialismus haben. Sie tragen keine Namen, wie sie die Täter getragen haben, sie gehören schon physiognomisch nicht der Volksgemeinschaft an, die Hitler zusammengeschweißt hat, sie stoßen bei der Entrümpelung nicht auf alte Abzeichen oder Feldpostbriefe – oder wenn, dann aus ganz anderen, ihren eigenen Kriegen. Nicht wenige stammen aus einem Land, der Türkei, das zahlreiche Verfolgte Hitlerdeutschlands aufgenommen hat. Andere sind Bürger eines Staates, der Islamischen Republik Iran, in dem der Holocaust mit Karikaturwettbewerben verulkt wird. Oder sie sind in Staaten aufgewachsen, in Syrien etwa, die seit Jahrzehnten in Feindschaft mit dem Staat Israel stehen. Manche gehören demjenigen Volk an, das selbst unter israelischer Besatzung lebt. Wieder andere haben sich in Deutschland oder in ihren Herkunftsländern an Predigten gewöhnt, in denen Juden als »Schweine« bezeichnet werden. Sie besuchen Schulen, auf deren Höfen das Wort »Jude« wieder zum Schimpfwort geworden ist.

Man braucht Einwanderer oder ihre Kinder und Kindeskinder nicht als erinnerungspolitischen Störfall zu behandeln. Die Frage, wie eine Vergangenheit gegenwärtig bleibt, wenn die biografischen Bezüge fehlen, stellt sich ebenso, wenn diese Bezüge sich allmählich auflösen, als ob es sie nie gegeben hätte. Sie stellt sich nur ein, zwei, vielleicht auch drei Generationen früher, und sie stellt sich auf andere Weise, wenn nicht einmal in groben Zügen bekannt ist, was zwischen 1933 und 1945 von deutschem Boden aus geschah. Insofern sollte etwa den jungen Menschen, die in den letzten zwei Jahren in hoher Zahl als Flüchtlinge nach Deutschland gekommen sind, durchaus ein besonderes Augenmerk gelten. Aber das Wissen allein, das ließe sich auch nachholend vermitteln, durch Lehrinhalte, Integrationskurse, Museumsbesuche, Klassenausflüge und letztlich durch Prüfungsaufgaben, die zu lösen sind. Schwieriger zu vermitteln wird es künftigen Deutschen sein, Auschwitz nicht nur als Menschheitsverbrechen, sondern als eigene Geschichte zu begreifen, nicht nur als Vergangenheit, sondern als Verantwortung Deutschlands.

Auschwitz ist kein Mythos, den zu vergegenwärtigen Zeichen, Gesten, Rituale, Denkmäler genügen. Ein Mythos setzt, damit er für wahr gehalten und von Generation zu Generation weitergetragen wird, Wunschdenken voraus: Man möchte ihn für wahr halten. Das heißt, die Vergegenwärtigung beruht, säkular gefasst, auf einer kollektiven Autosuggestion. Aber kein Deutscher *möchte* Auschwitz für wahr halten. Zwar können auch Katastrophen zu fundierenden Mythen einer Gemeinschaft werden – es sind sogar häufiger Katastrophen als triumphale Ereignisse, die über Jahrhunderte und Jahrtausende als Erinnerungsfiguren bewahrt werden, die Vertreibung aus Jerusalem, die Kreuzigung Christi oder für Schiiten die Ermordung des Imam Hussein bei Kerbela. Aber stets gilt die Identifikation, die rituell eingeübt und erneuert wird, den Opfern, nicht den Tätern.

Dass Auschwitz aus dem kulturellen Gedächtnis des Judentums getilgt werden könnte, ist kaum denkbar. Hingegen wurde in Deutschland seit Beginn der Bundesrepublik nicht nur gedacht, sondern öffentlich gefordert, mit dieser schuldbehafteten Vergangenheit abzuschließen und sich wieder mehr oder ausschließlich mit den positiven Ereignissen und Personen der Geschichte zu identifizieren, welche immer das auch gewesen sein mögen. Wie gut das identitäre Wunschdenken funktioniert, lässt sich daran ablesen, dass sogar Goethe und Heine, um diese beiden Dichter stellvertretend für das glorifizierte Erbe zu nehmen, für den Nationalstolz in Anspruch genommen werden, obwohl beider Werk beispielhaft für die Sprengung nationaler Kategorien steht und sie Deutschland zeit ihres Lebens mit beißender Kritik überzogen haben. Je ferner Auschwitz rückt, desto leichter wird es Deutschen wieder fallen, sich an ihrer Geschichte zu erbauen. Und sie werden übersehen, dass gerade in der Gebrochenheit Deutschlands bundesdeutsche Identität und, ja, Stärke und Vitalität liegt. Es gibt nichts Ganzeres als ein gebrochenes Herz, lehrte der Rabbi Nachman von Berditschev.

Der Satz ist einer meiner Lieblingssätze, Motto auch eines Buches von mir. Natürlich bezieht er sich auf die Liebe, die Liebe zu den Mitmenschen oder zu Gott, in jedem Fall auf eine individuelle Situation. Aber er lässt sich auch auf ein Gemeinwesen beziehen: Es gibt nichts Ganzeres als ein gebrochenes Herz. Wenn etwas spezifisch wäre an der deutschen Leitkultur, die dieser Tage wieder eingefordert wird, wären es nicht Menschenrechte, Gleichberechtigung, Säkularismus und so weiter, denn diese Werte sind durchweg europäisch, wenn nicht universal; es wäre das Bewusstsein seiner Schuld, das Deutschland nach und nach gelernt und auch rituell eingeübt hat – aber just diese eine Errungenschaft, die nicht Frankreich oder die Vereinigten Staaten, sondern die Bundesrepublik für sich reklamieren darf neben guten Autos und Mülltrennung, möchte das nationale Denken abschaffen. Umgekehrt gilt allerdings auch: Wer sich gegen ein völkisches Verständnis der Nation wendet, kann die historische Verantwortung nicht ethnisch engführen. Wer sich in Deutschland einbürgert, wird auch die Last tragen müssen, Deutscher zu sein. Spätestens in Auschwitz wird er sie spüren, wenn er den Aufkleber an die Brust heftet.

Welche anderen Verbrechen es auch gegeben haben mag, die man zur Relativierung heranzieht, ob von den Mongolen, während der Reconquista, bei der Eroberung Amerikas, im europäischen Kolonialismus, unter Stalin, in Ruanda oder heute im sogenannten Islamischen Staat – das Verbrechen, für das Auschwitz steht, bleibt nicht nur in seinem Ausmaß und seiner industriellen Ausführung einzigartig. Nein, anders: Ausmaß und Ausführung des Holocausts sind nicht einmal der eigentliche Grund, warum unsere Gruppe unter dem Tor kein fröhliches Gruppenfoto machen konnte. Wären wir etwa gelöster gewesen, wenn es irgendwo auf der Welt einen noch größeren, sagen wir atomaren Genozid gegeben hätte? Nein, der Grund ist ein anderer, er steht über dem Tor: Auschwitz ist das Böse, das nun einmal auf deutsch propagiert und geglaubt, angeordnet und vollzogen worden ist. Bei Primo Levi las ich, dass es selbst für die Häftlinge existenziell gewesen sei, Deutsch zu sprechen, damit sie die Vorschriften, herausgebrüllten Befehle und sonderbaren Anordnungen auf Anhieb verstanden. »Es ist keine Übertreibung, wenn ich sage, dass die sehr hohe Sterblichkeitsrate unter Griechen, Franzosen und Italienern in Konzentrationslagern auf deren Mangel an Sprachkenntnissen zurückzuführen ist«, schreibt Levi. »So war es zum Beispiel nicht leicht zu erraten, dass der Hagel von Fausthieben und Tritten, der einen plötzlich zu Boden streckte, auf die Tatsache zurückzuführen war, dass man vier oder sechs Knöpfe an der Jacke hatte statt fünf, oder dass man mitten im Winter mit der Mütze auf dem Kopf im Bett erwischt wurde.« Noch wer heute das ehemalige Konzentrationslager besucht, dem sticht ins Auge, dass alle Befehle, die an die Wände geschrieben worden, und alle Dienstpläne, die in den Vitrinen ausgestellt sind, selbst die Gebrauchsanweisungen auf den Chemikalien, die vor den Gaskammern stehen, deutsch sind. Wer diese Sprache spricht, und erst recht, wer als Schriftsteller von ihr, mit ihr, dank ihr lebt, verstummt instinktiv, wenn er die Aushänge der damaligen Lagerleitung – »Ihr seid hier in einem deutschen Konzentrationslager« – liest. Und er begreift, warum keiner der heutigen Hinweise auf deutsch ausgeschildert ist. Man wird als Deutscher in Auschwitz niemals ein bloßer Besucher sein.

Von Auschwitz fuhr ich weiter nach Warschau, um das Denkmal des Ghetto-Aufstands zu besichtigen. Als ich den Platz betrat, auf dem ein deutscher Bundeskanzler instinktiv auf die Knie fiel, fragte ich mich, wo wohl das Haus gestanden hat, in dem Marcel Reich-Ranicki nach seiner Ausweisung aus Berlin untergekommen war, und wo das Bett, in dem er seiner Tosia Stunde um Stunde deutsche Gedichte vortrug? Am häufigsten waren es Gedichte von, natürlich, Goethe und Heine, »die uns vergessen ließen, was uns täglich bedrohte, was uns inmitten der grausamsten Barbarei stündlich bevorstehen konnte«, heißt es in Reich-Ranickis Autobiografie, deren Titel *Mein Leben* man erst im Laufe der Lektüre auf dem richtigen Wort betont: *Mein Leben.* Und wo stand der Hof, in dem nachmittags Mitglieder des Ghetto-Orchesters Beethovens Streichquartett Opus 59, Nr. 3 C-Dur einstudierten, dessen erste Takte 40 Jahre später die Anfangs- und Schlussmusik des *Literarischen Quar-*

tetts wurden? »Es lässt sich kaum vorstellen, mit welcher Hingabe [im Ghetto] geprobt, mit welcher Begeisterung musiziert wurde. Man spielte Haydn und Mozart, Beethoven und Schubert, Weber und Mendelssohn-Bartholdy, Schumann und Brahms, also, wie überall in der Welt, vornehmlich deutsche Musik«.

Vielleicht weil auf den Bildern vom Kniefall kaum etwas von der Umgebung zu sehen war, stets nur der Platz sowie im Hintergrund die Soldaten und Funktionäre, hatte ich mir immer vorgestellt, dass es tatsächlich noch ein Ghetto geben müsse, irgend etwas aus dieser Zeit. Aber natürlich gibt es kein einziges historisches Gebäude, nicht einmal eine Mauer, ich hätte es wissen müssen. »Auf jeden Fall muss erreicht werden, dass der für fünfhunderttausend Untermenschen bisher vorhandene Wohnraum, der für Deutsche niemals geeignet ist, von der Bildfläche verschwindet«, ordnete Himmler an, nachdem in Berlin die Endlösung beschlossen worden war. Es gibt kein Ghetto mehr. Der Platz ist leer, auf dem Marcel und Tosia sich Gedichte zuflüsterten und nachmittags das Ghetto-Orchester auftrat. Aber wer Marcel Reich-Ranickis *Mein Leben* gelesen hat, der vergisst nie, dass dort, genau dort, wo heute das Denkmal des Warschauer Ghetto-Aufstands steht, im Frühjahr 1942 üblicherweise ein etwas gelangweilter junger Mann mit einer offenbar nagelneuen Reitpeitsche entschied, wer nach links und wer nach rechts gehen musste, links zum »Umschlagplatz«, zu den Waggons in die Gaskammern, rechts zurück vorerst ins Leben.

> »Meine Eltern hatten schon wegen ihres Alters – meine Mutter war 58 Jahre alt, mein Vater 62 – keine Chance, eine ›Lebensnummer‹ zu bekommen. Ich sagte ihnen, wo sie sich anstellen mussten. Mein Vater blickte mich ratlos an, meine Mutter erstaunlich ruhig. Sie war sorgfältig gekleidet: Sie trug einen hellen Regenmantel, den sie aus Berlin mitgebracht hatte. Ich wusste, dass ich sie zum letzten Mal sah. Und so sehe ich sie immer noch: meinen hilflosen Vater und meine Mutter in dem schönen Trenchcoat aus einem Warenhaus unweit der Berliner Gedächtniskirche. Die letzten Worte, die Tosia von meiner Mutter gehört hat, lauten: ›Kümmere dich um Marcel.‹

Als sich die Gruppe, in der sie standen, dem Mann mit der Reitpeitsche näherte, war er offenbar ungeduldig geworden: Er trieb die nicht mehr jungen Leute an, doch schneller nach links zu gehen. Er wollte schon von seiner schmucken Peitsche Gebrauch machen, aber es war nicht mehr nötig: Mein Vater und meine Mutter – ich konnte es von Weitem sehen – begannen in ihrer Angst vor dem strammen Deutschen zu laufen, so schnell sie konnten.«

Meine Damen und Herren, ich gestehe, dass ich Marcel Reich-Ranickis Rezensionen nicht ausstehen konnte, dass ich seine Art und Weise, ausschließlich rabiat oder überschwänglich über Literatur zu urteilen, Daumen hoch, Daumen runter bis hin zum physischen Zerreißen von Büchern vor der Kamera, unmöglich fand und froh bin, mit meinem eigenen Werk nicht mehr in die Hände solcher »Großkritik« geraten zu sein (was wirklich mal eine Gnade der späten Geburt ist). Deshalb, letztlich aus Ressentiment, hatte ich auch seine Autobiografie nicht gelesen, obwohl sie weithin als Ereignis in der deutschen Literaturgeschichte besprochen worden war. Aber nun reiste ich nach Auschwitz, ich reiste nach Warschau, ich wollte mit eigenen Augen den leeren Platz sehen, und so besorgte ich mir *Mein Leben*, besorgte mir alles, was Marcel Reich-Ranicki über Juden in der deutschen Literatur geschrieben hatte, die »Ruhestörer«, wie er sie gern nannte, und staunte nicht nur über den Reichtum an Erfahrung, Wissen und Weisheit; ich war mehr noch von der Zärtlichkeit von Marcel Reich-Ranickis Prosa bewegt.

Die Aufsätze über deutsch-jüdische Literatur gehören zum Vorsichtigsten, ja Skrupulösesten, was zu diesem Thema je geschrieben worden ist, und seine Schilderungen des Warschauer Ghettos rühren in ihrer dezidierten Antisentimentalität noch den hartgesottensten Leser zu Tränen. Und ich fragte mich: Was ist es, was ich, was Millionen Leser – fast drei Jahre stand das Buch ununterbrochen auf der Spiegel Bestsellerliste – was also praktisch die gesamte lesende Bevölkerung Deutschlands bei der Lektüre empfunden hat – ist es Schuld? Ja, Schuld, denn die Geschichte zu tragen, von ihrer Last auf die Knie zu sinken, ist keine Frage der persönlichen Täterschaft – Brandt hat gegen Hitler gekämpft –, sondern der Verantwortung für den Ort, an dem man nun einmal lebt. Scham? Gewiss ist es auch Scham: Scham, eben das gute, sichere und bequeme Leben zu führen, das Deutschland den Juden vorenthalten hat. Aber ist das alles? Sind Schuld und Scham die einzigen oder auch nur die vorherrschenden Gefühle, mit denen heutige Leser auf Marcel Reich-Ranickis Schilderungen aus dem Warschauer Ghetto reagieren? Ich glaube nicht. Mich jedenfalls überkam bei der Lektüre von *Mein Leben* mehr noch der Eindruck eines immensen, eines nicht mehr gutzumachenden Verlusts – eines Verlusts für uns, die wir heute Deutsche sind. Reich-Ranicki hat beschrieben, wie er als polnischer Jude mit deutscher Kultur aufwuchs, mit welcher Leidenschaft Lessing und Schiller, Beethoven und Bach in seiner jüdischen Umgebung geliebt und noch im Ghetto von Warschau deutsche Literatur und Musik fast wie etwas Heiliges verehrt wurden. Wenn das Deutschland von Goethe und Heine, diese geistige Welt, in der Begriffe wie Weltliteratur, Aufklärung, Europa und Kosmopolit geläufiger waren als Patriotismus, Vaterland oder Stolz, wenn es Anfang der 1940er-Jahre irgendwo zu Hause war, dann sicher nicht in Berlin oder München, sondern im Ghetto von Warschau, in den Baracken von Auschwitz. Daher ist der Holocaust für Deutschland nicht allein eine Schuldgeschichte. Er ist zugleich eine Verlustgeschichte.

Als Rechtsgemeinschaft, die sie auch ist, wird die Bundesrepublik immer der Nachfolgestaat des Deutschen Reichs sein; das prägt ihre Politik, ihre internationalen Beziehungen, ihre Verpflichtungen. Aber Schuld, wenn sie nicht in Kategorien des Bluts und der Volksgemeinschaft gefasst ist, Schuld vererbt sich nicht beliebig über die Generationen hinweg; man hat ein persönliches Verhältnis zu dem, was die Eltern, was die Großeltern taten, aber spätestens als Urenkel wird Schuld zu einem abstrakten Begriff, geht im besten Fall in politische Verantwortung und Einsicht über. Hingegen Verlust ist etwas, das man aus der Ferne, mit dem Abstand der Generationen noch deutlicher erkennt. Verlust ist etwas, das Hunderte oder sogar dreitausend Jahre später noch vergegenwärtigt werden kann.

Ich kehre noch einmal nach Auschwitz zurück: Wir hatten bereits eine dreistündige Führung hinter uns, in der sich der Schrecken kontinuierlich gesteigert hatte, von den Wohntrakten über die verschiedenen Hinrichtungsstätten, Folterkammern, Labore für die Menschenversuche bis in die Gaskammern hinein, an deren Wänden sich bis heute die Kratzer von den Fingernägeln abzeichnen. Wenn nach 20 Minuten die Gaskammer wieder geöffnet wurde, seien die Leichen häufig ineinander verkeilt gewesen, erklärte die Führerin im Kopfhörer, den jeder Besucher trug – als hätten sich die Lebenden zum Schluss noch einmal umarmt, dachte ich. Tatsächlich dürfte selbst im Gedränge nichts einsamer als der Todeskampf sein und hatten die Körper wohl in Schmerz, Panik und Trauer unkontrolliert in alle Richtungen ausgeschlagen. Aber auch das ist nur eine Vermutung, denn wer immer Auschwitz überlebte, hat das tiefste Schwarz nicht selbst geschaut. Auschwitz konnte nur deshalb zum Synonym des Holocaust werden, weil es nicht allein eine Todesfabrik, sondern gleichzeitig ein Arbeitslager war – Auschwitz wurde von hunderttausend Häftlingen überlebt. In Treblinka, wo siebenhunderttausend Juden vergast wurden, gab es nur fünfzig Überlebende. Von Paneriai gab es noch weniger Zeugen, entsprechend ist den meisten Deutschen nicht einmal der Name des litauischen Ortes geläufig, an dem Wehrmacht und SS mehr als hunderttausend Menschen erschossen.

Mahnmale, Stolpersteine, Gedenkrituale können keine Ahnung von der Schwärze geben, in die Menschen von Ideologien gestoßen werden können. Sie können nur daran erinnern. Aber damit sich überhaupt eine Erinnerung ins Herz brennt, auf die sich die Mahnmale, Stolpersteine, Gedenkrituale beziehen, wird es für künftige Generationen noch wichtiger sein, mit eigenen Augen die Orte zu sehen, an denen Deutschland die Würde des Menschen zermalmte, jene Länder zu bereisen, die es in Blut ertränkte, die Zeugen zu hören, die in ihren Büchern überleben. Je häufiger der Paulskirchenseufzer erklingt, »die Deutschen seien jetzt ein normales Volk, eine gewöhnliche Gesellschaft«, desto mehr wird es auf die Konkretion ankommen, die der Literatur, der Kunst überhaupt und natürlich der historischen Forschung aufgetragen ist. Auch wenn es unmöglich ist, muss jede Generation von neuem versuchen, das Schwarze zu schauen: Die jüdischen Arbeiter, die die Kammer nach jeder Vergasung als erstes betraten, wateten durch Blut, Kot und Urin. Sie zerrten die Leichen auseinander und legten sie auf den Rücken, um die Goldzähne zu entfernen, die das Deutsche Reich als sein Eigentum betrachtete. Die Münder zu öffnen, war harte körperliche Arbeit, bedurfte Werkzeuge sogar, so fest waren viele Kiefer zusammengepresst – als hätten die Sterbenden mit ihrer letzten Regung zu schweigen beschlossen. Was soll der Mensch noch sagen, wo er solches Menschenwerk sieht? Ich stand da und merkte – es war eine physische Erfahrung –, wie sich auch der eigene Kiefer zusammenpresst.

Dass nach Auschwitz kein Gedicht mehr geschrieben werden könne, ist so häufig missverstanden, verlacht, abgetan worden; dabei hat Adorno selbst sich nach dem Krieg vehement für die avancierte Poesie eingesetzt. In der Gaskammer bekommt der Satz eine natürliche Evidenz, nicht als Bannstrahl, vielmehr als Ausdruck der unmittelbaren Empfindung – wie soll Zivilisation nach so etwas überhaupt noch weitergehen, was hat sie für einen Wert? Deutschland hat sich in Auschwitz selbst verstümmelt, es hat Grundfeste seiner Kultur abgerissen, es hat die treuesten Bewahrer seiner Sprache ermordet. Auschwitz hat die Sprache selbst verändert, es hat sie viel mehr, als sie es vor dem Krieg war, strenger auch als andere moderne Sprachen, zu einem Instrument gemacht, die Sprache auf ihre Funktion der Mitteilung reduziert. Es gibt Ausdrucksweisen, eine bestimmte Höhe des Tons, einen Gesang in der Stimme, der nach Auschwitz im Deutschen unmöglich geworden ist, der nur noch als Raunen empfunden wird.

Gewiss, es wurden auch nach dem Krieg noch deutsche Gedichte geschrieben. Aber nie mehr war die deutsche Literatur, was sie vor Auschwitz war. Nicht nur hat sie mit der Vertreibung und Vernichtung der Juden ihren Rang eingebüßt und ihren Charakter verloren. Am genauesten an den Gedichten Paul Celans wurde hörbar, dass sie nur in der Zertrümmerung, ja, der Stille, den Pausen noch lebendig sein konnte. Celan wurde unmittelbar nach dem Krieg bespöttelt, er wurde zumal bei seinem Auftritt vor der Gruppe 47 verlacht. Heute dürfte klar sein, dass in deutscher Sprache seither keine wahrhaftigeren, ergreifenderen, ja, in ihrer Zerstörtheit auch schöneren Gedichte als zuletzt in dieser Überlebenspoesie geschrieben werden konnten. Nein, die Erinnerung an Auschwitz ist kein »jederzeit einsetzbares Einschüchterungsmittel oder Moralkeule oder auch nur Pflichtübung« der Deutschen, wie Martin Walser beklagte. Sie ist ein Kaddisch auch der deutschen Kultur. Es gibt in der deutschen Nachkriegsliteratur nichts Ganzeres als Celans zerbrochenen Vers.

Es ist bezeichnend, dass Martin Walser die Revision seiner Friedenspreisrede mit einer literarischen Entdeckung eingeleitet hat: der Entdeckung der jiddischen Literatur. Hatte er, der sich in den 1960er-Jahren unerschrocken wie wenige mit der jüngsten deutschen Vergangenheit auseinandergesetzt hatte, 1998 etwa die deutsche Vorkriegsliteratur übersehen? Marcel Reich-Ranicki selbst, der von Walsers Rede tief getroffen war, wies einmal darauf hin, dass die Grundlagen der modernen Literatur von Franz Kafka geschaffen worden sind; die Grundlagen der modernen Physik von Albert Einstein; die Grundlagen der modernen Musik von Gustav Mahler und Arnold Schönberg; die Grundlagen der modernen Soziologie von Karl Marx; die Grundlagen der modernen Psychologie von Sigmund Freud. Sie alle waren nicht nur Juden. Sie waren deutschsprachige Juden. Reich-Ranicki nannte das ein »Mysterium, das ich nicht erklären kann«. Weder die französischsprachigen Juden haben solche Schöpfergeister hervorgebracht noch die italienischen oder die russischen. Aber in der frühen Moderne auch selten Deutsche, die nur Deutsche waren. Um im Zusammenhang mit dem Nationalsozialismus nicht nur Opferzahlen zu nennen, hundertfünfundsechzigtausend ermordete Juden in Deutschland oder sechs Millionen insgesamt, sei auch der Reichtum in eine Zahl gefasst, den Juden Deutschland geschenkt haben: Obwohl der Anteil der jüdischen Bevölkerung Deutschlands und Österreichs ein Prozent nicht überstieg, waren unter den berühmtesten, bis heute anerkanntesten, meistübersetzten deutschsprachigen Schriftstellern in der ersten Hälfte des 20. Jahrhunderts rund die Hälfte Juden – 50 Prozent. Der Nationalsozialismus hat die produktivste Symbiose der deutschen Kulturgeschichte überhaupt zerstört und zugleich einen Begriff von Deutschland vergessen gemacht, der die nationalen Kategorien sprengt, eben jenes Deutschland Goethes und Heines als einer geistigen Welt. Gewiss gibt es keine stilistischen oder formalen Merkmale, die für deutsche Schriftsteller jüdischer Herkunft charakteristisch wären. Aber es gibt eine spezifische soziale Situation, als Juden innerhalb einer nicht jüdischen und oft genug feindlichen, sie ausgrenzenden Gesellschaft zu leben, die sich in ihrem Werk niedergeschlagen hat. Die »Wunde des Ausgerissenseins aus der natürlichen Ordnung«, wie Margarete Susman es genannt hat, macht die deutsche Literatur von Juden besonders und zugleich übertragbar auf andere, auch individuelle Formen der Entfremdung. Marcel Reich-Ranicki zitiert Susmans Ausdruck und fügt an: »Nur dann nämlich, wenn man die spezifische Situation und die Eigenart der deutschen Schriftsteller jüdischer Herkunft ausdrücklich betont, nur dann macht man sie verständlich und trägt zu ihrer Wiedereinbürgerung bei.«

Dass Marcel und Tosia Reich-Ranicki als zwei von wenigen Bewohnern das Ghetto überlebt haben, dass sie zurückgekehrt sind nach Deutschland, dass der junge, enthusiastische, in der Bundesrepublik zunächst so verlorene Marcel zum bekanntesten Kritiker, ja zum »Literatur-Papst« der Deutschen wurde, das ist eine jener seltsamen, in ihrer Glückhaftigkeit fast unglaubwürdigen Wendungen, die das 20. Jahrhundert neben allen Katastrophen eben auch genommen hat. Und doch blieb er unversöhnt, und unversöhnt muss Auschwitz sein. Marcel Reich-Ranicki erwähnte einmal einen Mann, der ihm wiederholt ins Gesicht gesagt habe: »Sie, Herr Reich-Ranicki, waren im Warschauer Ghetto, und ich war damals Hitlers Jagdflieger. Daran werden wir bis ans Ende unserer Tage denken, und das wird uns immer trennen.« Reich-Ranicki nannte diesen Mann »ehrlicher als die professionellen Philosemiten, er steht mir näher als jene, denen die Worte ›Versöhnung‹ und ›Brüderlichkeit‹ immer so rasch aus der Feder fließen.« Wenn wir dankbar sind, dass Reich-Ranicki nach Deutschland zurückgekehrt ist, dankbar erst recht für die Gedichte, die Paul Celan hinterlassen hat, dankbar für Nelly Sachs, Peter Weiß, Theodor W. Adorno, Ilse Aichinger und die anderen, die nach Auschwitz die deutsche Sprache und Kultur geborgen haben, dann sollten wir auch das Deutschland ernst nehmen, wofür sie stehen: nicht die deutsche Nation, sondern eine geistige Welt. »Sie können in mir keinen Deutschen sehen«, sagte Marcel Reich-Ranicki in dem Interview, aus dem ich bereits zitiert habe.

> »Machen Sie keinen Deutschen aus mir. Ich bin ein Bürger der Bundesrepublik Deutschland. Selbstverständlich und gern. Mir gefällt dieser Staat, trotz allem. Ich schreibe in deutscher

Sprache, ich bin ein deutscher Literaturkritiker, ich gehöre zur deutschen Literatur und Kultur, aber ich bin kein Deutscher und werde es nie werden.«

Heute leben viele Menschen in Deutschland, die nicht nur deutsch sind, die vielleicht auch gar nicht deutsch werden wollen im Sinne einer Identifikation mit Fahne, Küche und Brauchtum, die ihr Fremd- und Anderssein als etwas Schönes und Selbstverständliches sehen, aber genauso selbstverständlich und gern Bürger der Bundesrepublik sind. Sie schreiben in deutscher Sprache, sind vielleicht sogar Träger deutscher Kultur. Aber weder waren ihre Vorfahren im Warschauer Ghetto noch waren sie Hitlers Jagdflieger. Wenn sie Auschwitz besuchen, werden sie ebenfalls das Wort »deutsch« auf der Brust tragen. Spätestens unterm Tor werden sie Auschwitz als eigene Geschichte sehen. Vielleicht liegt darin eine Chance für Deutschland, in der Auslöschung der Juden nicht allein die Schuld anzuerkennen, sondern zugleich den Verlust zu empfinden. *Dschâ-ye schân châlist*, sagt man auf persisch, wenn jemand vermisst wird, wenn er bei einem Fest, bei einem Begräbnis oder einfach im eigenen Leben, im Alltag fehlt. Das bedeutet, wörtlich übersetzt, »ihr Platz ist leer«, oder auch: »ihr Platz ist frei«, im Sinne von freigehalten. *Dschâ-ye schân châlist*, sei diese Rede eines Deutschen über Auschwitz auf persisch beendet. *Dschâ-ye châli-ye Kalimihâ dar Âlmân wa hameh dschâ-ye donyâ ke koschtand-e-schân wa tard-e-schân kardand yâ in rouzhâ hatâ badnâm wa tahdid-e-schân ham mikonand har-tsche bischtar ehsâs mischawad.*

Ich danke Ihnen für Ihre Aufmerksamkeit, gratuliere dem Lehrstuhl für jüdische Geschichte und Kultur zum zwanzigjährigen Bestehen und hoffe auf eine Zukunft, in der Deutschland wieder jüdischer wird.

Rede zum 20-jährigen Bestehen des Lehrstuhls für Jüdische Geschichte und Kultur der Ludwig-Maximilians-Universität München am 6. Juli 2017

Norbert Frei

Zangenangriff
Die Gegner der deutschen Erinnerungskultur
kommen von rechts und links

In den ersten Apriltagen 1945, der vollständige Sieg über Deutschland und das Ende des Zweiten Weltkriegs in Europa waren noch einen Monat entfernt, schrieb Golo Mann von »somewhere in Luxembourg« nach Pacific Palisades. Als Offizier in amerikanischer Uniform hatte der zweite Sohn von Katia und Thomas Mann eine Erkundungstour im schon seit Längerem besetzten Rheinland unternommen und dabei festgestellt: Die Deutschen übten sich bereits in Schuldabwehr und Selbstmitleid. »Ja, ja, now the innocent must suffer for the guilty«, zitierte er in dem auf Englisch verfassten Brief an seine Mutter aus den Gesprächen. »But where are the guilty?«, hatte er zurückgefragt – und zur Antwort bekommen: »O, they are gone, there were never many of them, you see, I am a catholic.«

»Niemand will Nazi gewesen sein«, lautete der Tenor der Berichte, die in den nächsten Wochen auch amerikanische Kriegskorrespondentinnen wie Martha Gellhorn und Margaret Bourke-White, teils empört, teils fassungslos, nach Hause schickten. So verlogen und feige die meisten Deutschen den vorrückenden Alliierten damals erschienen (Golo Mann immerhin hatte »a few good people too« getroffen, die dann auch gut über seinen Vater sprachen): In ihrer überall anzutreffenden Bereitschaft, schon im Moment der Niederlage auf Distanz zu jenem Regime zu gehen, dessen Durchhalteparolen sie eben noch gefolgt waren, lag auch eine Chance.

Denn darum musste es in den folgenden Jahren im besetzten Deutschland ja gehen: um die Trennung der vormaligen Partei- und »Volksgenossen« vom Glauben an ihren verflossenen »Führer« und an die Ideologie des »Dritten Reiches«. Allein mit den Nürnberger Prozessen, einer zeitweiligen Internierung der NS-Funktionseliten (»automatic arrest«) und dem bürokratischen Massenverfahren der Entnazifizierung war das nicht zu machen. Um die Freiheit in Deutschland wieder zu errichten, die Thomas Mann seinen »Deutschen Hörern« im Sommer 1942 in Aussicht stellte – damals selbst noch im Glauben, seine einstigen Landsleute seien »in das Eisen des Terrors geschirrt« –, bedurfte es noch anderer Mittel und Methoden. Die Deutschen für kollektiv schuldig zu erklären, wozu der 1936 von den Nazis Ausgebürgerte in begreiflichem Zorn und Entsetzen über die sich verdichtenden Nachrichten vom Mord an den Juden und all die anderen ungeheuren Verbrechen bald neigte, war kein aussichtsreicher Weg. Im Gegenteil lieferten Pauschalvorwürfe – die freilich nie Eingang in offizielle Dokumente der alliierten Besatzungspolitik fanden – vielen Deutschen nach Kriegsende nur den willkommenen Anlass, jegliche persönliche Schuld oder Mitverantwortung zurückzuweisen.

Vonnöten war also Aufklärung. Tatsächlich legten besonders die Amerikaner in ihrer Besatzungszone von Anfang an größten Wert auf »Reeducation«: mit Rundfunksendern, bei denen Remigranten und erwiesene Hitler-Gegner den Ton setzten; mit neuen Zeitungen, in denen handverlesene (und trotzdem politisch nicht immer unbelastete) Lizenzträger Verantwortung übernahmen; mit »Town Hall Meetings«, auf denen Demokratie als Graswurzel-Bewegung eingeübt wurde. Bald schon kamen für politisch engagierte junge Leute Reiseprogramme in die USA hinzu. Die meisten von ihnen kehrten mit einer lebenslangen Sympathie für das Land und den »American Way of Life« ins Nachkriegsdeutschland zurück.

Ohne die großzügige, umsichtige und nachhaltige Unterstützung durch die Vereinigten Staaten von Amerika – materiell wie ideell – wäre der Start der zweiten deutschen Demokratie gewiss nicht so leicht gelungen, wie es im Rückblick den Anschein haben mag. Dass das Grundgesetz der Bundesrepublik 2024 ein Dreivierteljahrhundert alt wird, war bei seiner Verabschiedung 1949 kaum zu erhoffen – und noch viel weniger, dass es als Vorbild für eine Reihe von Verfassungen dienen würde, die vor und nach 1989 im postdiktatorialen Europa, aber auch in Lateinamerika entstanden. Richtig ist allerdings auch: Schon 1956 erschien das Buch eines Schweizer Publizisten, dessen verblüffend optimistischer Titel alsbald zum geflügelten Wort werden sollte: »Bonn ist nicht Weimar«.

Aufs Ganze gesehen, gelang die Transformation der vormaligen Hitler-Deutschen in die Bürgerschaft der Bundesrepublik tatsächlich ziemlich rasch. Dass die meisten Deutschen von Anfang an bereit waren, demokratische Parteien zu wählen, machte sie noch nicht zu überzeugten Demokraten, eröffnete aber die Chance für einen fortschreitenden Sinneswandel. Und in dem Maße, in dem die neue Demokratie als ein auch ökonomisch und sozialpolitisch in die Zukunft weisendes Staatsgebilde erschien, wuchs ihr weiteres Vertrauen zu.

Gleichwohl gilt die simple Erfolgsgeschichte, wie sie bereits seit den 1980er-Jahren – und mit neuer Inbrunst nach dem Fall der Berliner Mauer – erzählt wurde, inzwischen nicht nur in der Zeitgeschichtsforschung als überholt. Anlässe und Gründe dafür gibt es mehr als genug. Demokratiepolitisch derzeit am wichtigsten sind die unübersehbare Erosion des jahrzehntelang stabilen Systems der Volksparteien und die sich verfestigenden Erfolge der 2017 erstmals in den Bundestag eingezogenen AfD; für die 2024 anstehenden Landtagswahlen in drei ostdeutschen Bundesländern werden der mittlerweile eindeutig rechtsradikalen, in Teilen vom Verfassungsschutz beobachteten Partei bis zu ein Drittel der Stimmen vorausgesagt. Hinzu kommen die lange Zeit teils verkannte, teils ignorierte Existenz eines mörderischen Rechtsterrorismus sowie die inzwischen bis in die bürgerliche Mitte der Gesellschaft vorgedrungene Demokratieverachtung und ein auf allen Seiten wachsender Antisemitismus.

Angesichts dieser aktuellen Problemlagen stellt sich die Frage nach strukturellen Versäumnissen bei der inneren Ausgestaltung und nach den Defiziten in der Entwicklung der bundesdeutschen Demokratie, die im Schatten ihrer äußeren Stabilität und ihres ökonomischen Erfolgs entweder überdauert oder sich erneuert haben. Das Faktum, dass Rechtspopulismus und Nationalismus derzeit nicht nur fast überall in der westlichen Welt, sondern buchstäblich rund um den Globus auf dem

Vormarsch sind, nimmt dieser Frage nichts von ihrer Bedeutung. Denn vor dem Hintergrund der völkermörderischen Geschichte Deutschlands behält die Frage ihr besonderes Gewicht.

»Wir *haben* von den Dingen gewusst«, hatte Bundespräsident Theodor Heuss 1952 am gerade errichteten Mahnmal im ehemaligen Konzentrationslager Bergen-Belsen gesagt – und damit all jenen Deutschen widersprochen, die sich auch sieben Jahre nach dem Ende des »Dritten Reiches« noch als ahnungslose Opfer Hitlers sehen wollten. Zwar gebe es, so Heuss, keine Kollektivschuld, aber »etwas wie Kollektiv*scham* ist aus dieser Zeit gewachsen und geblieben«. Mit dieser Erklärung setzte das Staatsoberhaupt den Ton und die Maßstäbe für den Umgang mit dem erst viel später so genannten Holocaust und den weiteren deutschen Verbrechen. Er tat dies in einer für seine Landsleute schonenderen Sprache, als Thomas Mann sie während des Krieges benutzt hatte, aber politisch-moralisch doch kaum weniger klar. Heuss bahnte damit den Weg für jene selbstkritische Auseinandersetzung mit der NS-Vergangenheit, die aus zähen Anfängen heraus in den 1960er-Jahren Fahrt aufnahm und schließlich zu einem Charakteristikum der politischen Kultur, ja der Identität der Bundesrepublik geworden ist.

Seit etwa zwei Jahrzehnten steht dafür der Begriff »Erinnerungskultur«. Doch die Zeiten hoher Zustimmungswerte zu der damit bezeichneten Aufgabe scheinen vorbei zu sein: Inzwischen gibt es nicht mehr nur eine im Grunde wohlmeinende Skepsis ob der mangelnden Klarheit des Begriffs, sondern auch eine radikale politische Kritik an der Sache selbst. Sie kommt wie ein Zangenangriff von der radikalen Rechten und der postkolonialen Linken.

So haben sich führende Vertreter der AfD die altbekannte These zu eigen gemacht, wonach die fortgesetzte Auseinandersetzung mit der dunklen Vergangenheit einer »selbstbewussten Nation« zum Nachteil gereiche. Im politischen und ökonomischen Ringen der Mächte, so behaupten sie, schwächten uns außerdem die noch immer laufenden Wiedergutmachungsleistungen. Angesichts einer glanzvollen tausendjährigen Geschichte Deutschlands sei die NS-Zeit lediglich ein »Vogelschiss«. Nötig sei eine »erinnerungspolitische Wende um 180 Grad«, um den »Gemütszustand eines total besiegten Volkes« zu überwinden.

In solchen Sätzen schwingt ein kaum verhohlener Antisemitismus mit, der sich in ähnlicher Weise auch bei manchen postkolonialen Kritikern des deutschen Holocaust-Gedenkens zeigt: So etwa, wenn behauptet wird, die Deutschen entsprächen damit nur den Forderungen von »amerikanischen, britischen und israelischen Eliten« und missachteten darüber die Erinnerung an andere Gruppen, die ihrem Rassismus, Kolonialismus und Imperialismus zum Opfer gefallen seien.

Niemand, der in Deutschland die Ethik des Erinnerns und die Verpflichtung auf die Menschenrechte ernst nimmt, wird behaupten, dass mit der gesellschaftlichen Auseinandersetzung mit der NS-Vergangenheit schon alle Aufgaben erfüllt sind, die sich den Deutschen im Blick auf ihre Geschichte stellen. Aber genauso klar muss sein, dass die Vergegenwärtigung dieses Teils unserer Geschichte nicht abgebrochen werden kann und muss, weil – völlig zu Recht – neue Perspektiven des globalen Südens hinzutreten. Wenn der Satz Gültigkeit behalten soll, dass die Deutschen nach 1945 aus ihrer Geschichte gelernt haben, dann bleibt die Auseinandersetzung mit ihrer Geschichte vor 1945 eine unabschließbare Aufgabe.

Elke Gryglewski

Gedenkstättenarbeit als Demokratiebildung

Angesichts der Wahlergebnisse in den letzten Jahren, der Anschläge in Halle und Hanau, der Angriffe auf Gedenkstätten und vor allem nach den antisemitischen Reaktionen auf die Massaker in Israel am 7. Oktober 2023 werden wir immer wieder mit der Frage konfrontiert, ob die Gedenkstätten und die sogenannte Erinnerungsarbeit der letzten Jahrzehnte versagt haben.[1]

An dieser Frage zeigt sich zunächst die fragwürdige Haltung, dass die Verantwortung für einen nachhaltigen Umgang mit der NS-Vergangenheit als Grundlage für die demokratische Verfasstheit unserer Gesellschaft vielfach ausschließlich an die Gedenkstätten delegiert wird. Schon dies ist symptomatisch für bestehende Defizite. Demokratiebildung kann nur ganzheitlich geschehen und so sind Gedenkstätten ein Teil eines Netzwerkes von öffentlichen und privaten Einheiten, die von Politik bis hin zu Familie reichen. Jede dieser Einheiten muss dabei ihren Beitrag leisten.

Gleichwohl haben Gedenkstätten im Hinblick auf den Umgang mit dem Nationalsozialismus, den in dieser Zeit begangenen Verbrechen und den bis heute andauernden Nachwirkungen selbstverständlich eine herausgehobene Funktion – die sie auch wahrnehmen möchten. So geht es im Folgenden um die Aufgaben, die Gedenkstätten aufgrund der Geschichte der historischen Orte und der in ihren Satzungen festgeschriebenen Aufträge sinnvollerweise als Beitrag für die Demokratiebildung leisten können. Dabei wird deutlich, dass alle Aspekte miteinander verwoben sind und keine Rangfolge darstellen.

Demokratiebildung impliziert das im politischen Diskurs regelmäßig formulierte »Lernen aus der Geschichte«, wobei überwiegend unkonkret bleibt, was gelernt werden kann. Für die meisten Menschen ist die zeitliche Distanz zum Nationalsozialismus so groß und das Wissen um diese Geschichte so rudimentär, dass beispielsweise die gerade in der letzten Zeit häufig geäußerte Warnung, man wisse, wohin antisemitische Übergriffe und Vorfälle, wie die nach dem 7. Oktober in Deutschland beobachteten, führen könnten, für die Mehrheit abstrakt bleibt. Deswegen ist die zentrale Aufgabe der Gedenkstätten gleichbleibend wichtig: Die Geschichte der historischen Orte im Kontext der NS-Verbrechensgeschichte zu vermitteln und dem Publikum zu ermöglichen, sich ein fundiertes Wissen zur Geschichte anzueignen und selbst in die Lage zu kommen, Gegenwartsbezüge herzustellen.

Es ist wichtig zu begreifen, dass das Ziel der nationalsozialistischen Politik bis 1939/1940 nicht die Ermordung, sondern die Vertreibung der deutsch-jüdischen Bevölkerung war. Und dass erst die Besetzung immer neuer Länder in Europa und die Tatsache, dass damit auch die jüdische Bevölkerung dort in den Machtbereich Nazi-Deutschlands geriet, zu der nächsten Entscheidung führte – der Konzentration von Jüdinnen und Juden in Ghettos und Lagern. Dies nachzuvollziehen ermöglicht zu verstehen, dass die derzeit stattfindenden antisemitischen Übergriffe in Deutschland in öffentlichen Räumen – wie bei Demonstrationen oder Aktionen in Universitäten – aber auch persönlich gegen Jüdinnen und Juden– wie die Schmierereien an Wohnungen –, sich zunehmend gewalttätig gestalten und in direkte physische Gewalt münden können.[2]

Oder dass die zutiefst rassistisch motivierten Überlegungen, Millionen als fremd oder muslimisch markierte Menschen vertreiben zu wollen, zu konkreten politischen Entscheidungen führen können, wenn sich die bislang eher zurückhaltende Gesellschaftsmehrheit nicht eindeutig und lautstark gegen solche Pläne stellt.[3]

Damit die Gedenkstätten aber einem breiten Publikum ermöglichen, sich für Lernprozesse zu öffnen und Angebote annehmen, müssen diese in der Form modifiziert werden. Dabei geht es einerseits um die Beachtung neuer Rezeptionsformen beim Publikum. *Design für Alle* sollte zum Maßstab jeder Gestaltung werden. Wenn sich unsere Angebote weiterhin vorwiegend an ein akademisch vorgebildetes Publikum richten, wird der Kreis derjenigen, die unsere Arbeit unterstützen und mittragen können, weiter schrumpfen – auch weil wir wissen, dass Bildung nicht per se vor rechtem Gedankengut schützt und das Interesse an der Geschichte des Nationalsozialismus und Holocaust nicht von ethnischen, kulturellen oder sozialen Hintergründen abhängt.

Ohne historisch zu verfälschen müssen Sprache, Darstellungen, Konzepte von Ausstellungen, Veranstaltungen und Bildungsformaten vereinfacht werden, um möglichst viele Menschen zu erreichen. Differenzierte Angebote sollten es ermöglichen, sich barrierefrei den Inhalten zu nähern, und für weitergehendes Interesse Vertiefungsmöglichkeiten bieten.

Im Hinblick auf die Inhalte geht es andererseits darum, durch die eigene Haltung glaubhaft zu machen, dass ein wirkliches Interesse an Meinungen und Überlegungen unseres Publikums zur Gestaltung der Erinnerungskultur besteht. Abgeschlossene Narrative und apodiktische Darstellungen der historischen Ereignisse und der sich daraus ergebenden Konsequenzen widersprechen nicht nur dem Kontroversitätsgebot des Beutelsbacher Konsens, sie wirken auch wenig einladend. Dies bedeutet nicht, dass jede Äußerung in den Gedenkstätten erlaubt sein sollte. Aufgrund ihrer Geschichte und dem sich daraus ergebenden Auftrag sind Gedenkstätten keine neutralen Orte – solange sich aber Fragen und Aussagen im Rahmen der demokratischen Verfasstheit bewegen, den Nationalsozialismus und Holocaust nicht leugnen oder trivialisieren oder Phänomene gruppenbezogener Menschenfeindlichkeit reproduzieren, sollen sie Raum finden und Grundlage für gemeinsame Aushandlungsprozesse darüber sein, wie wir alle zukünftig Verantwortung für eine demokratische Gesellschaft übernehmen und die Geschichte in ihrer Bedeutung wahrgenommen wird.

Ein weiterer Aspekt, im Hinblick auf die Möglichkeit durch Gedenkstättenarbeit einen Beitrag zum Demokratielernen zu leisten, ist die – auch organisatorische – Gestaltung von Besuchen der historischen Orte. Im Kontext von antisemitischen und rassistischen Vorfällen werden regelmäßig Stimmen laut, die verpflichtende Besuche in Gedenkstätten für Schüler_innen oder Berufsgruppen wie Polizei oder Bundeswehr fordern. Jenseits der Tatsache, dass den Gedenkstätten gar nicht die Ressourcen zur Verfügung stehen, um eine entsprechende Betreuung gewährleisten zu können, wird dabei ein zentraler Widerspruch nicht beachtet: Lernen findet immer ganzheitlich statt. Schulklassen oder

Bundeswehreinheiten zu verpflichten, Gedenkstätten zu besuchen – sie also auf undemokratische Weise dorthin zu bringen – und dann zu erwarten, dass die Teilnehmer_innen in drei Stunden den Wert der Demokratie begreifen, kann nicht tragen. Im Feld des Demokratielernens können Gedenkstätten sinnvollerweise vornehmlich den Bereich des Lernens durch Demokratie abdecken. Werden Besuche auf Augenhöhe gestaltet und den Teilnehmer_innen Raum für eigene Fragen und Wünsche gegeben, können Lernprozesse es auch ermöglichen, die Bedeutung von Demokratien oder die Bedeutung der gegenwärtigen Bedrohung unserer Demokratie zu verstehen. Zentral bleibt grundsätzlich, dass Gedenkstätten aufgrund ihrer Geschichte Orte sein müssen, die ihrem Publikum demokratisch begegnen.[4]

Eine weitere wichtige Voraussetzung dafür, dass Gedenkstätten einen Beitrag zur Demokratiebildung leisten können, ist das Denken vom Gegenstand her statt vermeintlich andere zu konstruieren, für die ein spezifisches Angebot erstellt werden müsste. Seit Beginn der 2000er-Jahre, als die Diskussion um die Erinnerung in einer vielfältigen (deutschen) Gesellschaft aufgenommen wurde, fand überwiegend ein »Othering« statt, dass von der Differenzkonstruktion ausging, die weiße deutsche Gesellschaft habe sich in der sogenannten Aufarbeitung bewährt und Nachholbedarf hätten vornehmlich migrantische Menschen. Obwohl die seither erschienenen Studien[5] als auch die Entwicklung seit 2015 nachhaltig bewiesen haben, dass dies nicht der Realität entspricht, hält sich das Narrativ konstant und tritt in immer neuen Konstellationen zum Vorschein. Für eine produktive Gedenkstättenarbeit und für den Umgang mit der Vergangenheit in Bildungskontexten ist es jedoch wichtig zu definieren, welche Themen und Aspekte an welchen Orten und zu welchen Zeiten behandelt werden sollten. So unterscheiden sich die didaktischen Ziele eines Besuches in der Gedenkstätte Bergen-Belsen von einem in der Gedenk- und Bildungsstätte Haus der Wannsee-Konferenz schon alleine aufgrund der Geschichte der historischen Orte und der damit verbundenen Opfergruppen[6]. Wieder anders sehen Inhalte und didaktische Ziele in schulischen und außerschulischen Kontexten aus. Diese zu reflektieren und anschließend die pädagogischen Formen für die jeweilige Zielgruppe auszugestalten ist sinnvoll und tragfähig.

Eng damit zusammen hängt die Notwendigkeit der ständigen Reflexion des eigenen Tuns. Die Reaktionen auf die antisemitischen Vorfälle aus muslimisch gelesenen Kreisen nach dem 7. Oktober 2023 waren beredtes Zeichen der Differenzkonstruktion oder massiven Externalisierung eines bis in die Mitte der Gesellschaft verorteten Problems. Ebenso wie bei Lernprozessen vom Gegenstand ausgegangen werden sollte, ist es wichtig, bei einer eindeutigen Positionierung gegen antisemitische, rassistische und andere Äußerungen und Vorfälle im Bereich abwertender Ideologien keine Unterscheidung bei den Täter_innen zu machen. Antisemitismus von muslimisch gelesenen Personen ist nicht weniger problematisch als von weißen Deutschen – beide müssen thematisiert und ihnen muss entgegengewirkt werden. Die ständige Fokussierung auf die Ereignisse in markierten Vierteln von Berlin ermöglichen es auszublenden, dass Antisemitismus, Rassismus, Antiziganismus und andere im Nationalsozialismus massiv in die Gesellschaft eingetragenen Minderwertigkeitsideologien bis heute Teil unserer Kultur und selbst wir als Gedenkstättenmitarbeiter_innen nicht frei von Vorurteilen sind.

Die Reflexion unserer Arbeit bezieht sich darüber hinaus auch auf den Umgang mit unserem Publikum und die zwangsläufigen Veränderungen von Perspektiven, und ist besonders notwendig, wenn man lange Zeit mit einem inhaltlich so gewaltbelasteten und gleichzeitig so moralisch konnotierten Thema zu tun hat. Nehmen wir die Perspektiven unserer Teilnehmer_innen noch wahr? Erkennen wir, wenn wir aufgrund eigener inhaltlicher (Schmerz-)Grenzen möglicherweise ungerechtfertigt auf Äußerungen von Besucher_innen reagieren? Diese und andere Fragen immer wieder in kollegialen Beratungen oder Fortbildungen zu reflektieren, ist grundlegende Voraussetzung für die Berücksichtigung und Umsetzung aller hier thematisierten Notwendigkeiten.[7]

Reflexion, angemessene und zeitgemäße Angebote, ein demokratischer Umgang mit dem Publikum und der Anspruch, Orte der Teilhabe zu sein, um der wichtigen Forderung nach einem Beitrag zum Demokratielernen entsprechen zu können, erfordern Ressourcen. Dafür müssen Politik und Gesellschaft ein Verständnis entwickeln: Gedenkstättenarbeit als Beitrag zur Demokratiebildung muss finanziell abgesichert sein.

Anmerkungen:

1   Viele Leiter_innen von NS-Gedenkstätten wurden in Diskussionen oder von der Presse mit dieser Frage konfrontiert. Vgl. u. a. <https://www.zeit.de/politik/2023-11/antisemitismus-juden-deutschland-bedrohung-nachrichten-podcast> [abgerufen am 14.1.2024].

2   Gemeint sind propalästinensische Demonstrationen auf den Straßen etlicher deutscher Großstädte oder der sogenannte *Student Strike* Anfang November 2023 an der Universität der Künste und die Besetzung eines Hörsaals für eine propalästinensische Kundgebung an der Freien Universität Berlin am 14.12.2023, bei der die Veranstalter_innen jüdische Student_innen regelrecht bedrohten. Das Schmieren von Davidsternen an Haustüren von Wohnungen jüdischer Bewohner_innen ist nicht auf ein konkretes Datum zu beziehen, da es sich über Wochen hinzog und vermutlich immer noch geschieht.

3   Am 10. Januar 2024 berichtete Correctiv von einem Geheimtreffen im November 2023 in Potsdam, bei dem Mitglieder der AfD und CDU gemeinsam mit Rechtsextremen über die Vertreibung von »Zuwanderern« diskutierten. <https://correctiv.org/aktuelles/neue-rechte/2024/01/10/geheimplan-remigration-vertreibung-afd-rechtsextreme-november-treffen/> [abgerufen am 14.1.2024].

4   Vgl. Gryglewski, Elke: Zur Diskussion über sogenannte Zwangsbesuche in Konzentrationslagern, <https://www.gedenkstaettenforum.de/fileadmin/forum/Rundbriefe/2018/GedRund19056-60.pdf> [abgerufen am 21.1.2024].

5   U. a. Gryglewski, Elke: Anerkennung und Erinnerung. Zugänge arabisch-palästinensischer und türkischer Berliner Jugendlicher zum Holocaust, Berlin 2013; Ehricht, Franziska: Die Einbindung bildungsbenachteiligter Jugendlicher muslimischer Herkunft in die historisch-politische Bildungsarbeit zu Nationalsozialismus und Holocaust. Eine Fallstudie, TU-Berlin 2017; Werker, Bünyamin: Gedenkstättenpädagogik im Zeitalter der Globalisierung. Forschung, Konzepte, Angebote, Münster 2016.

6   Während in der Gedenkstätte Bergen-Belsen auf Kriegsgefangene, jüdische Opfer und aufgrund der sogenannten Evakuierungstransporte auf sämtliche Häftlingsgruppen aller Konzentrationslager eingegangen werden kann, bezog sich die Wannsee-Konferenz ausschließlich auf die jüdische Bevölkerung in Deutschland und Europa.

7   Thimm, Barbara/Kößler, Gottfried/ Ulrich, Susanne: Verunsichernde Orte. Selbstverständnis und Weiterbildung in der Gedenkstättenpädagogik, Frankfurt am Main 2010.

//////////////////////////

WER GEHÖRT DAZU?

//////////////////////////

Souad Lamroubal

Die Demokratie der anderen

Demokratie also. Die Mitte also. Garantiert eine Demokratie denn nicht jedem, Teil dieser Mitte zu sein? Deutschland, wir müssen reden! Eigentlich über so vieles, aber jetzt erst mal nur über diese Mitte und darüber, welchen Einfluss sie auf die Demokratie hat. Lass uns also darüber reden, ob der Begriff *Mitte*, so wie er aktuell definiert wird, nicht schon alleine Ausgrenzung fördert und wieso die Meinung dieser einen Mitte die entscheidende Meinung ist. Ja, darüber müssen wir unbedingt reden! Es ist doch eigentlich längst Zeit für Veränderung. Es ist viel mehr schon sehr lange Zeit für Veränderung. Zu lange gibt es die Menschen, die längst zur Mitte zählen sollten, aber nicht als Mitte anerkannt werden. Oder ist es vielmehr so, dass keine Veränderung angestrebt wird, sondern, dass diese Menschen der Mitte ihr Privileg sichern, die Mitte zu sein, indem die anderen die anderen sind und bleiben. Es sind die Juden, die Muslime, die Flüchtlinge, die Migrant_innen und alle, die von der wichtigen Mitte gewissermaßen als fremd bezeichnet werden. In regelmäßigen Debatten und wissenschaftlichen Studien werden die vermeintlichen Unterschiede thematisiert. Gesellschaftlich wird diskutiert, dass die Mitte sie doch endlich anerkennen sollte, die anderen. Dass diese Menschen doch auch nur normale Menschen sind, denen man nicht gewaltvoll begegnen sollte und die doch eigentlich ein gleichwertiger Teil der Gesellschaft sind. Es wird die Demokratie der anderen verhandelt. Wieso habe ich das Gefühl, dass genau diese Debatten und diese Terminologie Ausgrenzung fördern. Ich möchte heute nicht über die anderen sprechen. Heute bin ich gerne die andere. Ich bin zur Abwechslung einfach mal ich und versuche nicht zu beweisen, ein gleichwertiger Teil der Gesellschaft zu sein. Ich bleibe also nur bei mir, dem Traum von Demokratie und dieser machtvollen Mitte:

Mein Name ist Souad.

Ich mag meinen Namen. Er bedeutet im Arabischen so viel wie Freude. Mein Vater hat mir diesen Namen gegeben, das erfüllt mich mit Stolz. Es bringt mich manchmal zum Lachen, dass einige Menschen ihn nicht richtig aussprechen können, aber es ist okay. Es ist wirklich okay.

Er hat für mich eine positive Bedeutung, wegen all der positiven Dingen, die ich damit verbinde. Er ist Ich. Er ist meine Geschichte und eine Einladung, mich kennenzulernen und mich in einer freundlichen Art zu begrüßen. Souad heißt Freude. Ich werde diese Begrüßung erwidern. In einer freundlichen Weise. Ja, ich weiß, wie es funktioniert, natürlich. Bin ich doch »integriert« in diesem Lande. In diesem Einwanderungsland. Ich bin ehrlich: Ich bin nicht integriert. Ich wüsste – um ehrlich zu sein – nicht einmal wie das funktioniert. Ich bin einfach da und tue, was ich tue. In einem Land, in welches ich hineingeboren wurde. Ich kann irgendwie nichts anderes, als das zu tun, was ich tue. Wo ich es gelernt habe? Hier in Deutschland. In dem Land, in dem ich geboren wurde. Ich funktioniere in dieser Gesellschaft, wie auch andere Deutsche es tun, und funktioniere auch mal nicht, wie es andere Deutsche tun. Was ist eigentlich die Bezeichnung für Deutsche, die nicht funktionieren? Ich weiß es nicht. Ich habe mir nie Gedanken darüber gemacht. Wieso um Himmels willen sollte es dafür eine andere Bezeichnung geben, dachte ich mir bisher. Menschen funktionieren oder Menschen funktionieren nicht. In beiden Fällen gibt es menschliche Gründe dafür. Individuelle Gründe, sind wir doch Individuen.

Es ist Zeit, mir mehr darüber Gedanken zu machen: Silvester 2022/2023 in Berlin! Mein Vorname beschäftigt mich mal wieder, und all die positiven Merkmale, die ich ihm zuschreibe, verlieren ihre Bedeutung. Er fühlt sich fremd an. Er ist anders. Er ist nicht Ich.

All das, was ihm heute zugeschrieben wird, bin nicht Ich. Als eine Einladung zu einer freundlichen Begrüßung wird er schon gar nicht wahrgenommen. Eine Begrüßung ist nicht mehr erforderlich: Man weiß, was kommt. Man kennt mich schon, ohne mich zu kennen. Er steht im Zusammenhang mit der fremden arabischen Kultur, meiner »echten Heimat«, mit Jugendlichen, die aus der Reihe tanzen. Mit Kriminalität. Mit gescheiterter Integration. Aber was ist denn mit meinem Deutschen Pass und damit, dass ich hier geboren bin? Nichts. Tatsächlich nichts. Es ist ausgesprochen. Kein Mythos mehr. Deutsch auf dem Papier ist nur deutsch auf dem Papier. Aber Papier muss doch zählen in einem Land der Papiere ...

Ich möchte das so nicht annehmen. Ich kämpfe mit mir. Nein, so bin ich nicht. Ich ärgere mich über die Pauschalisierungen. Ich fühle mich meiner Identität beraubt. Es schmerzt, dass andere meinen zu wissen, wer und was ich bin. Habe ich doch selbst so viele Jahre mit mir gekämpft und mit der Frage nach der Herkunft. Ich dachte, ich hätte die Antwort und endlich Frieden.

Ich werde es beweisen. Ich werde beweisen, dass ich anders bin. Also anders als die anderen anderen?

Nein, dass ich deutsch bin und mein Name nur ein Name ist. Ich bin bereit, auf die wichtige Bedeutung, die er für mich hat, zu verzichten. Es ist ein arabischer Name, ja, aber ich bin deutsch. Es klingt komisch und es fühlt sich komisch an. Will ich denn die Herkunft meiner Eltern leugnen? Wegen der negativen Eigenschaften, die Menschen ihr zuschreiben. Menschen, die darüber wachen, wer deutsch ist und wer nicht. Menschen, die nicht verstehenden, wie Gesellschaft funktioniert und wie Identität entsteht. Menschen, die auf jegliche Interaktion verzichten und dennoch über Menschen urteilen. Über was wachen sie eigentlich so krampfhaft? Wer sagt, dass Deutschsein besser ist? Wer sagt, dass die Abwertung anderer Nationalitäten und die Aufwertung der deutschen real ist?

Der Gedanke gefällt mir und tatsächlich habe ich nie infrage gestellt, ob es mich wirklich aufwertet »deutsch« zu sein. Ich kenne niemanden der das tut. Wollen die meisten doch um jeden Preis dazugehören. Vielleicht funktioniert ja das Integrationsspiel deshalb so gut. Die einen sagen, man soll sich integrieren in eine Gesellschaft, die gut ist, und die anderen glauben tatsächlich, dass diese Integration sie aufwerten würde. Sie passen sich an eine Gesellschaft an, die also weiß, wie es geht. Eine Gesellschaft, die die Werte einer Demokratie verinnerlicht hat und nicht so ist, wie die Hinterwäldler, die andere Menschen ihrer Rechte berauben. Zu dieser Menschengruppe möchten sie und ich unbedingt gehören, denn: blieben sie wie und wer sie sind, wäre sie wohl weniger wert. Deutsch bedeutet zivilisiert, Disziplin und Ordnung. Krisen können dem nichts anhaben. Deutsche tragen ihre Dokumente nicht in Tüten herum. Niemals! Ob Kriege oder Krise, Deutsche-sein ist gut. Ich versuche, die Gedanken und Bilder an die Corona-Krise zu verdrängen. Die Bilder von Menschen, die sich wegen Nudeln und Toilettenpapier im Supermarkt fast prügelten. Ich verdränge meinen Gedanken daran, dass Menschen funktionieren oder auch nicht und dass es in beiden Fällen menschliche Gründe gibt. Ich stelle mir nicht erneut die Frage, wie man Deutsche nennt, die nicht funktionieren. Wieso sollte es dafür eine andere Bezeichnung geben?

Alles eine Frage der Integration. Was sonst?! Integration also ...

Sind es einfach die Normen und Werte, die entscheidend sind für die Integration? Ohne Normen fällt das System auseinander. Das ist also Integration? Das könnte es sein! Wir halten uns an Normen und Werte, damit unsere Gesellschaft funktioniert. Diese Normen und Werte wurden unter Berücksichtigung einer vielfältigen Gesellschaft festgelegt, so dass sich jeder damit identifizieren kann. Wirklich? Ich komme zu der Antwort, dass dem nicht so ist. Ich muss aufhören nachzudenken. Ich höre auf nachzudenken. Zeit für eine Tasse marokkanischen Minztee ... Die Minze riecht irgendwie nach Heimat. Irgendwie. Ich mag Minze.

Es geht mir gut. Es geht mir sehr gut. Ich bin kein Opfer. Betroffen ja, aber kein Opfer. Ich sollte mich da nicht so reinsteigern. Es geht mir gut. Manchmal bin ich sogar privilegiert. Morgens, wenn ich zur Arbeit fahre in die Ausländerbehörde und als Sachbearbeiterin an der langen Warteschlange vorbeilaufen darf, bin ich auf jeden Fall privilegiert. Ich muss nicht draußen bei Regen, in Sturm und Eiseskälte stehen. Ich bin definitiv privilegiert. Ich gehöre dazu. Ich darf an der langen Schlange vorbeilaufen, nach *oben* in mein schönes Büro mit Blick auf die Warteschlange *unten*. Ich darf diesen Zustand von meinem Fenster aus beobachten, muss mich nicht mit den Sicherheitsleuten da draußen rumschlagen. Muss nicht dafür beten, heute eine Sachbearbeiterin oder einen Sachbearbeiter zu treffen, um meine Angelegenheiten klären zu dürfen. Um zu erfahren, ob ich vielleicht doch arbeiten darf, meine Familie nach Deutschland holen darf oder mein Dokument verlängern kann, das schon seit Monaten abgelaufen ist.

Ich muss mich nicht in diese Warteschlange stellen, nein. Ich bin privilegiert. Diesen Gedanken habe ich oft, wenn ich aus dem Fenster schaue. Wieso fühlt es sich nur so verdammt schlecht an, privilegiert zu sein? Müsste ich den Anblick doch genießen können oder zumindest verstehen, dass das alles nichts mit mir zu tun hat! Ich bin deutsch. Ich stelle das Gesetz nicht infrage. Es ist ein deutsches Gesetz. Deutsch ist gut. Es wertet mich auf.

Es ist Zeit für einen Kaffee. Ich mache es so, wie andere deutsche Beamte es auch tun. Für eine bessere Atmosphäre mache ich das Radio an. Der Genuss meiner Privilegien hat nicht lange angehalten, denn es hallt durchgängig aus dem Radio: »Silvester in Berlin!!« »Migrantische Jugendliche randalieren!« »Jugendliche mit Migrationshintergrund bewerfen Polizisten mit Böllern!« »Die Politik fordert umgehende Klärung.« »Die Union möchte wissen, welche Vornamen auch jene Jugendliche haben, die einen deutschen Pass haben.«

Vielleicht kann ich einfach nicht sein, was ich bin. Vielleicht bin ich nicht, was ich meine zu sein. Ich werde nachdenklich und stehe auf. Möchte aus dem Fenster blicken, um auf andere Gedanken zu kommen. Aber der Blick auf die Warteschlange macht alles noch schlimmer. Ich entscheide mich, mich lieber wieder hinzusetzen. Wahrscheinlich entscheide ich mich aber auch, ganz zu gehen. Ich werde darüber nachdenken.

Jetzt blicke ich lieber nur kurz auf mein Handy. Vielleicht lenkt mich das ja ab. Aktuell erreichen mich mehr Anfragen als sonst. Unter den Anfragen: auch die Presse. Sie möchte meine Meinung zu den Vorfällen in Berlin. Möchte meine Meinung als Migrationsexpertin. Zumindest hoffe ich das. Ich selektiere zuerst, erst dann werde ich antworten. Heute werde ich die ersten Gespräche führen und der Presse sagen, was ich denke. Deshalb will sie meine Stimme, um wieder ein Gleichgewicht herzustellen. Zumindest hoffe ich das.

Nach Feierabend werde ich das erste Gespräch führen, jetzt erstmal ein Mettbrötchen. Verdammt, nein!! Schweinefleisch ist Haram, was erzähle ich da? Ich bleibe lieber bei Sucuk ...

Wo sind eigentlich Hassan und Erol? Ich wollte noch mit ihnen über unseren Dokumentarfilm sprechen und über die Lehrvideos, die wir zum Thema Rassismus an Schulen gemacht haben. Ich schreibe ihnen gleich und werde zu ihnen fahren: Das bringt mich auf andere Gedanken. Die Arbeit mit ihnen ist lustig und macht Spaß. Wir sprechen auch über viele traurige Dinge, aber das tut uns gut. Die Jungs wissen, um was es geht. Sie haben verstanden, wer sie sind. Es war dennoch harte Arbeit. Ich erinnere mich an die ersten Gespräche über Rassismus in der Hood. Dass man sich dem nicht einfach so hingeben muss, war ihnen neu. Sie sind klug. Sie haben verstanden, dass nur Schwachköpfe sie ausgrenzen. Sie haben Hoffnung. Sie geben die Kontrolle nicht ab. Sie haben nicht viel, aber träumen groß. Sie glauben daran, dass sich in ihrem Stadtteil etwas verändern kann. Sie glauben, dass sie diese Veränderung mitgestalten können. Sie glauben daran eine Stimme zu haben. Vielleicht sind es ihre Worte. Vielleicht aber auch nur meine Träume ...

Ich gehe auf den Schulhof und schaue nach den Jungs. Sie antworten nicht auf meine Nachrichten. Ungewöhnlich. Von Weitem sehe ich sie. Sie sitzen auf der Tischtennisplatte. Jeder von ihnen in sein Handy vertieft. Sie haben mich wahrgenommen, doch tun, als hätten sie mich nicht gesehen oder als wäre meine Anwesenheit unwichtig. Das ist meine Interpretation der Situation.

»Was geht?«, frage ich in die Runde. Keine wirkliche Antwort. Nur Gemurmel. Die Blicke weiter auf das Handy gerichtet. Ich entscheide mich, mich einfach auch auf die Tischtennisplatte zu setzen und mein Handy rauszuholen. Ich schweige wie sie. Irgendwie tut es trotzdem gut. Wir tun einfach, als würden wir etwas tun und sind dabei zusammen. Das tun die Jungs oft. Sie lassen mich teilhaben. Solange ich keine anstrengenden Fragen stelle oder einen auf Oberlehrerin mache. Wahrscheinlich ist mir die Nähe zu den Jungs nur möglich, weil ich Souad heiße. Vielleicht sind es ihre Worte. Vielleicht aber auch nur meine Träume. Mein Vorname beschäftigt mich wieder. Ich freue mich über dieses Privileg, das mir der Vorname verschafft, den mein Vater mir gegeben hat. Es erfüllt mich mit Stolz.

Die Berichte aus den Medien lassen mich nicht los. Ich möchte mich mit jemandem austauschen, der versteht, was ich meine. Jemandem, der versteht, wie ich fühle. Ich google einfach. Jetzt tue ich nicht mehr so, als würde ich etwas tun. Scheiße, jetzt verstehe ich. Niemand hier tut so, als würde er etwas tun. Wir tun alle dasselbe. Wir sind Erol, Hassan, Latif und Souad. Ben ist auch da, aber sicher tut er etwas anderes. Ben ist nicht wie Erol und nicht wie Hassan. Wie Latif ist er auch nicht. Alle hier sind Deutsche. Alle leben in einer Hood, die als Brennpunkt bezeichnet wird. Ich nicht. Mir geht es gut. Ich bin privilegiert. Ich habe es hier rausgeschafft. Was mache ich hier eigentlich auf dieser alten, hässlichen Tischtennisplatte? Ich gehe nach Hause und werde mit der Presse sprechen. Als privilegierte, deutsche Migrationsexpertin!

Ich werde von dem Journalisten gefragt, ob ich denn auch dafür bin, dass man *diese* Jugendlichen bestraft. Ich hake nach, um Missverständnisse zu vermeiden. Ich wiederhole: »Ob ich dafür bin, dass man Jugendliche, die straffällig werden, bestrafen sollte?« Ich finde die Frage des Journalisten absurd. Ich weiß, was er *eigentlich* sagen wollte, lasse dafür aber keinen Raum. Das Interview mit mir wird ihm nicht helfen. Ich weiß nicht, ob es richtig ist, den Aspekt der Migration und Integration auszublenden. Ich denke mir, dass man Menschen, die Schwachsinn verbreiten möchten, eher mit Ignoranz begegnen sollte. Politiker_innen, die einen vermeintlichen Unterschied herstellen, um gesehen zu werden, sollten diejenigen sein, die unsichtbar gemacht werden. Ein Ruf nach Aufmerksamkeit, dem ich nach außen nicht folgen werde. Politiker_innen der Union führen sich auf wie Jugendliche, die um jeden Preis Aufmerksamkeit erregen und gesehen werden wollen. Bei Jugendlichen reicht es manchmal, sie einfach in den Arm zu nehmen und ihnen zu sagen, dass sie gut so sind, wie sie sind. Friedrich Merz und Markus Söder in dieser wohlwollenden Geste zu begegnen, löst großen Widerstand in mir aus. Keiner zweifelt daran, dass sie deutsch sind. Sie sind es zweifelsfrei. Deutsch zu sein, ist gut. Es wertet mich auf. Was tun eigentlich diejenigen, die nichts anderes sein können als deutsch. Ich freue mich über meinen Namen. Er ist ein Privileg.

Deutsch sein, ist nicht immer gut. Wieso versuchen viele so krankhaft zu beweisen, dass sie deutsch sind? Wieso ist auch mir das so wichtig? Ich frage mich, ob wir die richtigen Debatten führen.

Mein Name ist Souad Lamroubal. Ich bin Deutsch-Marokkanerin. Mal bin ich mehr deutsch, mal mehr marokkanisch. Das hängt damit zusammen, welche Debatten wir gerade führen und in welcher Rolle ich gera-

Die Demokratie der anderen

de bin. Ich habe einen deutschen Pass. Ab und zu fühle ich mich auch deutsch. Meine Eltern sind aus Marokko. Sie sind nicht ursprünglich deutsch. Das ist okay, denn deutsch sein wertet sie nicht auf. Ich liebe meine marokkanischen Eltern und ich liebe die marokkanische Kultur. Sie ist ein Teil von mir. Ein sehr wichtiger Teil. Der Name Frederike hätte nicht gepasst. Souad ist schon gut. Ich will niemand anderes sein, um gesehen und anerkannt zu werden. Ich will Ich sein. Souad ist Ich. Ich will akzeptiert werden mit all den Unterschieden, die ich zu anderen aufweise. Ich werde die Unterschiede nicht leugnen. Ich bin so unterschiedlich wie andere unterschiedlich sind. Ich weiche nicht von der Normalität ab. Normalität ist Unterschiedlichkeit. Wer entscheidet über Normalität? Sind es nicht auch jene, die über Abweichung urteilen. Die Begründer der Stigmatisierung. Ich akzeptiere keine Abwertung, damit andere sich aufwerten können. Ich verstehe das Machtspiel um Normalität. Souad ist Normalität. Ich möchte nicht jemand sein, der ich nicht bin. Ich bin nicht nur deutsch, und das ist gut so. Manchmal möchte ich auch gar nicht deutsch sein, aber das geht nicht. Gerade in den Momenten, in denen wir solche Debatten führen wie beispielsweise über die Silvesternacht in Berlin, möchte ich nicht deutsch sein. Ich frage mich, ob nicht schon allein diese Debatten antidemokratische Ansätze enthalten. Ich schäme mich ein wenig für bestimmte Politiker_innen und dafür, dass ich mit ihnen verbunden bin. Wie blicken die Menschen aus dem Ausland wohl auf uns, frage ich mich. Menschen, von denen wir inzwischen abhängig sind. Fachkräfte, die wir mal wieder brauchen, um unser System am Laufe zu halten. Was sage ich meinen Teilnehmer_innen aus dem Ausland, die bald wieder an meinem Kurs teilnehmen werden, um sich auf ihren Aufenthalt in Deutschland vorzubereiten? Was sage ich jenen, die sich dazu entschlossen haben, ihre Heimat zu verlassen, um diesem Land ihre Arbeitskraft zur Verfügung zu stellen? Was sage ich den Menschen, die ihre Eltern hinter sich lassen und auf ein gutes und friedliches Leben in einem demokratischen Land hoffen? Werde ich weiter für dieses Land werben? Werde ich meinen Migrationshintergrund als Werbeplakat einsetzen? Den Migrationshintergrund, den ich meinen Eltern zu verdanken habe. Den Menschen, die aus der arabischen Welt stammen. Der Welt, aus der auch die *arabischen P** stammen. Kann ich nach diesen und vielen ähnlichen Debatten noch authentisch sein und für dieses Land werben? Ich werde darüber nachdenken müssen. Ich vermisse Bescheidenheit. Deutsche Bescheidenheit.

Ich blicke in den Spiegel und frage mich, ob so Deutsche aussehen. Ich bin nicht weiß, das stimmt. Ich weiß aber auch nicht, wie die Deutschen aussehen. Ich habe eine Vorstellung. Es ist mir egal. Sollte es aber nicht. Nicht heute und eigentlich noch nie.

Ich nehme mir mehr Zeit. Ich schaue genauer hin. Ich sehe meine Eltern. Mir gefällt, was ich sehe. Es erfüllt mich mit Stolz.

Vielleicht werde ich aber genau für diesen Stolz kritisiert werden. Wie kann ich etwas gutheißen, was die Gesellschaft längst als abweichend bewertet hat? Etwas, was von der Normalität abweicht? Ich werde darüber nachdenken müssen, bevor ich es laut ausspreche. Es bleibt vorerst nur mein Gedanke. Ich werde darüber nachdenken müssen, ob ich meine These, dass die Norm die eigentliche Abweichung ist, laut aussprechen werde. Die Normalität, die andere ihrer Normalität beraubt. Bin ich doch eigentlich schon fast privilegiert und gehöre zu ihnen. Gehöre fast zu einer demokratischen Gesellschaft. Was gibt es mehr?! Möchte ich das aufs Spiel setzen? Möchte ich ein Stück der Normalitätsmacht und Akzeptanz aufgeben? Hat es mich doch so viel Kraft gekostet, den Menschen zu beweisen, dass ich das kann, was andere *normale* Deutsche auch können. Es löst fast kein Erstaunen mehr aus, dass ich der deutschen Sprache mächtig bin. Menschen loben mich nicht mehr dafür, Deutsch zu sprechen, sie loben mich inzwischen dafür, dass ich *so* Deutsch spreche. Ich bin fast privilegiert und darf mitentscheiden, welches Deutsch nun ausreichend ist oder nicht. Ich darf mitentscheiden über Normalität und Abweichung. Gutes Deutsch ist Normalität. Mein Vater spricht Deutsch, aber kein sehr gutes. Ich darf also mitentscheiden über seine Abweichung und all die negativen Eigenschaften, die Menschen mit dieser Eigenschaft zugeschrieben werden. Ich bin so privilegiert, mitentscheiden zu dürfen, wer ein Stigma kriegt und wer nicht. Ich hätte also das Privileg, mich abwenden zu können. Wieso fühlt es sich nur so schlecht an, privilegiert zu sein? Ich komme zu dem Schluss, dass Normalität nur eine Perspektive ist, weder Privileg noch Macht. Es ist also nichts, was nicht jeder Mensch

Die Demokratie der anderen

beeinflussen und verändern könnte, wäre da nicht diese große Angst vor dieser Veränderung.

Ich beginne, Mitgefühl zu entwickeln für all jene, denen diese illusionäre Realität so wichtig ist. Es tut mir leid für sie. Wovor haben Sie Angst? Was würde sich verändern, würde die Normalität neu definiert oder gar abgeschafft?

Ich muss diese Gedanken loswerden, verdammt, her mit dem Wein. Nicht Haram, nein! Nicht jetzt! Nicht, wenn ich mein Privileg behalten und die Illusion aufrechterhalten möchte. Alkohol ist okay. Auch wenn er mir schadet, ist er okay. Er ist Normalität und macht mich vielleicht noch etwas deutscher. Deutschsein ist gut. Es wertet mich auf. Vielleicht ist aber auch das nur mein Wunsch – oder doch *ihr* Wunsch? Ich schalte jetzt ab und gehe morgen wieder meinem Alltag nach. Es geht mir gut. Es geht mir sehr gut! Es ist kein Platz für andere Werte. Vielfalt spaltet nur. Es gibt gute Vielfalt und schlechte Vielfalt. Im Kern ist es aber Einfalt, die uns zusammenhält.

Verdammt.

Der Wein passt gut. Ich bin längst im Zustand der Abhängigkeit. Abhängigkeit, die viele Menschen regiert. Sie daran hindert, eine Kultur auszuleben, für die kein Platz ist. »Ich bin deutsch, meine Eltern sind aus Marokko!«. Wieso, verdammt nochmal, bestehe ich auf diese Differenzierung? All die Vorurteile, die herrschen, richten sich nicht gegen mich, sondern gegen die anderen. Da gehören sie hin und passen. Ich bin deutsch, auch wenn die Schale eine andere ist. Ich bin abhängig. Die einseitige Abhängigkeit hat eine Minderwertigkeit entstehen lassen. Die Abhängigkeit regiert vielleicht auch mich. Tief in mir trage ich eine Liebe, die ich nur in mir lebe. Bald schreie ich es heraus. Geht es denn nur mir so? Es ist so einfach kompliziert ...

Manchmal gefällt mir die Rolle der Weißen. Ich reise in die Heimat meiner Eltern und ärgere mich über die schlechte Infrastruktur und darüber, dass es keine richtige Ordnung gibt. Die Luft ist so schlecht, hoffentlich hole ich mir nichts. Einen Arztbesuch möchte ich vermeiden, die Qualität der Medikamente ist sicherlich schlecht und die Kompetenz der Ärzte hier sicherlich fragwürdig. Ich beklage mich darüber, dass ich meine Standards herunterfahren muss und wasche das Gemüse mindestens zehn Mal. Was ist nur mit mir passiert?

Ich bin doch nicht rassistisch.

Das geht doch gar nicht! Wie kann jemand rassistisch sein, der selbst nicht weiß ist? Ich schäme mich zum ersten Mal für diese Gedanken. Zum ersten Mal, weil ich sie zum ersten Mal an mich herangelassen habe. Was hat dieser verbissene Kampf nach Zugehörigkeit nur mit mir gemacht? Ich bin Teil einer rassistischen Gesellschaft, denn Rassismus wird durch die Strukturen eines Landes begründet. Ich lebe Rassismus und trage die Verantwortung. Darf ich mich also nicht über die Berufs-rassist_innen beschweren? Nicht über Politiker, die rassistische Debatten führen? Ich trage also auch die Verantwortung für die AfD. Nicht immer, aber wenn ich wählen darf, dann ja. Ich darf wählen.

Ich bin Teil einer Demokratie, die entscheidet, wer diese rassistischen Debatten führen darf. Teil einer Demokratie, die das zulässt. Das bin ich, wenn ich sage, dass ich deutsch bin. Wir sind alle Teile eines Systems, das wir entstehen lassen und am Leben erhalten. Jede Veränderung liegt in unserer Verantwortung. Wir leben Demokratie. Alle Macht geht von uns aus. Rassismus liegt in unserer Verantwortung. Es ist nicht der Rassismus der anderen. Wir profitieren von rassistischen Strukturen. Die Minderwertigkeit der anderen wertet uns auf ... Ich sage WIR. Ich bin so fern von dem echten Wir, der Mitte. Aber ab und zu habe ich das Privileg, die Perspektive der Mitte einnehmen zu dürfen. Wann, wie und wo entscheidet aber die Mitte. Für einen Moment behalte ich diese Perspektive bei.

Ich habe so lange nicht ferngesehen. Immer nur schlechte Nachrichten. Ich habe meine Corona-Depressionen noch gar nicht überwunden und bin dünnhäutiger als vor dieser Krise, lange schon. Mal sehen, ob sich etwas getan hat: Asylverfahren an der europäischen Außengrenze. Migration muss besser gesteuert werden und wir müssen besser selektieren. Wollen wir doch nur die Migrant_innen, die tatsächlich nützlich für uns sind! Unsere Wirtschaft ist in Gefahr! 630.000 Arbeitsstellen konnten im Jahr 2022 nicht besetzt werden. Wir brauchen mehr junge Menschen. Meer also.

Die Demokratie der anderen

Das Meer bringt Überlebende, aber keine qualifizierten Fachkräfte. Kann das Meer nicht selektieren und die Nützlichen ankommen lassen? Mit viel Glück bringt es Überlebende. Wir selektieren und schicken sie zurück ins Meer. Mehr können wir nicht tun, wenn wir unseren Wohlstand beibehalten wollen. Wir haben keine Kapazitäten mehr. Bringen wir ihre und unsere Not doch zusammen. Sie flüchten vor Krieg, Verfolgung und Hunger, und wir wollen unseren Wohlstand erhalten. Machen wir doch daraus eine Win-win-Situation. Aber nur, wenn ihre Qualifizierung ausreicht. Das Meer hilft uns und kümmert sich um die Menschen, die mehr nicht bieten können. Ich bin Teil einer Gesellschaft, die das fördert. Das erfüllt mich mit Stolz. Der Stolz rührt mich zu Tränen. Ich trage dazu bei, dass unser Land sicher bleibt.

Demokratie also. Wie oft habe ich den Begriff benutzt ohne jegliche Emotion. Er war einfach da. Der Begriff ist eigentlich in seiner Bedeutung schön, klingt aber in seiner Aussprache so hart. Wahrscheinlich hat das einen Grund. Losgelöst vom Klang dieses Ausdrucks mache ich mir auch Gedanken über seine tatsächliche Bedeutung und frage mich, wem eigentlich die Deutungshoheit zusteht? Sind es die Menschen, die Demokratie uneingeschränkt genießen, oder sind es die Menschen, die auf der anderen Seite stehen? Funktioniert Demokratie nur, solange es Menschen gibt, die auf der anderen Seite stehen? Sind wir vielleicht erst in der Demokratie angekommen, wenn wir nicht mehr das Gefühl haben, wir müssten sie verteidigen? Wenn sie so normal ist, dass wir nicht mehr darüber sprechen müssen? Wenn die Wichtigkeit von Menschenrechten für alle nicht mehr zu diskutieren ist? Verteidigen wir wirklich die Demokratie oder nur unsere Privilegien unter dem Deckmantel der Demokratie?

Ich habe einen Traum von Demokratie und glaube nicht, dass es darum geht, Demokratie zu retten. Es geht vielmehr darum, sie nicht mehr als selbstverständlich anzusehen. Sie als einen fortlaufenden Prozess zu verstehen, der zum Stillstand kommt, wenn wir diesen vernachlässigen. Der zum Stillstand kommt, wenn man sich die demokratischen Werte nicht regelmäßig vergegenwärtigt. Der aber auch zum Stillstand kommt, wenn wir ständig nur damit beschäftigt, sind die Demokratie nach außen zu verteidigen, ohne sie tatsächlich zu verinnerlichen. Ohne sie als einen Prozess zu verstehen, der so viel mit uns selbst zu tun hat. Sie zu erhalten, ist unsere Verantwortung, und wenn sie ins Schwanken gerät, dann haben wir auch das zu verantworten. Schweigen bedeutet mindestens Stillstand. Demokratie bedeutet Verantwortung. Es ist die Verantwortung für die Demokratie der anderen.

Mir geht es gut, mir geht es sehr gut. Vielleicht bin ich sogar privilegiert. Den Gedanken hatte ich bis vor Kurzem. Nahostkonflikt. Nun muss ich mich distanzieren. Souad heißt Freude. Eigentlich mag ich meinen Namen. Die Bedeutung ist uninteressant. Es ist wie es ist. Es ist immer nur eine Frage der Zeit.

//

DIE LÄHMENDE SEITE DER ANGST ÜBERWINDEN

//

Walter Sittler

Tägliches Tun für eine freie, soziale und gleichberechtigte Gesellschaft

Unsere Demokratie gründet auf dem guten Willen und dem Einsatz aller Beteiligten. Die Grundlagen einer demokratischen Gesellschaft erhalten ihr Leben und ihre Wirkung durch das Wollen der Bürgerinnen und Bürger, dass diese demokratischen Regeln gelten sollen. Zur Wahl gehen, immer wieder, ist ein Ausdruck dieses »Wollens« – das Wollen selbst ist tägliches Tun im Sinne einer und für eine freie, soziale und gleichberechtigte Gesellschaft.

Erich Kästner

Man muss den rollenden Schneeball zertreten

Am 10. Mai 1958 sagte ich in Hamburg, zum 25. Jahrestag der Bücherverbrennung: »Die Ereignisse von 1933 bis 1945 hätten spätestens 1928 bekämpft werden müssen. Später war es zu spät. Man darf nicht warten, bis die Verteidigung der Freiheit Landesverrat genannt wird. Man darf nicht warten, bis aus dem Schneeball eine Lawine geworden ist. Man muß den rollenden Schneeball zertreten. Die Lawine hält keiner mehr auf. Sie ruht erst, wenn sie alles unter sich begraben hat. Drohende Diktaturen lassen sich nur bekämpfen, ehe sie die Macht übernommen haben. Es ist eine Angelegenheit des Terminkalenders, nicht des Heldentums.« Soweit das Zitat.

Auf meinem Terminkalender steht sein ein paar Jahren: »Die Zeit der Schneebälle hat wieder begonnen. Die Schneeballsaison. Denk an Ovid.«

»Bekämpfe den Beginn!« schrieb der römische Dichter. Dieser Imperativ gilt immer. Er gilt auch heute. Fordern wir Wachsamkeit von denen, die uns regieren, und von denen, die uns in den Parlamenten vertreten! Dazu gehört nicht viel, nur eben ein wenig – Bürgermut.

1968

Sebastian Krumbiegel

Die Demokratie ist weiblich

Die Demokratie ist weiblich
Ich weiß nicht, aber ich glaube, dass die
Liebe und die Hoffnung ihre Schwestern sind – weiblich
Ich glaube, dass Barmherzigkeit und Humanität
Genau das ist, worum es geht

Die Demokratie ist so verletzlich
Ich weiß nicht, aber ich glaube, dass die
Klugheit auf der Matte steht
Genau so wie die Solidarität und die Schönheit
Die Freiheit, die Verliebtheit
In diese wunderbare Welt

Ich will ein Leben lang für diese Dinge gerade steh'n
Mit all den Leuten, die auf unserer Seite sind
Ich will ein Leben lang auf dieser Barrikade steh'n

Für die Demokratie – sie ist weiblich
Ich weiß, ich wiederhol' mich und frag' mich
Wie komm' ich drauf klar, dass der Friede männlich ist
Genau wie der Krieg oder der Sieg
Das will ich wissen
Ich frag' mein Gewissen – sächlich – tatsächlich
Ist das Geschlecht doch nicht wichtig

Ich will ein Leben lang für diese Dinge gerade steh'n
Mit all den Leuten, die auf unserer Seite sind
Ich will ein Leben lang auf dieser Barrikade steh'n

Mit all den Männern, all den Frau'n
Mit all den Wesen, die sich gegenseitig vertrau'n
Mit all den Freaks und den Normalos
Ist egal – los lass mal machen

Ich will ein Leben lang für diese Dinge gerade steh'n
Mit allen Leuten, die auf unserer Seite sind
Ich will ein Leben lang auf dieser Barrikade steh'n
Ich will ein Leben lang versteh'n
Dass es sich lohnt an dieser Front steil zu geh'n
Für die Demokratie – die Demokratie
Die Demokratie ist weiblich

Mein mittlerweile 88-jähriger Vater ist nach wie vor einer der ersten und auch härtesten Kritiker meiner Lieder. Irgendwann – das muss im Herbst 2018 gewesen sein – sagte er: Junge – schreib doch mal ein Lied über die Demokratie! Das geht nicht, Vati, sagte ich – das ist ein viel zu sperriges Thema für einen 3-Minuten-Popsong. Aber da mein Vater ein extrem kluger Kopf ist, hat er natürlich recht behalten. Natürlich geht das – es braucht nur eine zündende Idee, dieses Thema so zu verpacken, dass es als unterhaltsamer Popsong funktioniert. Irgendwann kam die Idee angeflogen, mit der Grammatik rumzuspielen, die Geschlechterrollen von Vokabeln zu benutzen, und der Rest passierte fast von alleine. »Die Demokratie ist weiblich« war auf einmal da, und jetzt brauchte ich nur noch eine standesgemäße Verpackung, dieses Lied unter die Leute zu bringen. Frag doch einfach mal ein paar Freundinnen und Freunde, ob sie dir dabei helfen! Ja – das ist zwar nicht so easy wie es klingt, weil das nicht mit einer Rundmail funktioniert – so nach dem Motto: Hallo Leute, habt ihr Lust, mitzumachen? Nein, ich hab jeden und jede persönlich angerufen oder angeschrieben, und fast alle waren bereit, sich mit ihren Handys selbst zu filmen und (mehr oder weniger) lippensynchron mein Lied zu singen. Es sind am Ende fast 70 Freundinnen und

Freunde geworden, Schauspieler*innen, Musiker*innen, Journalist*innen, Fernseh- und Theaterleute, Schriftsteller*innen, politische Aktivist*innen. Ich will ganz ehrlich sein: Ein kleines bisschen bin ich schon stolz drauf – ich denke, dieses Video werde ich noch meinen Enkeln zeigen – guckt mal, was euer Opa alles für Leute versammelt hat!

Ihr Lieben – ich danke euch von Herzen, dass ihr dabei wart!

Iris Berben • Janin Ullmann • Julia Neigel • Tahnee • Anja Reschke • Cesy Leonard, Zentrum für Politische Schönheit • Mo Asumang • Kamilla Senjo • Katia Saalfrank • Alice Francis • Luci van Org • Marla Glen • Silja Meyer-Zurwelle • Judith Döker • Christina Stürmer • Anna Loos • Sarah Lesch • Shermin Langhoff • Nova Meierhenrich • Til Schweiger • Olli Dittrich • Smudo • Mousse T. • Alec, The BossHoss • Toni Krahl • Johannes Oerding • Stefan Stoppok • Armin Mueller-Stahl • Arnd Zeigler • Nilz Bokelberg • Jan Josef Liefers • Sky du Mont • Olivia Jones • Franziska Schenk • Sibylle Berg • Jan Delay • Götz Alsmann • Hartmut Engler • Gitte Hænning • Axel Prahl • Markus Kavka • Rachel Rep • Hella von Sinnen • Olaf Schubert • Ben Becker • Klaas Heufer-Umlauf • Heribert Prantl • Udo Lindenberg • Heinz Rudolf Kunze • Rommy Arndt • Katrin Sass • Peter Maffay • Ole Plogstedt, RGF • Bülent Ceylan • Eko Fresh • Claus-Peter Reisch, Mission Lifeline • Herbert Grönemeyer • Tom Buhrow • Der Schulz • Urban Priol • Laura Wontorra • Dieter »Maschine« Birr • Dietmar Bär • Katja Ebstein • Mono & Nikitaman • Hooligans gegen Satzbau • Andrea Ballschuh

Michael Vassiliadis

Warum Deutschland jetzt den gesellschaftlichen Weckruf braucht!

Deutschlands Weg zur stabilen Demokratie war weniger getrieben von den Idealen der Aufklärung. Nicht von Revolution oder dem später erfolgreich umgesetzten Ziel nach mehr sozialer Gerechtigkeit oder gesellschaftlichem Fortschritt.

Nein, Deutschlands Weg zur Demokratie war blutig und hat die halbe Welt in Schutt und Asche gelegt. Umso kostbarer war das Geschenk, das Deutschland nach dem Schrecken des Zweiten Weltkrieges von der internationalen Staatengemeinschaft erhielt: Eine zweite Chance für die Demokratie. Nach dem Scheitern der Weimarer Republik und der Terrorherrschaft der Nazis. Ein großzügiges Geschenk für eine Nation, die nicht nur sprichwörtlich in Trümmern lag, sondern auch seelisch und moralisch die Verantwortung für unfassbare Grausamkeiten hat.

Die Einführung des Grundgesetzes am 23. Mai 1949 manifestierte dieses Geschenk und zementierte zugleich das neue Selbstverständnis der jungen Republik: »Die Würde des Menschen ist unantastbar« heißt es in Artikel 1. Ein einziger Satz als politisches Manifest. Als Verpflichtung, aber auch als Versprechen. Der Mensch als freies Individuum sollte ab sofort im Zentrum allen staatlichen Handels stehen. Das Grundgesetz als dokumentierte Entschlossenheit nach den Grauen des Krieges eine bessere, gerechtere und zukunftsfähige Gesellschaft zu machen. Nie wieder! Nie wieder in Deutschland, durch Deutsche und sonst wo in der Welt, das war das Versprechen des gebrochenen Volkes, dem man trotz seiner Verbrechen und Barbarei eine Entwicklungsperspektive gab.

Schnell konnte die junge Demokratie auch seiner Bevölkerung Verbesserungen bieten: Das Versprechen von Freiheit, Gleichheit und Wohlstand. Von Partizipation und Teilhabe, Mitbestimmung und Mitverantwortung, individueller Entfaltung und Selbstbestimmung in kollektiver Sicherheit. Unser vielschichtiges Demokratiemodell hat sich mit den Jahren sogar international zum Exportschlager entwickelt und diente vielen Nationen als Blaupause.

Ich könnte es mir an dieser Stelle einfach machen und ein ausführliches Loblied auf das Grundgesetz und unsere Demokratie verfassen. Daran wäre keine einzige Zeile falsch. Gerade mit Blick auf die deutsche Geschichte ist die positive Entwicklung der Demokratie in unserem Land etwas, auf das wir generationsübergreifend und gemeinsam stolz sein können. Denn Demokratie ist immer eine gesamtgesellschaftliche Leistung. Von Menschen, die kritisch mitdenken, mitentscheiden und mitverantworten. Von Parteien, Gewerkschaften und Vereinen, von Institutionen und Parlamenten, von Organisationen und Bewegungen. Sie erfordert Kraft und Einsatz und wächst mit dem Engagement der Bürgerinnen und Bürger. Sie lebt vom öffentlichen Miteinander und wird getragen von den Wünschen und Ideen der Menschen. Sie enthält in dieser Vielfalt die Freiheit zu Selbstermächtigung. Oder eben auch nicht.

Denn 75 Jahre nach Inkrafttreten des Grundgesetzes steckt unsere Demokratie in einer Krise. Dabei ist es nicht der Zahn der Zeit, der an ihr nagt. Unsere Demokratie ist recht gut und erfolgreich gealtert, wie ich finde. Sie funktioniert – mit gelegentlichen Einschränkungen – stabil und zuverlässig auf institutioneller und parlamentarischer Ebene, garantiert Rechtsstaatlichkeit und passt sich regelmäßig neuen Lebensrealitäten an. Sie setzt einen verlässlichen Rahmen für unser tägliches Zusammenleben. Sie bietet auch jenseits des Parlamentarismus vielfältige demokratische Beteiligungsoptionen. Gelingt das immer perfekt? Nein! Es gibt Reibungen und Fehler. Streit und Konsens. Kompromisse und Diskurs. Siege und Niederlagen. Attribute, die eine lebendige Demokratie auszeichnen. Die aber auch Widersprüchlichkeiten und Schwachstellen offenlegen. Angesichts der vielfältigen Krisen, denen wir als Gesellschaft gegenüberstehen, zweifeln immer mehr Menschen an den eingespielten und oft ritualisierten Lösungskompetenzen der parlamentarischen Demokratie. Sie zweifeln an Parteien, Parlamenten und staatlichen Institutionen. Sie zweifeln an der oft langwierigen und komplizierten Konsensfindung bei der Lösung dringender Probleme.

Sie zweifeln an ihrer eigenen Sichtbarkeit im politischem Willensbildungsprozess.

Sei es beim Klimaschutz, großen Infrastrukturprojekten, Wirtschaftsfragen, Migration, Globalisierung, Sozialreformen oder der Bildungspolitik. Immer häufiger vermissen die Menschen den großen Wurf. Ihre stark verkürzte Kritik: Probleme würden schöngeredet oder verwaltet, aber nicht mehr im Sinne der Bürgerinnen und Bürger gelöst. Ein Vorwurf, den sich die Politik an der ein oder anderen Stelle durchaus gefallen lassen muss. Und dem sie sich abseits von wohlklingenden Sonntagsreden auch konsequenter stellen muss. Nun gibt es aber nicht nur die harsche Kritik an den politischen Eliten dieses Landes. Angesichts der Fülle und der Komplexität an Herausforderungen macht sich in Teilen der Gesellschaft auch ein Gefühl der Ohnmacht breit. Eine diffuse Angst, eine Unsicherheit in Bezug auf Wohlstand, Sicherheit und Status. »Die da oben« bekommen nichts mehr von meinen Problemen mit. Oder: »Meine Meinung zählt nicht mehr«.

Eine gewisse Politikverdrossenheit innerhalb der Bevölkerung ist mit Sicherheit kein neues Phänomen. Es gab wohl in jeder Dekade der Bundesrepublik größere Phasen von Zustimmung und Ablehnung der politischen Arbeit. Zur echten Gefahr für die Demokratie wird dieses Phänomen erst, wenn sich die Menschen einen Katalysator für ihre Wut und ihre Unzufriedenheit suchen, der das etablierte System grundsätzlich infrage stellt – und an echten Lösungen nicht interessiert ist. So wie es Rechtspopulisten und Rechtsradikale zunehmend erfolgreich in Deutschland, Europa oder den USA tun.

Rücksichtslose Menschenfänger, die mit der diffusen Angst der Bevölkerungen spielen. Die unsere freiheitlich liberale Demokratie nicht als Teil der Lösung, sondern als Teil des Problems darstellen. Die mit Hass und Hetze, mit hemmungsloser Propaganda und einer klaren rechten Agenda unsere Demokratie immer weiter aushöhlen. Die einen Keil zwischen die Menschen treiben wollen. Spaltung ist das erklärte politische Ziel. Je mehr Unruhe herrscht, je größer die Unsicherheit der Bevölkerung ist, desto zufriedener und erfolgreicher sind die Rechten – national wie international. Dieser perfide Politikansatz ist so durchschaubar wie gefährlich.

Denn mit rationalen Argumenten lassen sich diese Verfassungsfeinde schon lange nicht mehr stellen. Sie entziehen sich einfach dem politischen Diskurs und fabulieren von alternativen Fakten und *Fake News*. Es ist daher die Pflicht aller demokratischen Akteure, sich klar und deutlich von dieser Unart der Politik zu distanzieren. Grenzen zu ziehen, inhaltlich wie sprachlich. Es braucht eine gesellschaftliche und überparteiliche Allianz, um gemeinsam unsere Demokratie gegen jeden Angriff von Rechts zu verteidigen. Sei es durch die krude Bedrohung einer völlig enthemmten Reichsbürgerszene oder auf parlamentarischem Wege durch zum Beispiel die AfD.

Hier sind zuvorderst natürlich die verfassungsmäßigen Organe gefragt. Aber auch die Bürgerinnen und Bürger stehen in der klaren Pflicht sich zu positionieren und zu engagieren. Denn Demokratie ist weit mehr als nur das Recht auf Protest. Demokratie bedeutet auch: Verantwortung zu übernehmen. Für sich selbst und für unsere Gesellschaft. Wegducken und Desinteresse ist in diesem Umfeld nicht Passivität sondern bedeutet »den Weg frei zu machen« für die Angriffe auf die Demokratie. Nicht, dass ich falsch verstanden werde: Enttäuschungen, Sorgen, Ängste, sogar Wut und Frust müssen sich in lebendigen Demokratien artikulieren können und Gehör finden. Das ist in unserer freiheitlichen Gesellschaft auch vielfältig möglich. In Parlamenten, im Internet, bei Wahlen oder auf der Straße. Das Unterstützen offenkundig rechtsextremer Parteien gehört aber nicht dazu. Eine Partei wie die AfD, die unsere Demokratie täglich verhöhnt. Die rassistisch und menschenverachtend kommuniziert. Sicher, es sind bestimmt nicht alle Anhängerinnen und Anhänger dieser Partei rechtsextrem. Aber diese Partei legt aktiv Hand an unserer Demokratie an. Die verfassungsfeindlichen Ansichten der AfD liegen für jeden klar ersichtlich auf dem Tisch.

Mehr Worte möchte ich an dieser Stelle nicht über die Feinde der Demokratie verlieren. Denn meine Botschaft ist klar: Als Anhängerinnen und Anhänger eines freiheitlichen und liberalen Staates müssen wir uns dieser Strömung mutiger und konsequenter als bisher entgegenstellen. Ob wir wollen oder nicht: Wir alle müssen in Zukunft mehr Verantwortung für das Wohlergehen unserer Demokratie übernehmen. Sie hat keine Ewigkeitsgarantie. Das haben wir in Deutschland schon einmal schmerzlich erfahren. Daher sollte uns der weltweite Zuwachs an Autokratien eine Warnung sein.

Neben den bereits beschriebenen radikalen Verfassungsfeinden gibt es aber noch eine zweite, viel wichtigere Gruppe: die Menschen, die unter einer Art Demokratiemüdigkeit leiden. Ich möchte kurz die Frage aufwerfen, warum sich derzeit so viele Bürgerinnen und Bürger mehr oder weniger stark von der Demokratie abwenden und andere wiederum desinteressiert erscheinen. Und wie man diese Menschen wieder für zentrale demokratische Werte wie Solidarität, Freiheit, Mitbestimmung oder gesellschaftlichen Zusammenhalt begeistern kann.

Eine aktuelle Umfrage zeigt: Weniger als die Hälfte der Deutschen sind mit der Demokratie zufrieden (Quelle: Friedrich-Ebert-Stiftung, Studie aus April 2023). Natürlich ist diese Tendenz alarmierend. Ich bin aber auch der festen Überzeugung, dass man einen Großteil dieser Menschen zurückgewinnen kann. Ich will nicht glauben, dass sie dem Demokratiegedanken im Kern gegenüber negativ eingestellt sind. Ich glaube vielmehr, dass sie erschöpft sind. Von Klimakrise und Krieg, von Inflation und Transformation. Von Digitalisierung und gesellschaftlichem Wandel. Von langwierigen Debatten und unklaren Zukunftsaussichten. Es gibt eine Sehnsucht nach Orientierung und Sicherheit. Das ist verständlich und zutiefst menschlich.

Als Reaktion darauf folgt bei vielen Menschen der Rückzug ins Private. Die problembehaftete Welt wird einfach vor der Tür gelassen. Für eine kurze Auszeit, einen Moment des Durchatmens mag das auch richtig sein. Aber wenn man sich dauerhaft der Realität verweigert, sich nur noch auf seine Blase mit Gleichgesinnten konzentriert, keine anderen Meinungen mehr aushält, hat das auch Auswirkungen auf die Gesellschaft. Wer sich allein zu Hause einschließt, verlernt, fair zu diskutieren und tragfähige Kompromisse jenseits der eigenen Komfortzone zu finden. Beides Tugenden, die essenziell für eine funktionierende Demokratie sind. Sollten uns diese Fähigkeiten tatsächlich abhandenkommen, droht uns in letzter Konsequenz das Ende des gesellschaftlichen Engagements. Das bekommen Parteien und Organisationen angesichts sinkender Mitgliederzahlen schon seit vielen Jahren zu spüren. Aber auch im Kleinen würde unsere Demokratie an Legitimation und Handlungsfähigkeit einbüßen. Denn gelebte Demokratie findet auch im Sportclub um die Ecke statt. Im Kleingartenverein, bei der Freiwilligen Feuerwehr und im Ehrenamt. Im Schulelternrat. In selbstorganisierten Kultureinrichtungen, Stadtteilforen und dem Dorfgemeinschaftshaus. Aber auch am eigenen Arbeitsplatz. Über gewählte Betriebsräte und die betriebliche Mitbestimmung.

An all diesen exemplarischen Orten wird unser Zusammenleben demokratisch organisiert. Praxisnah, pragmatisch, am Leben der Menschen ausgerichtet. Und: Es findet vor der eigenen Haustür statt, abseits von lauten politischen Debatten, Parteien und Parlamenten. Denn Demokratie heißt auch: sich selbst zu kümmern und nicht nur mit dem Finger auf andere zu zeigen, vor Ort aktiv zu werden, die Chancen von Partizipation und Teilhabe zu nutzen und eigene Ideen zu verwirklichen. Das alles gestattet uns das Grundgesetz. Mehr noch: Es animiert uns als Gesellschaft dazu, aktiv am Gemeinschaftswesen mitzuwirken.

Dafür braucht es Mut und Courage. Um seine eigenen Interessen und die der Gemeinschaft zu organisieren. Das ist fordernd und anstrengend, manchmal sogar lästig und nervig. Frust und Freude gehen in einer Demokratie oft Hand in Hand. Sich zu ärgern und zu streiten, aber anschließend doch zu einer Einigung zu kommen, zählt zu den ganz großen Stärken des Systems. Wir müssen daher rauskommen aus der allgemeinen Lethargie, die sich scheinbar bleiern über unser Land gelegt hat.

Wir brauchen endlich einen Wecker gegen die allgemeine Demokratiemüdigkeit in Deutschland! Einen lauten Weckruf, der durch unsere gesamte Gesellschaft hallt. Der die Bürgerinnen und Bürger wieder zum Mitmachen animiert. Der drei simple Botschaften transportiert:

Demokratie ist für alle da! Demokratie macht Spaß! Demokratie wirkt!

Wie soll das Ganze nun in der Realität aussehen? Natürlich muss die Politik im ersten Schritt liefern. Sie muss Impulse der Zuversicht liefern. Führung und Orientierung. Sie muss eine Ernsthaftigkeit bei der Beschreibung und der Lösung der im Text benannten Probleme liefern. Im zweiten Schritt ist aber auch die Bevölkerung gefragt. Vielleicht ist jetzt die Zeit gekommen für Bürgerforen, neue Beteiligungsformate und stärkere kommunale Teilhabe. Abseits von parteipolitischen Sitzungssälen. Natürlich möchte ich hier nicht die etablierten und wichtigen Strukturen des Parlamentarismus überwinden. Vielmehr plädiere ich dafür, Hürden abzubauen und Menschen so niederschwellig wie möglich in klar strukturierte Entscheidungsprozesse einzubinden. Sei es durch Gesprächsangebote, Diskussionsrunden oder Engagement in lokalen Gemeinschaften. Wer sich wahrgenommen und gehört fühlt, übernimmt automatisch auch Verantwortung und entwickelt leichter Verständnis für andere Positionen. Es klingt vielleicht banal, ist aber essenziell für die Stimmung in unserem Land: Wir müssen endlich wieder lernen, miteinander, statt übereinander zu reden. Offen und tolerant. Ehrlich und respektvoll. Denn es braucht den kritischen Dialog zwischen den verschiedenen Bevölkerungsgruppen, um wieder ein stärkeres Gefühl von Zusammengehörigkeit zu entwickeln. Aber auch, um gemeinsam und gestärkt die vielen Krisen bewältigen zu können. Egal ob die Bekämpfung des Klimawandels oder die Transformation unserer Wirtschaft – diese Jahrhundertprojekte können wir nur als geeinte Gesellschaft meistern. Dabei geht es nicht darum, blinde Zustimmung für die Politik zu organisieren. Im Gegenteil: Es geht um Pluralismus. Wir brauchen unterschiedliche Meinungen und Ansichten. Es braucht den Austausch und das Gespräch zwischen allen, die sich um diese Demokratie mühen. Davon könnte am Ende sogar die kriselnde Parteienlandschaft profitieren. Durch neue Mitglieder und neu gewonnene Akzeptanz.

Gleichzeitig denke ich an eine Stärkung der Zivilgesellschaft: Die Unterstützung von Organisationen und Initiativen, die demokratische Werte fördern und Menschen zusammenbringen, um gemeinsam Probleme anzugehen. Dabei darf es allerdings nicht darum gehen, Projekte und Investitionen, etwa in Infrastruktur, auszubremsen. Durch überzogene Klagerechte oder Ähnliches. Sondern um zielgerichteten Dialog unterschiedlicher Akteure und den fairen Ausgleich pluraler Interessen.

Das alles ist nicht neu oder revolutionär. Es geht schließlich nicht darum, unsere Demokratie von Grund auf zu verändern. Im Gegenteil: Es geht darum, sich auf die Stärken unserer lebendigen Demokratie zu fokussieren: Den fairen Interessenausgleich und die Organisation von gesellschaftlichem Zusammenhalt. Die Entwicklung von zukunftsfähigen Lösungen. Um Teilhabe und ernsthaften Dialog. Denn unsere Demokratie ist keine exklusive Angelegenheit für gewählte Politiker*innen und Eliten. Unsere Demokratie geht uns alle an. Wir stehen gemeinsam in der Verantwortung. Lasst uns daher zusammen wieder »mehr Demokratie wagen«.

Ich möchte meinen Beitrag daher mit den historischen Worten von Altkanzler Willy Brandt abschließen. Sie vermitteln Aufbruch und Hoffnung und ich trage sie aus tiefster Überzeugung mit:

»Wir stehen nicht am Ende unserer Demokratie,
wir fangen erst richtig an.«

Christian Kullmann

Die politische Verantwortung des Unternehmers

Die Demoskopie hält dieser Tage für die Anhänger einer freiheitlichen Demokratie keine leichte Kost bereit. Deutlich erkennbar ist eine Verschiebung der Wählerstimmen nach rechts außen. In den neuen Bundesländern hat die »Alternative für Deutschland« (AfD) alle Chancen, stärkste politische Kraft zu werden, wenn die Bürger in Brandenburg, Thüringen und Sachsen im Herbst einen neuen Landtag wählen.

Nun kann man sagen: So ist es in einer Demokratie. Die einen gewinnen, die anderen verlieren, der Wähler als Souverän entscheidet. Seit wir aber aus der deutschen Geschichte wissen, dass die Feinde der Demokratie sich – in Schafspelz gekleidet – der Instrumente der offenen Demokratie zu bedienen verstehen, um an die Macht zu kommen und sie anschließend – zu Wölfen gewendet – von innen heraus zu zerstören, ist es geboten, genau hinzuschauen, wer da um die Gunst des Wählers buhlt.

Der Aufstieg der Nationalsozialisten

Unvergessen nämlich ist die Ankündigung von Joseph Goebbels im Völkischen Beobachter vom 30. April 1928:

> »Wir gehen in den Reichstag hinein, um uns im Waffenarsenal der Demokratie mit deren eigenen Waffen zu versorgen. Wir werden Reichstagsabgeordnete, um die Weimarer Gesinnung mit ihrer eigenen Unterstützung lahmzulegen. (...) Wenn es uns gelingt, bei diesen Wahlen 60 oder 70 Agitatoren und Organisatoren unserer Partei in die verschiedenen Parlamente

hineinzustecken, so wird der Staat selbst in Zukunft unseren Kampfapparat ausstatten und besolden. Wir kommen nicht als Freunde, auch nicht als Neutrale. Wir kommen als Feinde! Wie der Wolf in die Schafherde einbricht, so kommen wir!«

Zwölf Jahre später – am 4. April 1940 – spottete Goebbels:

»Bis jetzt ist es uns gelungen, den Gegner über die eigentlichen Ziele Deutschlands im Unklaren zu lassen, genauso wie unsere innenpolitischen Gegner bis 1932 gar nicht gemerkt haben, wohin wir steuerten, dass der Schwur auf die Legalität nur ein Kunstgriff war. (...) Man hat uns gelassen, man hat uns durch die Risikozone ungehindert durchgehen lassen, und wir konnten alle gefährlichen Klippen umschiffen ...«[1]

Die Sprache der AfD

Was hat das mit der AfD zu tun? Eine ganze Menge. Wer sich nur etwas Mühe macht, der kann beispielsweise die schlimmsten Zitate von Björn Höcke[2] – Fraktionsvorsitzender der AfD in Thüringen und wohl einflussreichster Politiker dieser Partei – nachlesen. Sätze, in denen er die Demokratie in Deutschland schmäht, die Westbindung Deutschlands infrage stellt, die »Herrschaft einer offenbar ferngesteuerten, selbsthassenden und inkompetenten Politikerkaste« behauptet, politische Gegner als »Volksverräter« und »Lumpenpack« bezeichnet und beispielsweise Sigmar Gabriel als »Volksverderber« etikettiert, die Regierungszeit Adolf Hitlers lobt, den »Staatszerfall« als Folge der Migration voraussagt, Migranten pauschal eine gesteigerte Gewaltaffinität unterstellt, die AfD als »letzte evolutionäre Chance unseres lieben Vaterlandes« darstellt und sagt, nun gehe es darum, sich die »über tausendjährige Geschichte« Deutschlands »wieder neu anzueignen«, denn das »permanente Mies- und Lächerlichmachen unserer Geschichte hat uns wurzellos gemacht.«

Aus solcher Haltung erklärt sich auch, dass der ehemalige AfD-Fraktionschef Alexander Gauland die Ermordung von mehr als sechs Millionen Juden durch die Nationalsozialisten als »Fliegenschiss« der deutschen Geschichte zu bezeichnen sich traute. Höcke wiederum droht seinen Gegnern gleich im Goebbels-Duktus. So sagte er auf einem seiner »Kyffhäuser-Treffen«: »Heute, liebe Freunde, lautet die Frage nicht mehr: Hammer oder Amboss, heute lautet die Frage: Schaf oder Wolf. Und ich, nein, wir entscheiden in dieser Lage: Wolf zu sein.«[3]

Es sind Äußerungen wie diese, mit denen die AfD an totalitäre Sehnsüchte von Bürgern rührt, denen der demokratische Aushandlungsprozess mit seinen Diskussionen und Kompromissen zu komplex und zu liberal ist. Sie haben Angst vor Veränderungen. Sie suchen nach einfachen Ansagen, sie fühlen sich von der Eigenverantwortung für ihr Leben überfordert, sie sind (wie ehedem in der DDR und früher bei den Nationalsozialisten) bereit, sich der Staatsfürsorge auszuliefern und im Gegenzug ihren persönlichen Freiheitsraum auf ihre Gartenlaube zu reduzieren. Sie lassen sich einreden, dass sie die Opfer sinistrer Mächte, weltweit agierender Imperialisten und Großkapitalisten seien, die den einfachen Bürger zum Objekt ihrer Ausbeutung machen wollten – der fleißige Bürger als ungerecht behandelter Kapitalistenknecht.

Und sie möchten die Last der deutschen Geschichte, die deutsche Verantwortung für Weltkriege und den Holocaust, gerne loswerden und finden es attraktiv, wenn die AfD ihnen eine »geschichtspolitische Wende um 180 Grad« verspricht sowie ein »deutsches« Leben – also ein um die Migranten entreichertes Deutschland, in dem die alten deutschen Tugenden wieder gälten. »Vulgäridealismus«, würde Adorno sagen, der erkannte, dass die rhetorischen »Machttechniken« der Rechten »keineswegs von einer durchgebildeten Theorie ausgehen, weil die ohnmächtig sind gegen den Geist, wenden sie sich gegen die Träger des Geistes«[4]. Intellektuelle sind für die AfD deshalb willkommene Diffamierungsobjekte.

Endlos ließen sich die Zitate[5] fortsetzen, von Höcke, Gauland, Weidel und vielen anderen Funktionären der AfD. Sie spielen mit Ressentiments, mit Urängsten der Menschen, sie bauen externe Feinde auf, vor allem die Migranten, mit denen man Deutschland »umvolken« wolle, die unser Sozialsystem ausnähmen, die unsere Kultur zerstörten, sie grenzen jüdische Mitbürger aus. AfD-Funktionäre diffamieren die Demokraten als dekadente, moralisch verkommene Gruppe, die es zu bekämpfen gelte, sie lehnen demokratiesichernde Institutionen wie den Verfassungsschutz ab.

Sprache als Informationsträger transformiert die AfD zu Propaganda, die wiederum wird zu einer Agitation verkürzt, die die Welt in Schwarz und Weiß, in Gut und Böse, in Täter und Opfer teilt.[6] Gegenwärtige Sprachmuster und Begriffe werden umgedeutet, manche davon tabuisiert, neue Fahnenwörter eingeführt, Sprache emotionalisiert. Die vorhandenen Informationssysteme werden unter den Verdacht der Einseitigkeit gestellt (»Systempresse«) und ihren Journalisten gedroht, man werde nach der Machtübernahme mit ihnen abrechnen. Kurz: Die AfD hat verstanden: Sprachdominanz verhilft zur Macht. Wer politische Herrschaft will, muss zuvor die Herrschaft über die Narrative erringen.

Die Wirtschaft und die AfD

Für mich ist klar: Diese Partei, die AfD, hat ein hohes Zerstörungspotenzial. Auf dem Spiel steht nicht nur unser Ansehen als Industrieland und Exportnation mit Partnern und Kunden in aller Welt, deren *Good Will* wir bei einer deutschen Exportquote von mehr als 40 Prozent brauchen, wenn wir unsere Unternehmen hierzulande auch künftig auslasten wollen.[7] Es geht auch um unsere technologische Spitzenstellung, um qualifizierte Arbeitnehmer, um den sozialen Frieden. Es geht um unsere freiheitliche Demokratie. Kurz: Es geht um alles.

Da kann die Wirtschaft nicht außen vor bleiben. Unternehmen sind ja nicht nur Systeme zur Produktherstellung und für Umsatz und Gewinn, sie sind auch korporative Bürger in ihrem Land, sie haben eine *corporate social responsibility* für ihr gesamtes Umfeld. Denn die Beziehungen des Unternehmens und seiner Mitarbeiter zu unseren Standort-Kommunen sind vielfältig, sie sind aktive Mitglieder aller Gemeinschaften, Vereine, Gremien, die eine lebendige, pulsierende Gesellschaft ausmachen. Wir als Manager eines Unternehmens haben Verantwortung dafür, dass das so bleibt.

Aus diesem Grund müssen wir dann auch einfordern, dass das politische Umfeld solche Bedingungen schafft, die uns ein erfolgreiches Wirtschaften und den Erhalt stabiler Arbeitsplätze ermöglichen. Die Steuern unserer Unternehmen und der Arbeitnehmer allein sind es, die diesen Staat finanzieren, seine Infrastruktur, seine Sicherheitsapparate, seine Sozialsysteme, seine Kulturinstitutionen. Deshalb müssen wir hörbar werden, wenn sich Politiker daranmachen, der Wirtschaft Knüppel zwischen die Beine zu werfen, sei es durch immer neue Steuern und Abgaben oder neue, lähmende Bürokratie. Und zu solcher Klage haben wir derzeit wahrlich ausreichend Anlass.

Wir als Unternehmer sind aber auch aufgerufen, das freiheitliche Wirtschaftssystem zu verteidigen, das eine erfolgreiche deutsche Unternehmenslandschaft überhaupt erst möglich macht. Und die ist umfangreich: Heute gibt es in Deutschland etwa dreieinhalb Millionen Unternehmen.[8]

- 90 Prozent davon haben weniger als zehn Beschäftigte.
- An der Nettowertschöpfung haben kleine und mittlere Unternehmen einen Anteil von 55 Prozent.
- Sie sind wesentlich an Forschung und Entwicklung für neue Produkte und Verfahren beteiligt.
- Sie erwirtschaften jeden zweiten Euro in Deutschland.
- Sie stellen 60 Prozent aller Arbeitsplätze im Land und mehr als 80 Prozent der Ausbildungsplätze.

Wer da die Europäische Union rückabwickeln will, wer den Euro bekämpft, wer europäische Grenzen wieder hochziehen möchte, wer Freizügigkeit innerhalb Europas und Konkurrenz schmäht, wie die AfD das tut, der muss auch klar sagen, was das Gegenteil bedeutet: nämlich geschlossene Handelsgrenzen, Protektionismus, Ende des Wettbewerbs.

- Das hieße: Schluss machen mit dem vereinten, offenen Europa, in dem wir Reisefreiheit, Freizügigkeit von Personen und Waren haben in einem gemeinsamen Lebens- und Wirtschaftsraum.
- Das wäre die Rückkehr zu Nationalismus und Abgrenzung, zu einem Deutsch-Sein ohne die anderen, zur Leugnung unserer langen Tradition der Migration in Deutschland.

- Und das hieße in letzter Konsequenz auch, die deutsche Staatsbürgerschaft nur jenen zugestehen zu wollen, die vermeintlich schon immer hier waren, ein Bluts-Deutschtum, das schon zur Nazizeit furchtbare Konsequenzen hatte. Die kruden Ideen zur »Remigration« setzen gedanklich dort an – Staatsbürgerschaft nach Geblüt oder nach der rechten Gesinnung.

In Deutschland finden solche Abgrenzungsideen wieder Anhänger. Nicht wenige dieser AfD-Nationalisten sitzen schon in den Parlamenten. Sie haben keine besseren Argumente, auch keine wirklich tragfähigen Lösungen. Wo parlamentarische Opposition die Regierung durch bessere Vorschläge herausfordern könnte, reicht ihnen destruktive Kritik, und je emotionaler sie vorgetragen wird, umso wirksamer kann sie wirken.

Gegen eine solche Programmatik, wie die AfD sie vorträgt, müssen wir als Wirtschaft uns öffentlich wehren: Sie schadet unseren Unternehmen, damit aber vor allem unseren Arbeitnehmern und der deutschen Volkswirtschaft insgesamt. Wehren müssen wir uns vor allem gegen den Ausländerhass, der durch die Rhetorik der AfD geschürt wird. Er stellt jeden unserer Arbeitnehmer mit Migrationshintergrund unter Generalverdacht, setzt ihn der Anfeindung durch andere aus, fördert eine Atmosphäre, in der vielerorts rassistische und ausländerfeindliche Anschläge und Hetzjagden gedeihen. Immer wird die AfD sagen: Wir sind es nicht gewesen! Aber rhetorisch gezündelt haben sie eben doch, und genau das ist ihre Strategie.

Eine Politik, die auf Abschottung und Abgrenzung von Ausländern abzielt, gefährdet unser aller Wohlstand. Deutsche Unternehmen könnten ohne ihre Arbeitnehmer mit Migrationshintergrund nicht erfolgreich sein. 14,5 Prozent aller sozialversicherungspflichtig Beschäftigten in Deutschland sind Ausländer (vor allem Türken, Polen, Rumänen, Bulgaren), als Folge der Anwerbeabkommen Mitte des vergangenen Jahrhunderts hat heute fast ein Viertel unserer Bevölkerung einen Migrationshintergrund. Das zeigt: Wir brauchen Migranten, und zwar nicht nur bei einfacheren Tätigkeiten. In manchen Belegschaften finden sich Arbeitnehmer aus mehr als 90 Nationen. Wir brauchen Spezialisten aus dem Ausland, und wir müssen ihnen allen ein weltoffenes, ausländerfreundliches Land anbieten, in dem sie mit ihren Familien gerne wohnen. Für diese Weltoffenheit war Deutschland bekannt und weltweit beliebt – und genau dieses Charisma der Liberalität und Toleranz droht gegenwärtig verloren zu gehen. Schon fragen uns Kollegen aus anderen Teilen der Welt, die zum Beispiel eine andere Hautfarbe haben, ob sie sich in Deutschland noch ungefährdet frei bewegen können. Sie sehen die Fernsehbilder aus Deutschland von rassistischen Übergriffen oder antisemitischen Demonstrationen und sind entsprechend beunruhigt.

Wir sind es ja auch. Und deshalb ist es richtig, wenn Siegfried Russwurm, der Präsident des Bundesverbandes der Deutschen Industrie, warnt: »Wir tun gut daran, uns den Aussagen der AfD auch öffentlich deutlich entgegenzustellen: Klar zu sagen, sie zu wählen ist kein harmloser Protest, sondern das ist eine Partei, die schädlich ist für die Zukunft unseres Landes und von uns allen.« Auch Norbert Winkeljohann, Aufsichtsratschef der Bayer AG, fordert, dass CEOs sich nicht nur zu Unternehmensfragen äußern, sondern auch zu den politischen Zuständen und auch zur AfD, sie müssten sich »auch für die Zukunft und die Wettbewerbsfähigkeit unserer Volkswirtschaft einsetzen – egal ob es nun um das Thema Steuern, Bildung oder Zuwanderung geht. Führungskräfte müssen sich mit den Inhalten der Partei auseinandersetzen. Das passiert zu wenig. Es geht auch um Aufklärung ... Es haben sich aus aktuellem Anlass ja auch sehr viele Unternehmen klar gegen Antisemitismus positioniert. Da muss klar Stellung bezogen werden.«[9] An solch klarer Haltung hat es auch der Verband der Chemischen Industrie nicht fehlen lassen.

Es ist tragisch, dass gerade in ostdeutschen Bundesländern Rechtsradikalität so viel fruchtbaren Boden findet, denn sie haben, was industrielle Strukturen betrifft, einen Nachholbedarf. Die großen, milliardenschweren Unternehmensansiedlungen der Chip-Branche, die dort in Magdeburg und Dresden vorgesehen sind, sind nur mit qualifiziertem Personal zu stemmen und zu betreiben, das auch aus dem Ausland kommen muss. Unternehmen sind multikulturelle und deshalb integrierende Organismen, in denen ein respektvolles Miteinander unbedingt nötig ist. Das alles steht in Gefahr, dort und auch überall anders in der Republik, in Hessen etwa oder Bayern, wo die AfD beachtliche Wähleranteile auf sich zieht.

Was tun?

Als Unternehmer können und wollen wir unseren Arbeitnehmern – bei Evonik sind das weltweit über 30.000 – das Wahlverhalten natürlich nicht vorschreiben. Auf der Individualebene entscheidet das in einer Demokratie jeder Wahlbürger für sich nach den Kriterien, die ihm wichtig sind. Aber wir können in unseren Unternehmen ein Verhalten der Arbeitnehmer einfordern und notfalls arbeitsrechtlich durchsetzen, das den Kolleginnen und Kollegen gegenüber (und zwar auch denen mit Migrationshintergrund) freundlich gesonnen und integrationsfördernd ist. Was wir auch können: politische Extremisten aus den Foren und Standorten unserer Unternehmen verbannen, ihnen also verwehren, das Unternehmen als Plattform für ihre politische Werbung zu nutzen.

Und: Wir können als Führungskräfte klare Einordnungen geben, Informationen also, die geeignet sind, in unseren Mitarbeitern einen eigenen humanistischen Kompass herauszubilden und zu verstärken, und ihnen die Tragweite von politischen Entwicklungen und von Wahlentscheidungen deutlich machen, aktuell etwa für die Unternehmens-Neuansiedlungen in den neuen Bundesländern. Denn Führungskräfte – das zeigen Untersuchungen wie das *Trust Barometer* – sind für die Beschäftigten eines Unternehmens auch Vorbilder. Dieses »Vertrauens-Barometer« ergab 2022, dass Unternehmenskommunikation eine hohe Glaubwürdigkeit besitzt. Zudem sind 70 Prozent der Arbeitnehmer der Ansicht, ihre Chefs die Debatten zu aktuellen politischen und wirtschaftlichen Fragen mitgestalten sollten.[10]

Darüber hinaus können wir alle jegliche Gelegenheit nutzen, zu verdeutlichen, dass Demokratie nicht selbstverständlich ist wie die Luft zum Atmen. Dass unsere Eltern und Großeltern sich die Demokratie, wie wir sie heute in unserem Land kennen, erkämpft haben. Dass sie kein Selbstzweck ist und dass wir täglich bewusst den Wert der Demokratie erkennen und uns für ihre Zukunft einsetzen müssen. Denn Demokratie, ein leistungsfähiger Staat und eine offene Gesellschaft sind die Basis unserer Freiheit, unseres Wohlstands und unseres Zusammenhalts in Europa.

Politische Verantwortung zu übernehmen ist aus diesem Verständnis heraus für Evonik eine Selbstverständlichkeit. Wir treten ein für unsere Werte, zeigen Haltung und geben Orientierung, nach innen wie außen. Seit vielen Jahren leben wir bei Evonik durch verschiedene große und kleinere Projekte und Initiativen unsere *Corporate Political Responsibility*. Aus diesem Verständnis kommend haben wir uns auch ein politisches Leitbild gegeben. In wenigen Worten: Mit Kompetenz, Überzeugung und Mut handeln wir unternehmerisch. Für Freiheit, Wohlstand und Zusammenhalt wollen wir politisch wirken. Wir sind politischer Akteur und suchen den Dialog. Wir stehen für politische Kompetenz und Mut zur Haltung.

Deshalb setzen wir uns vielfältig für einen freien und demokratischen Rechtsstaat ein. Vor diesem Hintergrund ist es nur folgerichtig – um ein jüngstes Beispiel zu geben – intern eine Kommunikationskampagne zur Europawahl 2024 zu starten: warum es für jeden einzelnen Mitarbeiter und jede einzelne Mitarbeiterin wichtig sein sollte, zur Wahl zu gehen und seine/ihre Stimme für eine lebenswerte Zukunft in einem Rechtsstaat zu geben, dessen Basis demokratische Werte sind.

Ich will meine Sorge nochmals mit einem Rückgriff in die Geschichte illustrieren, über den ich auch im November vergangenen Jahres in einem Interview[11] sprach. Vor 1933, also bevor Hitler Reichskanzler wurde, war entscheidend, was der brillante Historiker Fritz Stern als das »feine Schweigen« bezeichnet hat. Er meinte damit die Tatsache, dass viele Mitglieder von Eliten in Wirtschaft, Wissenschaft, Kunst und Kultur den Aufstieg der Nazis in der Weimarer Republik einfach hingenommen haben. Der Demokratie fehlten die Demokraten. Dies war das eigentlich Zersetzende, das hat zum Untergang der Republik beigetragen.

Dann, nach 1933, hat sich beispielsweise die Nomenklatura der deutschen Industrie opportunistisch auf das Regime eingelassen. Plötzlich wurde die NSDAP massiv finanziell unterstützt, plötzlich drängte man in die Partei. Das galt auch für die Degussa, eines unserer Vorgängerunternehmen, das das Giftgas Zyklon B vertrieb und das Zahngold von KZ-Opfern einschmolz. Das ist der düsterste Schatten, den man sich für einen Industriekonzern in seiner Geschichte vorstellen kann. Aus dieser Historie erwächst für Unternehmen wie das unsere eine besondere Verantwortung. Damals hätte man die Nazis vor 1933 stoppen können – und müssen.

Natürlich ist die Lage heute eine andere, aber beim Phänomen des »feinen Schweigens« sehe ich eine Analogie. Viele Demokraten im Land sind noch zu leise. Im Jahr 2024 haben wir zunächst Europawahlen und dann Landtagswahlen in drei der fünf ostdeutschen Bundesländer. Da muss die Wirtschaft klar Farbe bekennen und erklären, welche Folgen es hat, wenn diese braun durchwirkte Partei starke Wahlergebnisse einfährt. Vorher klar Position zu beziehen ist besser, als hinterher zu jammern.

Kann, ja darf man denn hoffen, dass unsere Demokratie stark genug ist, sich selbst von diesem Rechtsextremismus zu befreien? 2024 werde ein »Festival der Demokratie«, konstatiert Gabor Steingart[12], weil in 76 Nationen weltweit 4,2 Milliarden Menschen zur Wahlurne gerufen seien. Junge Leute seien auch keineswegs so politikverdrossen, wie man es ihnen nachsage. Der schon häufig prognostizierte Durchmarsch des Rechtspopulismus habe meist nicht stattgefunden – nicht in Polen, nicht in Frankreich. Rechtspopulisten hätten sich, kaum an der Macht, von ihren Ideologien abgewendet und – wie in Italien – einem auch ihre Sprache mildernden Alltagsrealismus zugewandt. Außerdem würden Populisten früher oder später unpopulär, etwa in Brasilien, Tschechien, Spanien. Schließlich seien in der Nachkriegsgeschichte alle Extreme früher oder später gescheitert – Enrico Berlinguer, Franz Schönhuber, Nigel Farage, Griechenlands Extremisten. Und letztlich funktionierten die Checks und Balances unserer westlichen Demokratien noch – in Deutschland wie in den USA und anderswo.

Schön, wenn es auch bei uns so käme. Allein, mir fehlt der Glaube, dass sich der Rechtsextremismus bei uns ohne eine große Anstrengung der Demokraten von selbst erledigt. Die Vorgänger der AfD – NPD, Republikaner – verschwanden, weil ihre Propaganda in Zeiten der wirtschaftlichen Prosperität nicht verfing und ein Einwanderungsproblem nicht existierte. Die Umstände sind heute anders: Vor uns liegen auch wirtschaftlich keine leichten Zeiten, in Deutschland und im weltweiten Zusammenhang, und die Migration ist nach wie vor mehr oder weniger ungeregelt. Menschen sind für Propaganda anfällig, da ist Überzeugungsarbeit gefragt. Die Anfälligkeit nimmt zu, wenn sich Menschen um ihre materielle und allgemeine Sicherheit sorgen. Deshalb muss die Wirtschaft heute klar Position beziehen, klar Haltung zeigen: gegen Rassismus, gegen Ausländerfeindlichkeit, gegen Antisemitismus, und zur Verteidigung der freiheitlichen Demokratie.

Den großen Rest muss die Politik erledigen. Dort liegt die größte Aufgabe. Denn die Erfolge der AfD haben ja überwiegend nicht damit zu tun, dass ihre Wähler Herrn Höcke, Frau Weidel oder Herrn Gauland so überzeugend finden. Vielmehr sind sie mit der in Deutschland betriebenen Politik unzufrieden, sie sind zum großen Teil Protestwähler, die gestern noch CDU, SPD, FDP oder die Grünen gewählt haben. Das hat inhaltliche Gründe. Es bringt daher nichts, die AfD-Wähler zu beschimpfen oder an ihren Gemeinsinn zu appellieren – zu wenige würden davon zu anderem Wahlverhalten motiviert. Auch die Verbotsdebatten helfen nicht weiter – man muss die AfD aushebeln durch eine bessere Politik, die die Themen und Sorgen der Wähler aufnimmt. Marie Christine Ostermann, die Präsidentin des Verbandes der Familienunternehmer, sagt zu Recht: »Eine Art Volksfront aller Parteien gegen die AfD löst kein einziges Problem.«[13] Vielmehr sieht sie in der Hinwendung an die AfD ein »Ventil für nachvollziehbare Sorgen und Nöte, die viele andere Parteien bisher ignorieren«.

Die Aufzählung solcher Sorgen fällt leider leicht: zu wenig Netto vom Brutto, der Blick auf eine auch durch politische Fehlentscheidungen absteigende Volkswirtschaft, Angst vor Altersarmut, steigende Energiepreise, steigende Mieten, lähmende und ausufernde Bürokratie, hohe aufgezwungene Kosten für Gebäudedämmung und Wärmepumpen, die ungeregelte Flüchtlingspolitik, ideologische Debatten, die Gabor Steingart »Verlust der Alltagsvernunft«[14] nennt. Wer solche Sorgen ernst nimmt und zum öffentlichen Thema machen möchte, sei es aus Politik, Wirtschaft oder anderen gesellschaftlichen Gruppen, darf nicht reflexartig ins Lager der Extremisten einsortiert werden. Wir haben grundlegende Probleme in Deutschland und Europa, und diese gehören öffentlich debattiert und angegangen statt ignoriert und totgeschwiegen.

Ein weiteres davon: Die Bildungspolitik in Deutschland befindet sich auf ähnlich abschüssigem Weg wie andere Bereiche unserer Infrastruktur auch. Die jüngste PISA-Studie hat das deutlich gezeigt. Ergebnis: Die 15-Jährigen in Deutschland fallen bei PISA 2022 in allen Kompetenzbereichen auf die niedrigsten Werte ab, die hierzulande im Rahmen von PISA je gemessen wurden, im Lesen verfehlen 25 Prozent der Jugendlichen die Mindestanforderungen. Wie soll man unseren Schülern in den weiterführenden Schulformen noch Demokratie beibringen, wenn ein Großteil der Zeit zum Nachholen von Mindeststandards verwendet werden muss?

Man sieht: Die Politik ist gefordert. Die Wirtschaft darf sich aber nicht aus der Verantwortung zurückziehen, vielmehr müssen viel mehr Unternehmer aus Mittelstand und Industrie ihr »feines Schweigen« schnell aufgeben im direkten Gespräch mit ihren Mitarbeitern. Denn wie eingangs erwähnt: Wichtige Wahlen stehen an, mit der Möglichkeit, dass Rechtsextreme das Amt eines Ministerpräsidenten in Deutschland besetzen. »Das«, schrieb die FAS, »ist der Ernstfall. Keine Übung.«[15]

Anmerkungen:

1   Geheime Erklärung des Reichsministers Dr. Goebbels am 5. April 1940 vor geladenenVertretern der deutschen Presse. Auszugsweise abgedruckt in: Jacobsen, Hans-Adolf: Der Zweite Weltkrieg. Grundzüge der Politik und Strategie in Dokumenten. Frankfurt am Main und Hamburg 1965, S. 180 f.

2   <https://www.focus.de/politik/deutschland/bjoern-hoecke-sieben-zitate-zeigen-wie-gefaehrlich-der-afd-rechtsaussen-wirklich-ist_id_6536746.html> und <https://www.volksverpetzer.de/analyse/25-krasse-hoecke-zitate/> .

3   <https://youtu.be/mvovJACoObbI> Video »nicht mehr verfügbar«.

4   Adorno, Theodor W.: Aspekte des neuen Rechtsradikalismus, Berlin 2019, S. 33.

5   Mehr davon unter: <https://www.spiegel.de/politik/deutschland/ rechtsextreme-in-der-afd-so-sprechen-fluegel-anfuehrer-hoecke-und-seine-leute-a-98188c22-71b5-4b56-8d0c-a21f4bcef2e1>.

6   Weitere Zitate unter: <https://www.volksverpetzer.de/analyse/ 10-rechtsextreme-zitate-der-afd/>.

7   <https://de.statista.com/statistik/daten/studie/419867/umfrage/ exportquote-nach-dem-aussenhandelskonzept-in-deutschland/>.

8   <https://www.destatis.de/DE/ZahlenFakten/GesamtwirtschaftUmwelt/ UnternehmenHandwerk/Glossar/Unternehmen.html>.

9   Winkeljohann, Norbert in: Handelsblatt vom 4. Januar 2024.

10 <https://www.edelman.com/trust/2022-trust-barometer>.

11 »Wer AfD wählt, gefährdet Jobs«, Süddeutsche Zeitung vom 25./26. November 2023, S. 25.

12 The Pioneer Briefing vom 4. Januar 2024.

13 <https://www.handelsblatt.com/meinung/gastbeitraege/gastkommentar-eine-starke-afd-ist-fuer-uns-unternehmer-gefaehrlich-/29248914.html>.

14 Steingarts Morning Briefing vom 21. Dezember 2023.

15 Frankfurter Allgemeine Sonntagszeitung vom 7. Januar 2024, S. 8.

Michel Friedman

Handeln

Watteland, Anti-Angst-Land, Sicherheitsland, das Schlaraffenland Deutschland gibt es so nicht mehr. Jetzt stehen wir da, mit unseren *Do-not-disturb*-Schildern in der Hand. Wirkungslos. Die Tür, um das Schild aufzuhängen, existiert nicht mehr. Was jetzt?

Wir entdecken zögernd, zaudernd, dass wir 20 Jahre hinter der Zeit sind, mindestens. Wir erkennen, dass unsere strukturellen Defizite in den wichtigsten Politikfeldern fast nicht mehr aufholbar sind. Ein neues Bildungskonzept braucht mindestens 18 Jahre, bis es die erste Generation hinter sich gebracht hat. Dabei ist das Konzept noch nicht mal da. Klimapolitik hetzt sich in Monatsabständen, um die verlorene Zeit aufzuholen. Hilflos. Infrastrukturmaßnahmen, vor allen Dingen im Nahverkehr, zum Beispiel bei der Bahn, werden von ihren Vorständen selbst erst ins Jahr 2070 terminiert. Der »demografische Wandel« – ein Begriff, der mittlerweile so alt ist wie die alternde Bevölkerung selbst. Und immer noch Konzept.

Immer noch wird von einer »Einwanderungsgesellschaft« fabuliert, die ihre Grenzöffnungen allerdings so eng taktet, dass die 400.000 Menschen, die jährlich nötig sind, um die Gesellschaft wieder so jung zu machen wie erforderlich, nicht erreicht wird. Die sozialen und medizinischen Systeme werden dadurch wahrscheinlich unbezahlbar oder zusammenbrechen. Und dann noch die Demokratie, gemeint ist die liberale Demokratie. Die illiberale Demokratie, wie sie Ungarns Regierungschef Orbán und viele andere Populisten vorleben, ist keine Demokratie.

Das Illiberale ist das Gift, das die Grundrechte der Demokratie mal auffälliger, mal unauffälliger auffrisst. Wir haben eigentlich keine Zeit mehr, um die verpasste Zeit aufzuholen. Schaffen wir es in diesem Jahrzehnt nicht, werden Deutschland und viele Länder der EU keine wichtige Rolle in diesem Jahrhundert mehr spielen.

Entweder wir zaudern angstvoll weiter, tun nichts, schließen die Augen und hoffen, uns auf diese Weise nicht selbst dabei zusehen zu müssen, wenn wir in den Abgrund stolpern. Oder: Wir reißen die Augen auf, schauen hin, hören zu. Handeln.

Kann es uns Menschen gelingen, gerade jetzt, trotz unserer Angst, mit unserer Angst, uns den Krisen dieser Zeit zu stellen? Haben wir die Kraft zur Empathie mit frierenden, mit infizierten, mit fliehenden Menschen, die uns in ihrer nackten Not nur noch mehr Angst machen, weil sie uns an unsere eigene Verwundbarkeit erinnern?

Doch Angst hält uns nicht nur vom Handeln ab, sie kann auch dazu ermutigen. Wie Schmerz, Wut, Neid kann auch Angst die Menschen dazu bringen, weit über sich hinauszuwachsen und Grenzen zu überwinden, die als unüberwindbar gelten. Die Bedingung dafür aber ist, die lähmende Seite der Angst zu überwinden. Nur dann öffnen sich Perspektiven, das bisher Unmögliche zu erreichen. Dass dies gelingen kann, haben wir allein in der jüngsten Geschichte zigfach erfahren:

1955 steht die Afroamerikanerin Rosa Louise Parks im Bus nicht für einen Weißen auf und befeuert damit die US-amerikanische Bürgerrechtsbewegung. Während der Demokratie-Proteste auf dem Tiananmen-Platz 1989 stellt sich ein einfacher Mann in einem weißen Hemd einer Kolonne von Panzern entgegen – sein Bild geht um die Welt. 2006 gibt die Aktivistin Tarana Burke dem Thema sexueller Missbrauch mit dem Hashtag #meToo eine breite Öffentlichkeit. 2018 setzt sich Greta Thunberg mit dem Pappschild »Schulstreik für das Klima« vor den schwedischen Reichstag. 2019 berichtet der chinesische Arzt Li Wenliang trotz staatlicher Repression über ein neuartiges Coronavirus. 2023 fährt US-Präsident Joe Biden, den russischen Bomben zum Trotz, mit dem Nachtzug durch die Ukraine und zeigt sich unter freiem Himmel in Kiew. Jeden Tag überwinden Menschen irgendwo auf der Welt ihre Angst, gehen über Grenzen und zeigen, dass das, wovon alle behaupten, es ginge nicht, eben doch geht.

Irgendwo auf der Welt überwindet jetzt im Moment ein Mensch seine *körperliche* Angst, springt ins Feuer, um einen anderen Menschen zu retten. Irgendwo überwindet jemand seine *intellektuelle* Angst und sagt etwas, das noch niemand gedacht oder gewagt hat auszusprechen. Irgendwo überwindet jemand seine *soziale* Angst und tut etwas, das andere ablehnen. Irgendwo überwindet jemand seine *emotionale* Angst und spricht über etwas, das ihn tief bewegt. Irgendwo geht irgendjemand ein hohes persönliches, ein lebensbedrohliches Risiko ein, überwindet Angst, zeigt Mut.

Manchmal ist das die kleine Initialzündung für eine große soziale Umwälzung. Und wenn nicht die große Umwälzung, dann doch ein kleines Zeichen der Menschlichkeit, ein Zeichen der Hoffnung. Auch wenn es der Demokratie in Deutschland immer wieder doch nicht gelingt, »aus der Unruhe eine reformierende Kraft zu machen«.[1]

Betrachten wir die Menschheitsgeschichte vor 100 Jahren im Vergleich zu heute, gibt es tatsächlich Ermutigendes: der Zivilisationsgrad, der Bildungsgrad der Menschen, die kulturelle Teilhabe, die vielfältigen Denkweisen der Philosophie, alle Menschenbilder und Menschbeziehungen in dieser Welt, die große Gerechtigkeitsfrage des Seins bis hin zu konkreten Fragen der sozialen und politischen Gerechtigkeit, die Fähigkeit des Menschen, Lebensbedingungen zu verbessern, der unglaubliche Fortschritt der Medizin, der nicht nur Krankheiten besiegt, sondern den Tod verschiebt, das Wunder, dass der Mensch zu einer Kunst fähig ist, die Menschen weltweit berührt, bewegt und verändert …

All dies sind keine Floskeln, sondern Realitäten, die objektiv sichtbar und erkennbar sind. Dass daraus keine Selbstzufriedenheit entstehen darf, kein Sich-ausruhen-Wollen, kein Jetzt-reicht-es-doch-Schlussstrich, ist ein Imperativ.

Wir sind lernfähig. Wir können uns verändern. Wir können Überzeugungen überzeugend dekonstruieren. Wir müssen nicht statisch, wir können dynamisch leben.

Natürlich ist es richtig und wichtig, Risiken einzuschätzen, zu evaluieren, in ihrer Komplexität der Konsequenzen zu bedenken. Nur lähmen darf uns das nicht. Wir müssen uns auch für Risiken entscheiden wollen – als Individuen, damit wir nicht einschlafen in uns selbst, damit unser Leben nicht deshalb begrenzt bleibt. Als Gesellschaft, um zu überleben.

Im Grundgesetz heißt es: »Alle Staatsgewalt geht vom Volke aus.« Wir brauchen eine neue Kultur der Ermutigung für die, die uns rational, argumentativ, verantwortungsbewusst überzeugen, uns mehr zu engagieren. Zu debattieren. Zu argumentieren. Zu streiten, um die richtigen Worte zu ringen, gerade dann, wenn es schwierig wird. Und zu handeln.

Wir brauchen eine neue Kultur der politischen Bildung, die nicht nur die alten Zahnräder des etablierten Systems und seiner Institutionen erklärt, sondern vor allem den jungen Menschen zeigt, wie demokratische Partizipation funktioniert. In der Praxis. Für jeden. Und was das Grundgesetz dieses Staates jedem Einzelnen nicht nur bietet, sondern auch abverlangt.

Damit Partizipation funktioniert, brauchen wir auch eine neue politische Kultur, die einen wirksamen »Transmissionsriemen«[2] aufspannt zwischen den neuen sozialen Protestbewegungen und den Institutionen der repräsentativen Demokratie.

Wir brauchen mehr und andere Formen der Partizipation von Menschen, die aus den demokratischen Verfahren bisher ausgeschlossen waren: Menschen unter 18 Jahren, Menschen aus Drittstaaten, darunter Tausende erfahrene Lehrkräfte, deren Abschlüsse hier nicht anerkannt werden,[3] Geflüchtete, Menschen mit weniger Bildung, weniger Status als die gewählten Repräsentanten in Berlin. Und wir brauchen politische Bildung, um nicht nur die Quantität, sondern auch die Qualität des gemeinsamen politischen Handelns weiterzuentwickeln.

Das ist nicht nur eine individuelle Aufgabe, es ist eine kollektive, eine politische Aufgabe. Ein Staat, der sich selbst als Schlaraffenstaat missversteht, kann die soziale Frage kaum lösen, kann die Dringlichkeit von Verzicht kaum aussprechen, die Notwendigkeit von Solidarität kaum klarmachen, kann für die Anstrengungen der Demokratie kaum begeistern.

Wenn ein solcher Verwöhn-Staat seine BürgerInnen zu Vernunft aufruft, zu Verzicht, zur Rückbesinnung auf das Gemeinwohl, geht gleich das Geschrei los. Letztendlich sind es nicht die Repräsentanten der Demokratie, sondern die Schlaraffen selbst, die sich aufführen wie Tyrannen. Während alles in Flammen steht, brüllen sie nach Entlastung.

Schlaraffenland ist abgebrannt. Die Watte ist weg, wir müssen improvisieren. Eigentlich sofort. Wir haben nur noch sehr wenig Zeit – fünf, zehn, vielleicht 20 Jahre, um eine existenziell bedrohliche, eine angstbedingte Regression in autoritäre, korrupte, antidemokratische Strukturen abzuwenden, die noch befeuert wird durch die Erfahrung von Krieg, Dürre, Flut, Seuchen, Hunger und durch Millionen Frauen, Männer, Kinder auf der Suche nach einem neuen Ort zum Überleben – direkt vor unserer Haustür.

Es ist eine doppelte Herausforderung: Wir müssen nicht nur aufholen, um unsere rückständigen Systeme der Bildung, Gesundheit, Verteidigung, Mobilität, Verwaltung auf den neuesten Stand zu bringen. Wir müssen diese Systeme auch flexibler und stärker machen, damit sie den Krisen dieses Jahrhunderts standhalten.

Und doch möchten viele, nicht nur die Älteren, auch jetzt noch lieber warten. Auf Rettung warten durch die junge Generation, die von Anfang an erlebt hat, dass das Schlaraffenland nichts als Lug und Trug ist, die schon als Kinder die Bilder von Flüchtlingsboot-Wracks und toten Babys am Strand sahen, die im Seuchen-Lockdown in ihren Zimmern ausharrten, die die Unabwendbarkeit der Klimakatastrophe früh verstanden haben und die wissen, dass der Krieg in der Ukraine genauso auch ihr Krieg sein könnte.

Viele Ältere möchten noch immer nichts tun, noch immer ein bisschen Weiter-so. Noch einen Sommer genießen. Noch ein paar Jahre profitieren von den Geschäften mit Kriegstreibern, mit Autokraten, mit Menschenverächtern. Dann wird es eben diese junge Generation, der technische Fortschritt, die Diplomatie, das Glück, der Zufall schon richten, dann werden wir den ersten Schritt gehen. Irgendwann.

Dass »irgendwann« zu spät ist, wissen wir. Dass wir jederzeit aufbrechen können, auch. Vielleicht hören wir auf zu zögern, wenn wir uns den Schritt in die neue Zeit anders vorstellen: nicht so, dass jeder und jede Einzelne, allein, einen Schritt nach vorn ins Ungewisse setzt. Aggressiv. Unter Druck. Mit Angst. Wie es in Schillers *Reiterlied* heißt: »Da tritt kein anderer für ihn ein, auf sich selber steht er da ganz allein.«[4]

Vielleicht hören wir auf zu zögern, wenn wir aufeinander zugehen, um in einer gemeinsamen Improvisation Angst zu verwandeln in Freiheit. Wenn wir vor allem den jungen Unerschrockenen, den jungen Realisten, den vielen bisher Abgehängten den politischen Raum weit öffnen; sie nicht nur ernst nehmen als Menschen, sondern als Mitgestaltende.

Könnte nicht das die Apathie der Nicht-Gehörten auflösen, könnte nicht das die Verantwortungslosigkeit der Abgehobenen beenden? Die Möglichkeit, immer wieder neu anzufangen, auch in der widrigsten Wirklichkeit neu anzufangen, macht sie nicht eigentlich den Menschen aus?

Und was, wenn wir trotz dieser Möglichkeit in unserer Schlaraffenmentalität stecken bleiben? Wenn wir weiter warten auf Lügen, Likes und Brei?

Dann werden wir die »Zeitenwende« eines Tages vielleicht als den Wendepunkt bezeichnen müssen, an dem unsere Demokratie gescheitert ist.

Ob wir noch anders können?

Ich plädiere für skeptischen Optimismus.

Anmerkungen:

1   Prantl, Heribert: »Ist jetzt Freiheit oder ist noch Ordnung?«, Süddeutsche Zeitung, 26.02.2023, <https://www.sueddeutsche.de/meinung/1848-ruhe-unruhe-direkte-demokratie-luebbe-wolff-buergerinitiative-corona-kommentar-1.5757555>.

2   Reinhardt, Darius/Friedrich, Hannah/ Mullis, Daniel: »PRIF Report 5/2022. Fragiles Vertrauen: Zwischen sozialen Bewegungen und Politikverdrossenheit. Jugend und Demokratie in Zeiten der Corona-Krise«, Leibniz-Institut Hessische Stiftung Friedens- und Konfliktforschung (HSFK), Frankfurt am Main 2022, S. 8.

3   Von insgesamt 693.753 Lehrkräften in Deutschland haben nur 10.821 eine ausländische Staatsbürgerschaft (Schuljahr 2019/2020). Quelle: GEW: »Verschenkte Chancen? Die Anerkennungs- und Beschäftigungspraxis von migrierten Lehrkräften in den Bundesländern«, GEW, Frankfurt am Main, August 2021, <https://www.gew.de/fileadmin/media/publikationen/hv/Themen/Migration/202108-Migrierte-Lehrkraefte-2021-A4-web.pdf>.

4   Schiller, Friedrich: Wallenstein. Ein dramatisches Gedicht, hier: Wallensteins Lager, 11. Auftritt, <https://www.friedrich-schiller-archiv.de/musenalmanach-1798/reiterlied-2/>.

Düzen Tekkal

Die Kunst des Handelns
im Zeitalter multipler Krisen

»In solchen Zeiten verdunkelt sich der Bereich der menschlichen Angelegenheiten; er verliert die strahlende Ruhm stiftende Helle, die nur dem Öffentlichen, das sich im Miteinander der Menschen konstituiert, eignet, und die unerläßlich ist, soll Handeln und Sprechen sich voll entfalten.[...] In diesem Zwielicht, in dem niemand mehr weiß, wer einer ist, fühlen Menschen sich fremd, nicht nur in der Welt, sondern auch untereinander; und in der Stimmung der Fremdheit und Verlassenheit gewinnen die Gestalten der Fremdlinge unter den Menschen, die Heiligen und die Verbrecher, ihre Chance.«

Hannah Arendt: Vita activa

»There is no such thing as society« – ein eiserner Satz aus dem Mund einer ebenso eisernen Lady, als die sie sich gerne bezeichnen ließ: Margaret Thatcher, die erste Frau, die das Amt der Pemierministerin des Vereinigten Königreichs bekleidete. Sie gilt als eine der umstrittensten Politikerinnen des 20. Jahrhunderts, vor allem wegen ihrer scharfen Rhetorik, die nicht frei von Populismus war, ihren einschneidenden Reformen in der britischen Wirtschaft, die vor allem von einem harten Kurs gegenüber gewerkschaftlicher Organisation und ArbeiterInnenrechten gekennzeichnet war.

Von ihren Gegnern wird Margaret Thatcher vorgeworfen, die Gewerkschaften und deren Bedeutung massiv eingeschränkt zu haben. Sie habe dafür gesorgt, dass das Solidaritätsgefühl in der arbeitenden Bevölkerung Schaden genommen hat und gilt als Wegbereiterin eines Ellenbogen-Kapitalismus. In der Tat führte ihr aggressiver Liberalismus, der die Eigenverantwortlichkeit des Individuums stark betonte, dazu, dass Großbritannien sich aus seiner schweren Wirtschaftskrise heraushelfen konnte. Es war eine Schocktherapie und die Speerspitze neoliberaler Politik in Europa. Lang- und mittelfristig sollten ihre Gegner recht behalten: Das Gemeinschaftsgefühl und die Verantwortlichkeit füreinander gingen verloren. Eine Entwicklung, die die kommenden Jahrzehnte in allen westlichen Staaten kennzeichnete: Der Staat zog sich tendenziell aus Belangen des Miteinanders heraus. Er sollte nur noch dafür Sorge tragen, dass der Rahmen für das freie Wirtschaften der Einzelnen erhalten bleibt und funktioniert. Der Markt regelt alles. In Deutschland fand im Grunde genommen dieselbe Entwicklung statt, nur mit zehn Jahren Verspätung und subtiler – nicht wie in Großbritannien, wo sich in den 1980er-Jahren regelrechte Straßenschlachten abspielten zwischen Arbeitern, Gewerkschaftern und Polizei.

Heute wissen wir es besser: »There is indeed such thing as a society!« – Sonst wäre sicherlich auch jemand wie Thatcher nicht die erste Frau im britischen Staat geworden. Die Menschen sind immer auch Umstände ihrer Zeit. Wir wissen auch: Der Neoliberalismus, von dem der Thatcherismus eine Spielart darstellt, führt in eine Sackgasse. Es kommt nicht zu mehr Wohlstand für alle, wenn wir die entfesselten Markmächte gewähren lassen, im Gegenteil: Die Kluft zwischen arm und reich wird immer größer. Der vielbeschworene »trickle down effect« stellt sich nicht ein. Der Reichtum der Oberen 10.000 verteilt sich nicht wie von Zauberhand und automatisch auf Mittel- und Unterschicht. In den letzten Jahren wurden zu dieser Dynamik und dem Scheitern des neoliberalen Versprechens kluge Analysen vorgelegt – am prominentesten die großen Studien des französischen Ökonoms Thomas Piketty.

Die Geburt der Kriege und Ideologien aus dem Geist des aggressiven Neoliberalismus

Dieses Scheitern auf wirtschaftlicher Ebene führt zu Verheerungen im Gesellschaftlichen, im Politischen und im Ökologischen, und zwar global. Der Neoliberalismus, der angetreten war, um eine wirtschaftliche Stagnation zu lösen, führt zu einer Vertiefung politischer und gesellschaftlicher und ökologischer Probleme: Es kommt zu einer Schließung der offenen Gesellschaft. Wenn doch der Markt alles regelt, warum soll ich dann noch wählen gehen? Dann ist doch egal, wer uns regiert. Wir treten ein in das Zeitalter der Postdemokratie und des technokratischen Durchregierens. Ein Zeitalter geprägt vom Willen, nur selbst gut »durchzukommen« und das große Ganze, auch die Zukunft, die Nachkommenschaft auf der Welt, zu vergessen. Die schlichte Logik von »Wenn jeder auf sich selber achtet, ist für alle gesorgt!« entpuppt sich als genau das: zu schlicht, um der Komplexität des In-der-Welt-Seins gerecht zu werden.

Es ist ein Zeitalter des kaum mehr abgefederten Konkurrenzdrucks, das zu Kriegen führt – wie uns in Europa schmerzlich der Überfall Russlands auf Ukraine vorgeführt hat. Denn diejenigen, die im entfesselten Wirtschaftsspiel verlieren oder zu verlieren drohen, greifen zu den Waffen. In einer Zeit, in der Halbleitertechnologien und Dienstleistungen gefragt sind, gerät Russland mit seiner veralteten Ökonomie, die auf dem Export einer fossilen Energie wie Erdgas basiert, ins Hintertreffen. In seiner Verzweiflung holt der Verlierer noch einmal zum Schlag aus und bläst zum letzten Gefecht: »Wenn wir schon im Wettbewerb verlieren, dann bringen wir wenigstens nochmal ordentlich Chaos ins Spiel!« Es ist zudem das alte Rezept, das sich bereits im 20. Jahrhundert bewährt hat: Krieg kurbelt die Wirtschaft an, allen voran die heimische. Nur: Wie lange kann man den Krieg führen? Wie viele Menschen müssen dafür sterben? Der Putinismus ist eine Verlierer-Ideologie, aber eine, die den Siegern keinen Grund zum Jubeln gibt.

Das Scheitern des neoliberalen Traums führt zum Aufstieg von extremen Kräften. In meinem Buch »Deutschland ist bedroht« (2016) habe ich vor allem zwei Bedrohungen ausgemacht, die ich gerne als die »bösen Zwillinge« bezeichne. Mit diesen meine ich das Paar Rechtsextremismus und Islamismus. Auch sie sind Verlierer-Ideologien. Sie mögen sich gegenseitig zuweilen feindlich gegenüberstehen, sich sogar zu bekämpfen wissen. Aber im Grunde eint sie ein tiefer Hass auf offene Gesellschaften und auf die liberalen Demokratien. Im »Manifest der kommunistischen Partei« beschrieben Karl Marx und Friedrich Engels die Dynamik des Kapitalismus: »Alles Ständische und Stehende verdampft, alles Heilige wird entweiht und die Menschen sind gezwungen, ihre Lebensstellung, ihre gegenseitigen Beziehungen mit nüchternen Augen anzusehen.« Aus heutiger Sicht betrachtet, kann man das ausdrücklich begrüßen: Der sich entwickelnde und über den ganzen Globus spannende Kapitalismus ermöglicht es den Menschen, sowohl die Fesseln der überkommenen Gesellschaftsordnung als auch die der Natur abzuschütteln. Eine Welt frei vom Naturzwang und von Herrschaft, von persönlichen Abhängigkeitsverhältnissen, die auf undurchschauten, weil als »naturgegeben« gedachten Machtgefällen (dem zwischen König und Vasallen etwa) beruhen, wird denkbar. Die Vordenker des Kommunismus waren nur nicht einverstanden mit den Schattenseiten dieses Prozesses: mit Ausbeutung und Verelendung der proletarischen Massen, die den ungeheuren Reichtum der Gesellschaft durch ihre tägliche Arbeit in den neu entstandenen Massenfabriken und in der industrialisierten Landwirtschaft hervorbrachten –, der ihnen aber von den Besitzern der Fabriken und Plantagen, vorenthalten wurde. Zu Zeiten von Marx und Engels war der Kapitalismus noch nicht so weit fortgeschritten, wie er es heute ist und deswegen lag die Lösung für sie auf der Hand: Ist die Geschichte der Menschheit eine Geschichte von Klassenkämpfen, dann war es nur konsequent, zum allerletzten Gefecht zu blasen, der mit der Kategorie »Klasse« ein für allemal Schluss machen sollte. Der Gang der Weltgeschichte hat gezeigt, dass es so einfach nicht ist – und es vor allem wenig Grund für den Geschichtsoptimismus des Marxismus gibt, wonach die Entwicklung der Menschheit mehr oder minder automatisch auf das Paradies auf Erden zusteuert.

Rechtsextremismus und Islamismus wollen sich mit der Moderne in Gänze nicht abfinden. Ihre Allheilmittel lauten: Rassenkampf und Religionskampf. Sie proben beide auf ihre Weise den Aufstand gegen die moderne Welt. Und bei beiden spielt der Antisemitismus eine zentrale Rolle. Für das Verdampfen alles Stehenden und Ständischen, für die Erschütterung der Gewissheiten und der (religiösen) Werte, werden finstere Kräfte verantwortlich gemacht, die im Verborgenen agieren. Alle Verwerfungen werden mit demjenigen identifiziert, was sich rational nicht verstehen lässt: Mit dem Geld und der Finanzsphäre. Seit jeher wurden mit ihnen Jüdinnen und Juden verknüpft – auch weil die christliche Mehrheitsgesellschaft in Europa sie von den meisten handwerklichen Berufen ausschloss. Der Rechtsextremismus glaubt, sein Heil in Blut und Boden zu finden. Die wahren Ursachen für Verelendungsprozesse und Krieg im globalen Süden, die durch die kapitalistische Wirtschaftsweise hervorgerufen werden, gelten ihm als Ergebnisse eines finsteren Plans globaler (jüdischer) Eliten, die künstlich Wanderungen von Flüchtenden erzeugen, um das heile eigene Abendland zu »überschwemmen« und die alteingesessene Bevölkerung schleichend durch eine neue »auszutauschen«. Dass die Menschheitsgeschichte auch als Geschichte von Migration geschrieben werden kann, und die modernen europäischen Gesellschaften von Austausch, Ein- und Abwanderung geprägt wurden, kommt in ihren Erzählungen nicht vor.

Ähnlich sieht es bei den Islamisten aus: In ihrer Propaganda werden sie nicht müde, vom »großen« und vom »kleinen Satan« zu sprechen, den Vereinigten Staaten von Amerika und von Israel. In der Vorstellungswelt der Islamisten kommt alles Üble in der Welt von diesen Staaten und ihren EinwohnerInnen in die Welt. Die angebliche Gier und ihr Einfluss, ihre Affinität zum Geld und zum Materialismus, die der Islamist ihnen andichtet, bedrohe ihre gewachsenen Kommunen und korrumpiere ihre Frömmigkeit – genau so, wie in ihrem Weltbild bereits Europa korrumpiert und »gottlos« gemacht wurde. Deswegen gelte es, die ursprüngliche Frömmigkeit des Propheten wiederzuerlangen und einen »heiligen Krieg« gegen »die Ungläubigen« zu führen. In der Gründungscharta der Hamas etwa, die bis heute gültig ist, werden die Juden für die beiden Weltkriege und alle Revolutionen, die je stattgefunden haben, verantwortlich gemacht.

In Deutschland hat man lange Zeit auch den legalistischen Islamismus zu wenig ernst genommen und es versäumt, hier rote Linien zu definieren und durchzusetzen. So wurden oftmals auch Personen und Verbände in die Religionspolitik mit eingebunden, die es mit Säkularität und Rechtsstaat nicht so halten, wie es das die freiheitlich-rechtliche Grundordnung vorsieht. Aus diesen Fehlern müssen wir lernen!

Islamismus und Rechtsextremismus sind Weltanschauungen, die des Sündenbocks bedürfen: »Wenn dieser andere endlich verschwindet, dann sind wir frei!« Bei den Nazis hieß das »Die Juden sind unser Unglück!« In der Tat: Wer die Geschichte nicht kennt, ist dazu verdammt, sie zu wiederholen. Wohin diese Logik führt, hat der Erlösungsantisemitismus der Nationalsozialisten gezeigt: zu Weltenbrand, Vertreibungen und industriellem Massenmord von Millionen von Menschen. Der Faschismus führt immer nur zu verbrannter Erde, auf deren Asche der verhängnisvolle Weltlauf von Neuem anhebt. Aber etwas aufbauen und Bleibendes schaffen, kann er nicht. Eine atmende, lebende Welt, eine Welt der Kooperation und Fürsorge, ist diesen Ideologien fremd. Das Eigene muss stets gegen etwas »Fremdes« verteidigt werden.

Politik der Neidbeißerei – der Rechtspopulismus

Es liegt mir fern, in diesem Essay die Frage zu behandeln, inwiefern die AfD eine rechtsextreme Partei ist. Es geht mir eher um ein Ideologem der Verdunkelung, das sich bei ihr findet – und in meinen Augen auch einen Grund für die Radikalisierung der Partei darstellt.

Zunächst gilt es festzuhalten, dass der Erfolg von AfD und Co. in Deutschland und der Rechtsruck weltweit sich aus Gefühlen tiefer Ohnmacht speisen. Aus dem Gefühl heraus, nicht mehr handeln zu können. Ja, vielmehr noch: Dass Handeln keinen Sinn hat. Wo der Sachzwang von Ökonomie und Verwaltung regiert, wo blinde Ausrichtung auf Arbeit und Konsum die Maßgaben der Vernunft bilden, erstarrt die menschliche Phantasie und der Gestaltungsspielraum. Der Möglichkeitshorizont des Handelns verdunkelt sich.

Schaut man sich das Parteiprogramm der AfD an, könnte man meinen, die Welt ist ein Stück Beute und es kommt bloß darauf an, dass niemand den Deutschen etwas von ihrem Teil streitig macht. Geht es nach der AfD, zielt das Wesen der Politik darauf, Machtmittel zu finden und zu schärfen, die den Besitzstand wahren. Egal, ob es dabei um die Wirtschaftsleistung oder die Staatsbürgerschaft geht. Alles ist in Gefahr, einem irgendwie weggenommen zu werden oder in unumkehrbare Verfallsprozesse gezogen zu werden. »German Angst« statt »German Dream«. Politik als Neidbeißerei. Allen, die womöglich noch etwas höhere Ansprüche an die Politik und daran, wie das Miteinander zu gestalten sei, hegen, wird dann von Anhängern dieser Parteien bescheinigt, sie seien dekadent – im wörtliche Sinne von »herabgestiegen«: »linksgrünversifft«. Dabei sind sie selbst es, deren Ansprüche ziemlich niedrig sind. Es würde sich einmal lohnen, die Programme aller populistischen

Bewegungen weltweit vor diesem Hintergrund des Neidbeißerischen, des Protektionistischen, zu betrachten.

Das Handeln als Gegengift zu Ohnmacht und Rechtsruck

Was tun, um angesichts dieser Unwägbarkeiten und ideologischen Versuchungen Herr zu werden? Wir müssen kollektiv das Handeln selbst wieder entdecken und uns wieder in der Kunst des Handelns üben!

Das ist etwas, das ich persönlich von meinem Vater gelernt habe: Er war schon Menschenrechtsaktivist, bevor ich überhaupt gehen konnte. Er machte deutsche Politiker auf die Verfolgung der Jesiden aufmerksam – ja, überhaupt darauf, dass es uns Jesiden gibt als eigene Religionsgemeinschaft. Er gründete den ersten jesidischen Verein, half immer wieder Menschen in der Community weiter, bei Übersetzungen, bei Ämterangelegenheiten. Ich weiß noch, wie er mich auf DGB-Kundgebungen vor dem Hannoveraner Rathaus mitnahm.

Für meinen späteren Aktivismus wurde hier schon der Grundstein gelegt. Es gab in meiner Jugend einschneidende Lektüre-Erlebnisse: Goethe und Kafka verstärkten den Willen, etwas zu bewegen und zum Besseren hin zu verändern. Sie ermutigten mich darin, politisch zu handeln. In Goethes »Faust« wertet der Universalgelehrte in seiner Umschrift des Neuen Testaments die Tat gegenüber dem Wort auf: »Im Anfang war die Tat«. Von Franz Kafka lernte ich, dass diese Tat, das Handeln, uns in den Weltlauf verstrickt. Wir machen uns die Hände schmutzig. Aber ohne diesen Schmutz ist kein Leben und keine Veränderung zu haben. Später kam Hannah Arendt dazu: Für mich DIE Denkerin des Politischen. Und mit ihr möchte ich auch eine Richtung andeuten, die uns dabei helfen kann, den Versuchungen des Autoritarismus nicht zu unterliegen.

Hannah Arendts Wagnisse

In ihrem Werk »Vita activa« spricht sie vom Wagnis der Öffentlichkeit. So manches in ihrem Buch verblüfft aus heutiger Sicht: Es geht um die Gebürtlichkeit des Menschen. Dass mit jedem Menschenwesen, das geboren wird, etwas Neues, Unvorhergesehenes in die Welt kommt. Das neugeborene Kind ist für sie von Fremdheit gekennzeichnet: Es weiß noch nichts von sich und von den Mitmenschen. Genauso wenig, wie die anderen etwas von diesem Kind wissen. Erwachsen werden bedeutet, diese ursprüngliche Fremdheit aufzugeben und sich den Mitmenschen zu zeigen und dauerhaft unter ihnen zu leben und auch leben zu wollen – mit aller Vulnerabiltität, die damit einhergeht. Für Hannah Arendt liegt diese vor allem im Sprechen. Und tatsächlich: Wie angreifbar sich macht, wer öffentlich das Wort ergreift, weiß jeder, der einmal an einer öffentlichen Debatte teilgenommen hat.

Bei Arendt ist es gar nicht so sehr der Umstand, dass es des Wortes bedarf, um die Handlung zu erklären. Arendt verweist darauf, dass eine Handlung, die von erklärenden Worten begleitet wird, Auskunft darüber gibt, wer jemand ist. Sie schreibt:

> »Erst durch das gesprochene Wort fügt sich die Tat in einen Bedeutungszusammenhang, wobei aber die Funktion des Sprechens nicht etwa die ist, zu erklären, was getan wurde, sondern das Wort vielmehr den Täter identifiziert und verkündet, daß er es ist, der handelt, nämlich jemand, der sich auf andere Taten und Entschlüsse berufen kann und sagen, was er weiterhin zu tun beabsichtigt.«[1]

Was sich hier abzeichnet, ist eine ganz andere Form von Identitätspolitik, nämlich eine im allerstrengsten Wortsinn. Man könnte sie wie folgt paraphrasieren: »*Sage mir, was du tust, und ich verstehe, wer du bist!*«

Handeln und Sprechen sind für Hannah Arendt zutiefst verwandt. Handlungen müssen dort, wo sie nicht von Sprechen begleitet sind, fast immer unverständlich bleiben. Derzeit erkennen wir etwas davon im Regierungshandeln der Ampel-Koalition aus SPD, FDP und Grünen. Mangelnde Nachvollziehbarkeit des Regierungshandelns ist etwas, das in Meinungsumfragen häufig angeführt wird, wenn es um Zufriedenheit mit der Politik der regierenden Parteien geht. Regierungshandeln ist dieser Tage wenig von Sprechen begleitet. So bleibt bei vielen Menschen die Frage unbeantwortet: »Wer regiert uns da eigentlich?«

Nun könnte man einwenden, dass der Raum des Politischen sich heutzutage doch alles andere als verengt hat und der Horizont lichter und breiter denn je ist, da durch die technischen Möglichkeiten jede und jeder prinzipiell mithilfe der Sozialen Medien sein eigener TV-Sender ist: Haben wir nicht eigentlich den perfekten Raum des Politischen geschaffen? Das ist mitnichten der Fall! Denn die Medienöffentlichkeit ist keine Öffentlichkeit des Miteinanders. Mit Hannah Arendt könnte man sie als Konkurrenzraum beschreiben und in der Tat: Hier zählen *likes* und Reichweite von erstelltem *content*, also von etwas Hergestelltem[2]. Das Sprechen, wie es in technisch-medialen Räumen stattfindet, ist Simulation von Öffentlichkeit. Dafür stehen auch die Avatare, mit denen wir uns dort begegnen: In Pseudonymen und Profilen, die keine Auskunft darüber geben, wer jemand im emphatischen Sinne ist. Hannah Arendt würde wohl den Meinungskrieg, den wir »im Netz« beobachten können, als Verfallsform des Handelns betrachten, als bloßes Gerede: »nämlich ein Mittel unter anderen für die Erreichung des Zweckes, ob dies Mittel nun dazu dient, dem Feind Sand in die Augen zu streuen, oder dazu dient, sich selbst an der eigenen Propaganda zu berauschen.«[3]

Öffentlichkeit gibt es hingegen nur dort, wo Menschen sich von Angesicht zu Angesicht gegenübertreten können: sei es in Diskussionsforen, auf Kundgebungen, auf Podien – im Kontext aller Arten von Versammlungen. Wer mich und meine Arbeit der letzten acht Jahre kennt, weiß, dass ich zwar die Sozialen Medien nutze, um aus der Arbeit unserer Organisationen GermanDream und HÁWAR.help zu berichten – dies auch sehr gerne und mit Lust tue! Diese Medien sind für uns aber nie Selbstzweck. Wir sind keine Internetaktivisten. Wir setzen mit allem, was wir tun, auf die positive Macht der Begegnung und versuchen, Räume des Miteinanders zu schaffen: Sei es mit Frauenhäusern im Irak und in Afghanistan, in denen Überlebende von Genozid und Islamismus zusammenkommen, um miteinander zu lernen und zu heilen. Oder unseren Bildungsprojekten in Deutschland, mit denen wir aktiv in Schulen und Ausbildungsstätten gehen, um uns über Demokratie und demokratische Werte auszutauschen. Sei es durch Konferenzen, Kundgebungen und Diskussionsrunden, die wir veranstalten, um der Sprachlosigkeit etwas entgegenzusetzen, mit der neue Kriege und Katastrophen uns zu überwältigen drohen. Ich bin überzeugt davon, dass wir gesamtgesellschaftlich noch viel mehr Gelegenheiten des Austauschs brauchen!

In den letzten Jahrzehnten hat ein schleichender Verfall der Möglichkeitsbedingungen stattgefunden, sich im öffentlichen Raum überhaupt begegnen zu können – ja, sprechend sich zeigen zu können. So wurde der öffentliche Raum dazu degradiert, nur Durchgangsraum für die Mobilität von StädterInnen oder Konsumraum zu sein. So bedingen sich die Hypertrophie, die Übersättigung der Medien, mit diesem schleichenden Verfall der Öffentlichkeit womöglich: Wo mir die Bühne fehlt, gesehen und gehört zu werden, richte ich mir mein eigenes Fernsehstudio in den eigenen vier Wänden ein.

In den vergangenen Jahren gibt es dazu auch Gegentendenzen, die hier nur angerissen werden können: Menschen, die sich mit der Zukunft des Bauens und der Städte beschäftigen, berücksichtigen bei ihren Plänen den Aspekt des Zusammenkommens. Auch sind immer weniger Menschen bereit, Autos – ein die Öffentlichkeit maximal ausschließendes Vehikel – so viel Raum zu gewähren, wie dies die Stadt der zweiten Hälfte des 20. Jahrhunderts tat. Auch ist eine neu entdeckte Lust am Demonstrieren, am politischen Protest zu erkennen – vor allem bei jüngeren Leuten.

Wenn ich eine Antwort darauf geben müsste, wie wir die Demokratie am besten verteidigen: Wir sollten zu uns selbst stehen und der Macht des Sprechens vertrauen! Des In-Erscheinung-Tretens vor anderen. Auch und vor allem, wenn dies bedeutet, unsere ursprüngliche Fremdheit, von der Hannah Arendt spricht, abzulegen.

Anmerkungen:

1 Arendt, Hannah: Vita activa oder vom tätigen Leben, München 2002. S. 218.

2 In Hannah Arendts Buch geht es ihr vor allem darum, den Unterschied zwischen menschlichen Tätigkeitsweisen herauszuarbeiten und gegeneinander abzugrenzen: Arbeiten, Herstellen und Handeln. Während im Herstellen und in der Arbeit der Mensch vor allem sein materielles Leben sichert, ist für Arendt das Handeln die Sphäre, in der sich Politik ereignet.

3 Ebd., S. 221.

Monika Salzer

OMAS GEGEN RECHTS
nehmen sich das Recht!

Widerstand in Zeiten der Androhung

Die Erinnerungen an meine Vorfahrinnen holen mich ein: starke Frauen, die vor 75 Jahren kämpften, so wie alle Frauen weltweit kämpfen, um das Überleben ihrer Kinder in einer schrecklichen Zeit kurz nach dem Zweiten Weltkrieg zu sichern, Arbeit zu finden und mit dem Trauma zu leben. Wien lag noch immer in Schutt und Asche, deutsche Städte auch. Und doch standen Menschen wieder auf und kümmerten sich um das, was Menschen brauchen: eine Übereinstimmung des Zusammenlebens. Das Recht regelt das. Was für ein wunderbarer Gedanke. Menschen haben Rechte. Und vielleicht das edelste, schönste, wichtigste Recht aller Menschenrechte, die das Grundgesetz der Bundesrepublik Deutschland von anderen Verfassungen unterscheidet: *Die Würde des Menschen ist unantastbar.* Und noch ein zweites, das hervorgehoben werden muss: *Das Recht zum Widerstand.*

Wer mit Menschen arbeitet, die ihr Leben gespalten, fraktioniert, nicht mehr geborgen erleben, weil die Zuschreibung von außen alles spaltet, die Herkunft, die Identität, die Zugehörigkeit, die Ethnie, die sexuelle Orientierung und anderes, der erfährt, mit welch gehobenem Haupt die Lerngruppe über die Menschenrechte verlassen wird durch diese eine Erkenntnis: Es gibt Menschenrechte und ich habe ein Recht. Es gibt ein Gesetz und ich habe ein Recht. Auf der Straße wird uns angedroht, von rechtsextremen Gruppen, von Demokratiefeinden und deren Lust, alles zu vernichten: Ihr werdet schon sehen, wie wir alles zum Einsturz bringen werden, Eure Demokratie ist die Erfindung eines Lügners,

Euer »Systäm« ein Feind des Volkes, Eure Menschenrechte gibt es nicht, Eure Hybris wird böse enden. Denn WIR, das Volk, halten von diesem Pseudostaat, in dem die »Eliten« regieren, gar nichts.

75 Jahre nach der Schaffung des Deutschen Grundgesetzes leben viele mitten in Europa wieder mit der Angst vor der Gefahr faschistischer Kräfte oder sind schon von rechtsextremen Regierungen in ihrer Freiheit bedroht. In Österreich haben wir uns als OMAS gegen eine zweite Regierung mit Beteiligung einer rechtsextremen Partei, der FPÖ, und dem Einpeitscher Herbert Kick vor sechs Jahren 2017 in Wien gegründet, in Deutschland gibt es seit dem Frühjahr 2018 über hundert Gruppen OMAS GEGEN RECHTS. Im Frühjahr 2024 werden wir uns gemeinsam – Österreich, Deutschland, Südtirol, Schweiz – in Wien zu einem Europakongress treffen. Die Rechte will die Mehrheit im EU-Parlament erobern. Wir müssen mit anderen gemeinsam dagegenhalten.

Wir selbst waren als Kinder oder junge Erwachsene Zuhörerinnen des Grauens, hilflos, den Eltern die Erinnerung zu ersparen. Unmittelbar nach dem Krieg geboren litten wir an etwas mit, das nicht Unseres war, das von anderswo herkam, das uns Angst machte. Mit diesem Hintergrund, auf dieser Folie entsprang die Freude an der Demokratie, die unser Leben prägte. Die politische Architektur nach dem Zweiten Weltkrieg ist so alt wie wir, das deutsche Grundgesetz – und später die Österreichische Bundesverfassung – war zur Hoffnungsträgerin vieler Generationen geworden, der Beginn Artikel 1 liest sich heute wie ein Märchen aus Tausendundeiner Nacht: »Die Würde des Menschen ist unantastbar. Sie zu achten und zu schützen ist Verpflichtung aller staatlichen Gewalt.«

Seit sechs Jahren also mischen wir OMAS uns in die politische Debatte mit unserer Teilnahme an Demonstrationen und unserer Arbeit in den »Social Media« ein, seit drei Jahren stehen wir in Wien direkt vor unserem Bundespräsidenten und unserem Bundeskanzler am Ballhausplatz, bei jedem Wetter 20 bis 30 Stunden pro Woche. Mit einem großen Transparent auf der Straße machen wir auf die humanitäre Katastrophe von Flüchtenden an den Außengrenzen Europas aufmerksam: FLUCHT IST EIN MENSCHENRECHT – Ohne Menschenrechte keine Demokratie!

Schon unser erster öffentlicher Auftritt am 18. Dezember 2017 in Wien, am Tag der Regierungsangelobung der Regierung Kurz/Strache, zeigte uns ganz deutlich, für wen wir kämpfen. Es war eine Demonstration am Heldenplatz, ausgerufen von der Österreichischen Hochschülerschaft und anderen Organisationen, und wir waren acht OMAS. Es waren die Hauben, die Buttons und ein kleines Schild, das auf uns aufmerksam machte, und die Jugend tanzte mit uns, als wir das Lied »OMAS, OMAS, uns braucht das ganze Land. Wir kämpfen für die Kinder und machen Widerstand« anstimmten und sangen.

Es war die Jugend, die uns schon an diesem Tag einen Empfang bereitete. Seitdem sind fünf Jahre vergangen, in denen wir bei vielen Seminararbeiten Patinnen waren, für Interviews Rede und Antwort standen, uns für Generationengespräche begeisterten, neben den vielen Demonstrationen wie die Donnerstag-Demos, den Mahnwachen und anderer Auftritte für Menschenrechte und unsere Demokratie. Wir schafften es, den Stereotypen über ältere Frauen zu entkommen, buken keinen Apfelstrudel, machten es uns nicht im Lehnsessel bequem, sondern gingen auf die Straße.

Fabienne, 17 Jahre, Schülerin aus Kassel, D, schreibt:

>»Es hat mich sehr gefreut, Euch kennenzulernen und vor allem, was hinter OMAS GEGEN RECHTS überhaupt steckt und bedeutet. Hinter Eurem Namen steckt so viel mehr als Omas, die protestieren. Die Energie, die Ihr uns nähergebracht habt, und mit welchem Herz Ihr Euch für UNSERE Zukunft einsetzt, hat mich beeindruckt und berührt: »Wir kämpfen für unsere Kinder und Enkelkinder und für Euch alle!« Ich überlegte und überlegte, welche Wahrnehmung ich von älteren Menschen habe, was meine Oma und Opa für mich machen und was die ältere Gesellschaft überhaupt für unsere Zukunft macht. Da habe ich festgestellt, wie unheimlich dankbar ich für meine Großeltern bin, weil sie immer zu mir stehen und mich auch unterstützen ...

Jeder Gedanke, sei es meiner oder meiner Bekannten, an die Rente ist verbunden mit zur Ruhe kommen und sein restliches Leben auf dieser Welt zu genießen. Ihr jedoch seid das beste Beispiel, dass das Alter egal, ist für eine

Zukunft zu sorgen. Im Alter hört die Verantwortung nicht auf, sie geht immer weiter. Aber dies soll uns keine Angst machen, denn Angst ist der größte Feind für Erfolg, für das Leben. Hinterfragen, Nachfragen, Kämpfen, Hinhören, Weiterbilden, Engagieren. Und so viel mehr nehme ich für meinen weiteren Lebensweg mit. In Momenten wie diesen, wenn die Weltprobleme sich wieder so schwer und bedrückend anfühlen, und das Zweifeln beginnt, erinnere ich mich an Eure Worte und an Euch als Beispiel für zwei sehr inspirierende, starke, engagierte, gebildete Frauen in dieser verrückten Welt! Ich folge Euch auf Instagram ab jetzt, so werde ich hoffentlich immer mal wieder was von »Omas gegen rechts« hören. Macht weiter so, wir brauchen Euch für eine Zukunft. DANKE!«

Die OMAS GEGEN RECHTS unterstützen seit einiger Zeit auch die »*Letzte Generation*« bei ihrem Protest gegen die Umweltpolitik der Regierungen und finden die Kriminalisierung dieser Gruppen als Unrecht. Da ist es hilfreich, an den amerikanischen Philosophen und Schriftsteller Henry David Thoreau zu erinnern, der das Recht auf Widerstand gegen den Staat forderte, wenn dieser sich nicht an die Rechte der Menschen hielte. Zu pflegen, meinte er (im Kontext der Sklaverei), sei nicht der Respekt vor dem Gesetz, sondern der Respekt vor der Gerechtigkeit, und er meinte: »Unter einer Regierung, die regelmäßig Menschen einsperrt, ist das Gefängnis der angemessene Ort für einen gerechten Menschen.«

Die OMAS GEGEN RECHTS sind im November 2017 von Monika Salzer in Wien als Antwort auf die politische Entwicklung in Europa im Allgemeinen und in Österreich im Besonderen gegründet worden und haben sich im April 2018 in Österreich als Verein konstituiert. Die OMAS GEGEN RECHTS sind eine überparteiliche Plattform zur Verteidigung der Demokratie, des Sozial- und des Rechtsstaates. Die OMAS GEGEN RECHTS halten absolute Äquidistanz zu sämtlichen politischen Parteien.

Karl-Josef Kuschel

»Beides zusammen: der Kampf für die Grundrechte des Menschen und für den Frieden«: Eine notwendige Erinnerung an meinen Lehrer Walter Jens in Zeiten neuer Kriege

Als er 2013 starb, hätte ich es mir nicht träumen lassen, dass ich einmal das Vermächtnis meines Lehrers Walter Jens thematisieren müsste unter dem Stichwort: »Verteidigt die Demokratie«. Dabei ließe sich ohne viel Mühe ein kleines Lesebuch aus seinen Essaybänden zusammenstellen, die den leidenschaftlichen öffentlichen Streiter für »mehr Demokratie« zeigten. Einen *homme de lettres*, der zwar kein politisierender Schriftsteller, wohl aber mit der Autorität des Gelehrten und Poeten ein politisch eingreifender Demokrat hatte sein wollen, das, was man mit dem Politologen Dolf Sternberger einen »Verfassungspatrioten« nennen kann oder mit meinem eigenen Werkprofil von 2013 (»Walter Jens: Literat und Protestant«) einen »protestierenden Protestanten«.

In der Tat gehörten in ein solches Lesebuch:

- Die Rede auf dem SPD-Parteitag am 5. Dezember 1979 in Berlin unter dem Titel »Eine freie Republik« (in: Ort der Handlung ist Deutschland. Reden in erinnerungsfeindlicher Zeit«, 1981).
- Oder die Wiener Rede vom 18. April 1983 zum Thema »Geist und Macht in Deutschland« (in: Kanzel und Katheder, 1984).
- Oder der Essay 1983 aus Anlass des 50. Jahrestags der Bücherverbrennung »Die alten Zeiten niemals verwinden« (in: Kanzel und Katheder, 1984).

- Oder die »Erwiderung auf die Ansprache des Bundespräsidenten [Walter Scheel] beim Kongress des Verbandes deutscher Schriftsteller in Frankfurt 1975« unter dem Titel »Wir Extremisten« (in: Republikanische Reden«, 1976).
- Oder der ZEIT-Artikel »Gegen das Schwarz-weiß-Denken« aus Anlass des Golfkrieges 1991 (in: Einspruch. Reden gegen Vorurteile, 1992). Oder, oder, oder ...

Gerade die Ereignisse um Nachrüstung und drohenden Weltkrieg haben Walter Jens zu einem auch körperlich eingreifenden Demokraten gemacht. Bilder von damals haben sich festgesetzt, haben etwas von Kult und Ikone bekommen: Walter und Inge Jens – schon lange Friedensaktivisten gegen den 1979 erlassenen NATO-Doppelbeschluss zur Modernisierung schon bestehender nuklearer Waffensysteme auf deutschem Boden – im September 1983 bei einer Sitzblockade mit anderen sogenannten Prominenten (darunter Heinrich Böll) vor einem Pershing II Depot in Mutlangen auf der Schwäbischen Alb, keine 40 Kilometer Luftlinie von ihrem Wohnort Tübingen entfernt. Ein bis dahin unerhörter Vorgang: ein deutscher Universitätsprofessor nicht nur als Demonstrant, sondern als Sitzblockierer, ein bundesweit bekannter Schriftsteller als Aktivist in einer auf Gewaltfreiheit verpflichteten Friedensgruppe. Was war das? Ein später Ausflug in die Welt der Spontis? Mehr als medienwirksame Selbstinszenierung, als die Gelegenheit wieder einmal günstig ist? Mehr als die Pose eines Prominenten, der die Schlagzeilen um seine Person um einige zu vermehren trachtet?

Wer sich wie Walter Jens über Jahre öffentlich positioniert hat, musste mit psychologisierenden Deutungen und Verdächtigungen rechnen. Wer ihn ernsthaft *verstehen* will, sollte das Ethos dieses Mannes kennen und die beiden Wurzeln, aus denen es sich und damit sein eingreifendes demokratisches Engagement speist. Es sind, auf eine Formel gebracht, der *antike* und der *christliche Humanismus*, tief gegründet in der Lebens- und Werkgeschichte, das den bis ins Körperliche gehenden Einsatz für Frieden und Demokratie im Zeitalter der Massenvernichtungswaffen steuert.

Antiker Humanismus? Altphilologe ist er schon »von Hause aus«. Rom und Athen sind seine Welt. In Freiburg promoviert er 1944 mit einer

Arbeit über Sophokles. In Tübingen erfolgt fünf Jahre später die Habilitation zum Thema »Tacitus und die Freiheit«. Die klassische Philologie also ist sein Rüstzeug; das macht ihn von vornherein zeit-unabhängiger, weniger gegenwartsfixiert als andere. Vieles ist schon da gewesen, von den Alten ausprobiert: Mit dieser Gelassenheit wird er künftig auch als Literaturkritiker urteilen.

Den Krieg? Den hatte Walter Jens krankheitsbedingt nicht als Soldat an der Feind-Front, sondern als Zivilist an der Heimat-Front erlebt. Das Inferno der Zerstörung Freiburgs im Breisgau am 27. November 1944, wohin er, der Hamburger, zum Studium gewechselt war, überlebt er als Kranker im Kellergewölbe eines Spitals. Soldatentum? Zu beidem hatte er, der früh unter Asthma Leidende, nie ein »heroisches« Verhältnis.

Was aber der Krieg aus Menschen macht – er spiegelt es früh in seinem Werk. Nachdem in der ersten Hälfte der 1950er-Jahre *zeitkritische* Romane wie »Nein – Die Welt der Angeklagten« (1950), »Vergessene Gesichter« (1952) oder »Der Mann, der nicht alt werden wollte« (1955) publiziert waren und seinen literarischen Durchbruch markierten, greift Jens erstmals auf einen Stoff der Antike zurück und wendet ein literarisches Verfahren an, das er dann über Jahrzehnte immer wieder virtuos einsetzen wird, ein Verfahren nach der Devise: So ist es überliefert, aber es könnte auch ganz anders gewesen sein.

Odysseus, der griechische Held vor Troja, wird jetzt eine eigene literarische Spielfigur: »Das Testament des Odysseus«, eine Prosaarbeit aus dem Jahr 1957. Es geht um den Sinn von Krieg, zwölf Jahre nach dem Massensterben auf europäischem Boden. Und Odysseus? Ist er nicht *der* bewunderte Kriegsheld schlechthin in der europäischen Bewusstseinsgeschichte? Was aber wäre, wenn dieser Odysseus ganz anders gewesen wäre? So wie er es im Alter, den Tod vor Augen, in einem Vermächtnisschreiben offenbart hat? Ein Gescheiterter, der auf der Heimreise von Troja, in eine Höhle verschlagen, von dämonischen Visionen geplagt worden war und sein Testament macht, in dem er der Opfer des Krieges eingedenk ist.

Dann noch einmal Troja, noch einmal Odysseus. Schauplatz und Gestalt lassen auch den Jens der 1960er- und 1970er-Jahre nicht los. Zu viel Vernichtung damals wie heute, zu viel Tod. 1974 veröffentlicht er den Text eines Fernsehspiels unter dem Titel »Der tödliche Schlag«. Gemeint ist eine Kriegshandlung, bei der es durch Anwendung einer besonderen Strategie zu einer Totalvernichtung des Gegners kommt. Die Wortwahl zeigt schon, was der Autor dieses Mal auf das Schlachtfeld von Troja projiziert. Nicht mehr wie im »Testament« nur die Leiden der vielen durch den Krieg betroffenen Einzelnen, sondern die Möglichkeit von Massenvernichtung und Totalauslöschung. Erstmals lässt Jens in einem seiner Texte eine Sensibilität für Kriegsszenarien der *Zukunft* erkennen. Die Entwicklung atomarer Waffen hatte geschichtlich analogielose Destruktionspotenziale kreiert. Deshalb sind Kriege künftig nicht mehr Mittel der Politik, sondern das Ende von Politik. Ein Krieg mit Atomwaffen ist nicht mehr »gewinnbar«. Er ist Massenmord. Auf diese veränderte globalstrategische Lage reagiert Jens mit seinem Stück. Es spiegelt den Wahnsinn der Epoche des »Kalten Krieges«, bei dem sich die Supermächte seit den 1950er-Jahren durch wechselseitige Drohung mit atomarer Vernichtung in Schach halten. Jens versteht sein Stück als Unterstützung der in Deutschland jetzt immer stärker sich artikulierenden demokratischen Friedensbewegung, der er sich Anfang der 1980er-Jahre auch direkt anschließen wird. In »Der tödliche Schlag« von 1974 aber ist die die Friedensaktionen tragende globalstrategische Analyse schon geleistet – zehn Jahre *vor* Mutlangen.

Als es 1983 soweit ist, greift Jens mit anderen Stücken des antiken Humanismus in die Debatte ein. Die »Troerinnen« des Euripides werden so bearbeitet und 1983 unter dem Titel »Der Untergang« in den Kammerspielen Hamburgs so auf die Bühne gebracht, dass deutlich wird, aus welchem oft nichtigen Anlass Kriege vom Zaun gebrochen werden und dass bei einer Totalvernichtung es auch keine Sieger mehr gibt, die ihren Sieg genießen könnten. Und was bei den »Troerinnen«, den Frauen der Verlierer der Stadt Troja, als düstere Tragödie daherkommt, kann bei Jens auch in Form einer Komödie präsentiert werden.

1986 legt er die Übertragung und Bearbeitung der »Lysistrate« des Aristophanes unter dem Titel »Die Friedensfrau« vor. In diesem einzigartigen Stück geht es um nicht mehr und nicht weniger als um eine Verschwörung von Frauen gegen ihre Männer, um ihnen mithilfe eines Sex-Streiks ihr Kriegshandwerk auszutreiben. Prämisse: Wer Frieden dauerhaft machen will, braucht mehr als moralische Appelle und schöne Gesinnung. Der braucht auch die Freilegung von Gesetzmäßigkeiten männlicher Antriebs- und Aggressionspotenziale, um sie kontrollieren und humanisieren zu können.

Zugleich sucht Jens für sein Friedensengagement Anhalt an Überlieferungen des *christlichen Humanismus*. Seit Anfang der 1970er-Jahre hatte er begonnen, seine philologische Kompetenz als Gräzist zu nutzen, um christliche Basis-Texte neu zu übersetzen oder auszulegen. 1972 war eine Übersetzung des Matthäus-Evangeliums erschienen, 1975 ein Gedankenspiel zum »Fall Judas«, 1981 legt er einen Band zur lukanischen Geburtsgeschichte vor: »Frieden. Die Weihnachtsgeschichte in unserer Zeit«. Mittlerweile waren unter der Drohung atomarer Nachrüstung auf deutschem Boden apokalyptische Ängste und Schreckensvisionen freigesetzt worden. Jens reagiert darauf so, dass er 1987 als zweites Buch des Neuen Testamentes die »Apokalypse des Johannes« in neuer Übersetzung vorlegt. Weltuntergang als Weltgericht war denn auch ein Thema der Friedens- und Widerstandsbewegung geworden. Das galt es, neu zu gestalten.

Dieses aktualisierende Nebeneinander von Basis-Texten aus griechischen und urchristlichen Überlieferungen macht die Unverwechselbarkeit des Jens'schen Werkes aus. Durch Rückgriffe auf diese Texte hatte Jens sich *drei Vorteile* zugespielt. Sie ermöglichen *zum einen* Distanz zur Gegenwart. Jens entgeht so der Gefahr, aktualisierende Moral-Stücke im Zeitalter der Atomwaffen selber schreiben zu müssen. Antike Texte, entsprechend bearbeitet, können und sollen im heutigen Zuschauer *analoge Imagination* freisetzen, ohne ästhetische Alibis zu kreieren. *Zum zweiten* gewinnt Jens zusätzliche Möglichkeiten selbstkritischen Erkennens. Heutigen Zuschauern und Lesern soll klar werden: Schon ein Mann wie Euripides wusste, dass, wer als Erster siegt, als Zweiter sterben wird.

Aus diesem Nebeneinander der großen Überlieferungen erklärt sich auch Jens' ebenfalls schon Mitte der 1980er-Jahre entwickelter Vorschlag zur Errichtung einer »Friedensbibliothek« – heute wieder dringlicher denn je. Und ganz praktisch fragt er: Wer mit seinen Texten gehört in diese hinein? Selbstverständlich zwei Männer des 18. Jahrhunderts: Johann Gottfried Herder mit seiner Schrift »Sieben Gesinnungen der großen Friedensfrau«, identisch mit dem 119. »Brief zur Beförderung der Humanität« (1793–1797) und ein Mann wie Immanuel Kant mit seiner Programmschrift »Zum ewigen Frieden« (1795), aber auch ein Friedrich Hölderlin mit seiner radikalen »Friedenstheologie«, ein Andreas Gryphius, der in seinen Gedichten wie kein anderer die Verheerungen Deutschlands im Dreißigjährigen Krieg beschrieben hatte. Nicht fehlen aber dürften auch Vertreter des 16. Jahrhunderts: »Humanisten und Rechtgläubige«, wie Jens schreibt »Vertreter des linken Flügels der Reformation und liberale Vertreter der alten Lehre, Spanier, Holländer, Engländer, Deutsche in gleicher Weise«, an ihrer Spitze, neben Thomas Morus mit seinem großen Dialog »Utopia« (1516) vor allem Erasmus von Rotterdam, dem Jens eine seiner großen Reden widmet: »Die Vision vom Frieden« (in: Einspruch. Reden gegen Vorurteile«, 1992).

Und als Eingangstor zu dieser Bibliothek? Da müsste nach Jens' Vorstellung die Bergpredigt Jesu stehen, die Matthäus in seinem Evangelium (Kapitel 5–7) aufgezeichnet hat mit dem Kernsatz: »Selig, die Frieden stiften; denn sie werden Söhne Gottes genannt werden« (Mt 5,9). Was das *konkret* bedeutet, hat uns Jens in einem Band mit dem Titel »Der verbotene Friede. Reflexionen zur Bergpredigt aus zwei deutschen Staaten« gezeigt, erschienen 1982. Kernsätze seines Beitrags bündeln noch einmal das, was der Literat, Kritiker, Christ und Humanist Walter Jens zum Thema Frieden zu sagen hat:

> »*Ihr seid das Salz der Erde! Ihr seid das Licht der Welt!* Das ist die Inthronisation jener Nachfolger Jesu, deren Würde darin besteht, unablässig Werke zu tun, die wenig Erfolg verbürgen außer dem einen, dem alles entscheidenden: dazu beizutragen, dass die Welt bewohnbar bleibt und nicht fad wird – fad und lau in jener Profit- und Konkurrenz- und Prosperitäts- und Wachstums-Seligkeit, die unerträglich wäre, gäbe es da nicht das Salz, das beizt und reinigt, und gäbe es nicht das Licht, das die Wahrheit zutage bringt.«

Das alles ist eingegangen in die Arbeit, die nach meinem Urteil das geistige und politische Zentrum des Werkes von Jens bildet und bleiben wird: »Der Fall Judas«, erschienen 1975. Dieser Text ist kein Roman, wohl aber ein fiktives Gedankenexperiment, ein Spiel wiederum nach der Devise: Was wäre wenn … Überliefert in den Evangelien und eingefroren zum Stereotyp ist: Judas ist ein Verräter an seinem Herrn, ein Heuchler dazu, ein geldgieriger Schurke unter dem Einfluss des Teufels. Die Selbstentleibung am Galgen? Eine Quittung auf seine Tat, seine Schuld. Was aber wäre, wenn es ganz anders gewesen wäre? Wenn Judas der *Bruder Jesu im Geist war*, der ihm hilft, seine Bestimmung zu erfüllen, der Komplize bei der Ausführung eines gemeinsamen Plans. Ohne Judas kein Kreuz, ohne das Kreuz keine Erfüllung des Heilsplans. »Keine Kirche ohne diesen Mann; keine Überlieferung ohne den Überlieferer.«

Der öffentliche Kampf wider das Schwarz-weiß-Denken, ob in Politik oder Kirche, als Beitrag zu einer demokratischen Kultur, zeigt den politisch eingreifenden *homme de lettres* Walter Jens. Sein Werk ist abgeschlossen, zu Ende *gedeutet* ist es nicht. Es fortzuschreiben unter neuen Bedingungen der Gefährdung von Demokratie nach innen und Weltfrieden nach außen, ist Aufgabe von uns Nachgeborenen. Im Geiste jenes Walter Jens, der bei seiner Rede auf dem SPD Parteitag am 5. Dezember 1979 seinen Zuhörern und Zuhörerinnen eingeschärft hatte: Beides gehöre »zusammen: der Kampf für die sozialen und politischen Grundrechte des Menschen und für den Frieden« (Ort der Handlung ist Deutschland, 1981, S. 18).

///

VON KLEIN AUF KANN DEMOKRATIE GELERNT WERDEN

///

Sibylle Thelen

Demokratie als Daueraufgabe

»Größer, bunter, interaktiver« – so will sich das neu gestaltete, im Mai 2023 wiedereröffnete Theodor-Heuss-Haus in Stuttgart präsentieren. Der authentische, für heutige Verhältnisse bescheiden anmutende Ort, an dem der erste deutsche Bundespräsident die letzten Lebensjahre bis zu seinem Tod am 12. Dezember 1963 verbrachte, lädt zur Erkundung ein. Wer waren Heuss und seine Ehefrau Elly Heuss-Knapp? In welcher Zeit lebten sie? Was für ein politisches Verständnis brachten beide mit in das Amt, das mit der Gründung der Bundesrepublik erst entwickelt werden musste? Der Rundgang durch das einstige Wohnhaus bietet Demokratiegeschichte zum Anfassen – von Anfang an, Lernprozesse inklusive. Die von der Stiftung Bundespräsident-Theodor-Heuss-Haus konzipierte Dauerausstellung schafft Zugänge für Kinder, Jugendliche und Erwachsene. Ihr Titel, angelehnt an eine Heuss'sche Formulierung, ist didaktisches Programm: »Demokratie als Lebensform«.

Als Theodor Heuss sein Amt antrat, wusste er, dass die deutsche Demokratie nach den Verwüstungen durch die nationalsozialistische Diktatur ganz von vorne anfangen musste, gewissermaßen beim Buchstabieren des Wortes Demokratie. Heute geht vielen der Begriff wie selbstverständlich von den Lippen. Die meisten Menschen in unserem Land kennen gar keine andere Staats- und Regierungsform, nicht wenige erleben sie nach Erfahrungen eines Lebens in der Diktatur. Die deutsche Demokratie hat sich seit Gründung der Bundesrepublik am 23. Mai 1949 etabliert. Nun, im Jahr 2024, richtet sie sich darauf ein, den 75. Geburtstag des Grundgesetzes zu feiern. Länger als dieses zunächst als Provisorium angelegte Gesetzeswerk war bisher keine deutsche Verfassung in Kraft. Auch über die Wiedervereinigung vor mehr als 30 Jahren hinaus hat sie Bestand. Und doch sind die Worte des ersten Bundespräsidenten von unverminderter Aktualität. Demokratie will immer wieder aufs Neue gelernt und gelebt werden. Selbst wer alle Buchstaben kennt, wird mit dem Ausbuchstabieren von Demokratie nicht so schnell fertig. Vielmehr ist die gesamte Gesellschaft gefordert, sie zu entwickeln, zu bewahren – und gegebenenfalls zu verteidigen. Demokratie als Staats-, Regierungs- und Lebensform ist ein Dauerauftrag.

Die Väter und Mütter des Grundgesetzes waren sich der Notwendigkeit demokratischer Wehrhaftigkeit bewusst. Gelebte Erfahrung schärft den Blick. Heute, in Zeiten innerer und äußerer Bedrohungen der Demokratie, reift die Erkenntnis zwangsläufig auf neue Weise: Die Erosion demokratischer Werte ist Thema in Deutschland, und sie findet statt in Europa und darüber hinaus. Eine Welle der Autokratisierung hat Staaten weltweit erfasst. Wissenschaftliche Studien wie der in internationaler Zusammenarbeit erstellte Demokratie-Index »V-Dem« (2022) der Universität Göteborg verorten gut 70 Prozent der Erdbevölkerung in Autokratien und Diktaturen. Demgegenüber leben lediglich 13 Prozent aller Menschen in liberalen Demokratien, weitere 17 Prozent sind in »defekten« Demokratien zuhause. Die Welle der Autokratisierung droht weitere Länder mitzureißen. Vorangetrieben wird diese Entwicklung von der Wucht der großen globalen, einander verstärkenden Krisen unserer Zeit, die Veränderungen beschleunigen und Ängste heraufbeschwören. Ursache ist aber auch die Verführungskraft autoritären Denkens, einfacher Welterklärungen und anderer realitätsblinder Bewältigungsstrategien, flankiert von gezielter Desinformation und toxischer Polarisierung.

»V-Dem« ordnet Deutschland als liberale Demokratie ein. Das Ergebnis ist erfreulich, doch es ist auch als Ansporn und Mahnung zu verstehen, den akuten Gefährdungen unserer freiheitlich-demokratischen Grundordnung aktiv zu begegnen. Anhaltspunkte dazu geben aktuelle repräsentative Untersuchungen zum Zustand der bundesdeutschen Demokratie wie zuletzt die neue Mitte-Studie der Friedrich-Ebert-Stiftung (2023), die regelmäßig auf ein und dieselbe folgenreiche Diskrepanz verweisen: Einerseits erfährt Demokratie als Staats- und Regierungsform ebenso breite wie grundsätzliche Zustimmung in der Bevölkerung. Andererseits sind viele Menschen unzufrieden mit der praktischen Umsetzung von Demokratie. Skepsis, Distanz, aber auch erklärte Ablehnung zeigen sich dort, wo Demokratie im Alltagsleben konkret wird, wo Demokratie den Menschen persönlich nahe rückt, weil sie nicht nur Rechte gewährt, sondern Anforderungen an jeden Einzelnen stellt – etwa wenn es um das gemeinsame Aushandeln von Kompromissen geht, um den praktizierten Respekt vor Andersdenkenden, um die Verwirklichung von Chancengleichheit und die Akzeptanz von Minderheitenrechten.

Folgenreich ist diese Diskrepanz deshalb, weil politische Aushandlungsprozesse in Freiheit und Gleichheit zu den Grundbedingungen einer liberalen Demokratie gehören. Kritik ist der notwendige Motor für Veränderung, Neues entsteht oftmals im Konflikt, Krisen können produktive Kraft entfalten – auch dann, wenn Unzufriedenheit mit den real existierenden Verhältnissen im Spiel ist. Voraussetzung für einen solchen gelingenden Meinungs- und Willensbildungsprozess ist jedoch, dass die Beteiligten bereit dazu sind, sich für sachliche Informationen zu öffnen und mit fundierten Argumenten auseinanderzusetzen. Auf dieser Basis können Urteile gebildet, Kompromisse vereinbart, Korrekturen vorgenommen werden. Mehr als jedes andere politische System lebt die liberale Demokratie von Bürgerinnen und Bürgern, die ihre Freiheits- und Teilhaberechte auf diese ebenso engagierte wie verantwortungsbewusste Weise nutzen. Demokratie als Lebensform im Heuss'schen Sinne heißt deshalb – um mit seinen Worten zu sprechen – selbst in schwierigen Situationen immer auch, »dem Menschen, gleichviel wer er sei und woher er käme, als Mensch zu begegnen«.

Auch nach 75 Jahren der geglückten Demokratie in Deutschland ist das kein Selbstläufer. Die folgenreiche Diskrepanz zwischen allgemeiner Zustimmung zu Demokratie einerseits und Unzufriedenheit mit der demokratischen Praxis andererseits zeigt, dass sich viele Bürgerinnen und Bürger schwer tun mit demokratischen Aushandlungsprozessen. So vielfältig und vielschichtig die Gründe im Einzelnen dafür sein mögen, in der Auswirkung zehrt diese Entwicklung von der Substanz unserer demokratischen Ordnung, dem notwendigen, letztlich zusammenhaltstärkenden Vertrauen in die Lösungs- und Handlungskompetenz der gewaltenteilenden Demokratie. Repräsentative Befragungen werfen immer wieder Schlaglichter auf diese beunruhigende Gemengelage. So zeigen sich 31 Prozent der Bundesbürger davon überzeugt, in einer »Scheindemokratie« zu leben, in der sie »nichts zu sagen haben« (Ins-

Demokratie als Daueraufgabe

titut für Demoskopie Allensbach, 2022). 80 Prozent der Deutschen sind der Meinung, dass die Zustände in Deutschland eher ungerecht sind, und damit deutlich mehr als noch zu Beginn von regelmäßigen Erhebungen zu dieser Frage im Jahr 2019 (More in Common, 2023). 46 Prozent der Befragten stimmen der Aussage zu: »Die demokratischen Parteien zerreden alles und lösen die Probleme nicht« (Mitte-Studie, 2023).

Die Politik ist gefordert, keine Frage. Wirksames politisches Handeln ist noch immer die beste Maßnahme, um für Demokratie zu werben. Dies gilt auch heute, mögen die Anforderungen an politisch Verantwortliche angesichts der großen Krisen unserer Zeit noch so hoch sein. Auch die politische Bildung auf überparteilicher Basis sieht sich in dieser Situation vor komplexe Herausforderungen gestellt. Ihr Auftrag, Bürgerinnen und Bürger in ihren demokratischen Kompetenzen zu stärken, um sie zur politischen Teilhabe zu befähigen, ist so zeitlos wie grundsätzlich. Jedoch gilt es, diesen Auftrag entsprechend der aktuellen Anforderungen zu erfüllen – und dies auch angesichts der oben beschriebenen folgenreichen Diskrepanz. Wie lässt sich hier mit Bildungsangeboten ansetzen? Wie können jene Menschen einbezogen werden, die skeptisch, distanziert oder gar ablehnend auf die Demokratie blicken? Wie gelingt das gemeinsame Gespräch? Die Fragen fordern die politische Bildung im ureigenen pluralistischen Selbstverständnis heraus.

Notwendig sind Formate im Sinne von »mehr Kontroversität wagen«. Dem Eindruck nicht weniger Bürgerinnen und Bürger, ihre Ansichten kämen nicht zur Sprache, gilt es zu begegnen. Die Bandbreite der Perspektiven und Positionen muss möglichst umfassend angelegt werden. Der Eindruck von Konformitätsdruck darf gar nicht erst entstehen. Das bedeutet keineswegs, dass alles unhinterfragt und unkommentiert gesagt werden kann. Erfahrungen mit kontroversen Formaten zeigen, dass der Diskursraum sorgfältig abgesteckt werden muss. Die Grenzen müssen klar benannt werden. Kontroversität endet dort, wo demokratische Werte und Regeln verneint, Andersdenkende abgewertet und attackiert, menschenverachtende Parolen verbreitet werden. Kontroversität setzt voraus, dass Desinformation, Fake News und Verschwörungsnarrative entlarvt werden, dass ihre Zielsetzung und Wirkungsmechanismen aufgezeigt werden. Kontroversität bedeutet aber auch, den eigentlichen, vielleicht zunächst nicht sichtbaren Kern im Argument des Anderen erkennen zu wollen. Denn bei aller Kontroversität braucht es am Ende immer auch die beherzte Bereitschaft, sich nicht nur auf Spielregeln und Sachinformationen, sondern auch auf sein Gegenüber einzulassen – dem Menschen als Mensch zu begegnen.

Im besten Fall kann »mehr Kontroversität wagen« in der Summe der Chancen und Risiken bedeuten, mehr Demokratie zu wagen. Hilfreiche Leitplanken dabei setzt der »Beutelsbacher Konsens«. Überwältigungsverbot, Kontroversitätsgebot und Handlungsorientierung – die drei Begriffe stehen für die normativen Qualitätsstandards, auf die sich Didaktiker der politischen Bildung 1976 nach intensiven, ideologisch aufgeladenen Debatten in der Bildungspolitik einigen konnten. Erstens dürfen den Teilnehmenden keine Vorgaben in der Meinungs- und Willensbildung gemacht werden. Sie sollen sich selbst ein Urteil bilden. Zweitens müssen Themen, die in Politik und Wissenschaft kontrovers diskutiert werden, auch kontrovers dargestellt werden. Die Teilnehmenden sollen sich dieser Bandbreite bewusst sein. Drittens zielen die Angebote darauf ab, die Teilnehmenden zur Partizipation zu ermutigen. Sie sollen in der Lage sein, ihre eigenen Interessen zu vertreten. Die drei Leitplanken stecken seit der Begründung des Beutelsbacher Konsenses vor bald 50 Jahren ein Spannungsfeld ab, auf dem damals politisch gegensätzliche Ziele der Bildungsarbeit im Streit bearbeitet werden mussten: einerseits die emanzipatorische Zielsetzung von politischer Bildung, die Befreiung des Individuums, andererseits die absichernde Zielsetzung, die Stabilisierung der politischen Ordnung. Auch heute bewegt sich politische Bildung auf Spannungsfeldern. Doch sie kann dabei auf die Erfahrungen aus jahrzehntelangem Ringen um die Anwendung der normativen Grundsätze zurückgreifen. Die Einhaltung der Qualitätsstandards bewahrt politische Bildung vor einer einseitigen Ausrichtung ihrer Angebote und schützt sie zugleich vor einseitiger Einflussnahme.

Was braucht es darüber hinaus, um politische Bildung – verstanden als Empowerment informierter, kritischer und aktiver Bürgerinnen und Bürger – in der Suche nach Antworten auf aktuelle Herausforderungen zu unterstützen? Es braucht ein möglichst breites Verständnis von politischer Bildung, das Angebote der Demokratiebildung und der Extremismusprävention ebenso einschließt wie Angebote der politischen Medienbildung, der historisch-politischen Bildung, der aufsuchenden politischen Bildung sowie der inklusiven politischen Bildung. Die unterschiedlichen Zugänge, Formate und Methoden konkurrieren nicht notwendigerweise miteinander, sie ergänzen sich vielmehr. Sie sind die unvermeidliche Antwort auf die Heterogenität unserer Gesellschaft. Sie ermöglichen eine flexible Reaktion auf die Vielfalt unterschiedlicher, teils unzureichender, teils ungenutzter, teils vielleicht auch unbekannter Teilhabemöglichkeiten. Und sie sind nicht zuletzt Folge der Tatsache, dass Demokratie ihren Bürgerinnen und Bürgern in unserer Gesellschaft in vielerlei Gestalt begegnet.

Im Kern geht es immer wieder darum, sich die komplexe Wirklichkeit zu erschließen. Dazu braucht es geeignetes Handwerkszeug in Gestalt von demokratischen Kompetenzen, die politische Bildung mit ihren Angeboten vermitteln kann: Kritik- und Konfliktfähigkeit, Erfahrungen von Selbstwirksamkeit, demokratische Resilienz. Alles drei sind wichtige Voraussetzungen, um im kontroversen Diskurs zu bestehen. Von klein auf kann gelernt werden, dass gemeinsame Entscheidungen in der Auseinandersetzung erarbeitet werden müssen. Auf altersgerechte Weise ist das schon im Kindergarten möglich. Von klein auf kann die Erfahrung gemacht werden, dass sich das eigene Umfeld gestalten lässt. Hierzu braucht es Räume, am besten vor der eigenen Haustüre, etwa in der kommunalen Kinder- und Jugendbeteiligung. Von klein auf kann zudem die Begegnung mit der Realität gefördert werden. Voraussetzung dafür ist zunehmend eine digitale Medienbildung, die Heranwachsende nicht nur im Umgang mit Information und Desinformation stärkt, sondern auch in ihrer Resilienz. Auch das Wissen um die Potenziale, Errungenschaften und Erfolge von Demokratie stärken diese Widerstandskraft. Deshalb kann es in der politischen Bildung am Ende nicht allein darum gehen, demokratische Kompetenzen zu stärken. Es muss auch darum gehen, demokratisches Wissen zu vermitteln – Wissen um die Bedeutung der Grund- und Menschenrechte, um ihre Entstehung und Weiterentwicklung, um demokratische Prozesse und Institutionen. Dabei gilt es auch, die Identifikation mit Demokratie und Demokratiegeschichte samt ihrer Brüche und Rückschläge zu ermöglichen. Auch hier zeigt sich: Demokratie will gelernt werden.

Was braucht es über solche Angebote der politischen Bildung hinaus? Es braucht nicht zuletzt eine politische Kultur, die solche Angebote unterstützt und die politische Bildung dabei nicht auf Extremismusprävention reduziert. Politische Bildung funktioniert nicht nach dem Prinzip Schluckimpfung, sondern zielt auf den ganzen Menschen. Sie ist ein Angebot zur Persönlichkeitsentwicklung, zur politischen Beziehungsfähigkeit in der liberalen Demokratie – und ist für alle offen. Denn in einer Gesellschaft der mündigen Bürgerinnen und Bürger sind am Ende alle gefordert, die liberale Demokratie zu bewahren und zu verteidigen. Darauf, dass es genug andere Menschen gibt, die sich für unsere freiheitlich-demokratische Grundordnung einsetzen, sollte sich niemand verlassen. Wir alle sollten uns vielmehr selbst fragen, welchen Beitrag wir leisten können. Gemeinsam geht es darum, den Nährboden für Demokratie immer wieder aufs Neue zu bereiten – für Demokratie als Staats-, Herrschafts- und Lebensform, auch im Heuss'schen Sinne.

Heinrich August Winkler

Die politische Bildung auf breiter Front intensivieren

Wer die Demokratie in den östlichen Bundesländern festigen will, muss nachholen, was in den Jahren nach der Wiedervereinigung von 1990 weithin versäumt worden ist. Es kommt darauf an, die politische Bildung auf breiter Front zu intensivieren (statt, wie im Bundeshaushalt 2024 vorgesehen, die hierfür erforderlichen Mittel zu kürzen). Vor allem aber gilt es, die Grundlagen der pluralistischen, repräsentativen Demokratie zu einem Schwerpunkt der schulischen Bildung zu machen. Politikerinnen und Politiker der demokratischen Parteien können einen gewichtigen Beitrag dazu leisten, indem sie an den Schulen für die freiheitliche Ordnung werben, die im Grundgesetz Gestalt angenommen hat. Außerdem bedarf es eines Geschichtsunterrichts, der den Lehren aus Weimar einen zentralen Platz zuweist. Der Aufstieg der AfD zeigt, welche Gefahren drohen, wenn diese Lehren in Vergessenheit geraten.

aus: Heinrich August Winkler: Von Brüning zu Ramelow,
Süddeutsche Zeitung vom 30. September/1. Oktober 2023

Sophie Menner

Wie der Verein »Journalismus macht Schule« zur Stärkung der Demokratie beitragen kann

Feedback-Methode: Blitzlicht. Die Schülerinnen eines bayerischen Mädchengymnasiums sitzen im Stuhlkreis zusammen – mit dabei: eine Journalistin. In einem Satz wie ein Blitzlicht sollen die Teenagerinnen sagen, was von den vergangenen 90 Minuten hängen geblieben ist. »Dass niemand Ihnen sagt, was sie schreiben sollen«, sagt eine Schülerin. Ein Satz, der banal klingt, aber auf tiefer Medienkritik fußt. Gemeint ist der Irrglaube, befeuert durch das rechte Narrativ der »Lügen-« oder »Systempresse«, dass »die da oben« mittels der Presse die Meinung der Bevölkerung »manipulieren« oder Journalist:innen direkt als »Sprachrohr« fungieren. Mit dem Schulbesuch der Journalistin konnte zumindest bei einer Schülerin dieser Irrglaube entkräftet werden.

Szenenwechsel: ein Gymnasium in Sachsen, ein Workshop mit der Schülerzeitung. Es gibt ein Brainstorming. »Was fällt euch denn zum Thema Medien generell ein?« – »Meine Eltern sagen, man darf nicht alles glauben, was die sagen.« Hinter solchen Aussagen, die die jungen Schüler:innen im Elternhaus aufschnappen und weitergeben, steckt häufig Misstrauen und Unwissenheit, und selten der Hinweis, dass auch Journalist:innen mal ein Fehler passieren kann. Eine fundierte und differenzierte Medienkritik ist zu Hause, aber auch in der Schule häufig gar nicht möglich.

Informationsflut überfordert Schüler:innen und Lehrkräfte

Die Bedeutung von Informations-, Nachrichten- und Journalismuskompetenz in einer demokratischen Gesellschaft wird im Angesicht der aktuellen Weltlage besonders deutlich. Mit der Verbreitung von Falschnachrichten, insbesondere während der Corona-Pandemie und anderen globalen Ereignissen wie dem Ukraine-Krieg oder dem Konflikt zwischen Israel und der Hamas, sind Schülerinnen und Schüler vermehrt mit Fake News konfrontiert, insbesondere in Form von Videos aus Konfliktgebieten, deren Wahrheitsgehalt sie oft nicht einschätzen können. Bei Schulbesuchen von Journalist:innen wird das immer wieder zum Thema. Plattformen wie TikTok werden dabei zu einer primären Informationsquelle, wobei fast ein Viertel der Jugendlichen sich über das Tagesgeschehen dort informiert (Medienpädagogischer Forschungsverbund Südwest, 2022, S. 26). Diese Entwicklung betont die Notwendigkeit, Jugendliche in Schulen für diese Kompetenzen zu sensibilisieren und ihnen ein fundiertes Verständnis darüber zu vermitteln, wie Nachrichten entstehen und wie man Falschnachrichten erkennt und vermeidet.

Lehrkräfte sollten mit der Thematik im Unterricht allerdings nicht allein gelassen werden. In diesem Kontext spielt die Arbeit von »Journalismus macht Schule« eine bedeutende Rolle. Durch Schulbesuche von Journalist:innen zielt der Verein darauf ab, Schüler:innen ein besseres Verständnis für die Entstehung von Nachrichten und den Umgang mit Falschinformationen zu vermitteln. Durch die Schulbesuche bleibt der Beruf Journalist:in keine abstrakte Worthülse – es kann zu einem lebendigen Austausch kommen. Die Rolle der Lehrkräfte als Multiplikator:innen ihres Wissens ist dabei nicht zu unterschätzen. Durch Lehrkräftefortbildungen können auch sie geschult werden.

Mangel an Vertrauen in Journalismus begünstigt Desinformation

Journalismus ist ein fundamentaler Bestandteil einer funktionierenden Demokratie. Journalist:innen informieren die Bevölkerung, machen Themen verständlich und schützen so die Meinungsfreiheit. Journalismus bietet Orientierung in einer immer komplexeren Medienlandschaft, in der Inhalte ungefiltert, ungeprüft und inzwischen künstlich generiert ein Millionenpublikum in kürzester Zeit erreichen. Die etablierten Medien bieten einen Rückzugsort, um sich in der Flut an Nachrichten sicher zu informieren. Bürger:innen können so faktenbasierte Entscheidungen treffen und sich aktiv am demokratischen Prozess beteiligen.

Sie fördern eine lebhafte öffentliche Debatte und tragen zur Aufklärung der Gesellschaft bei, was letztendlich die Grundlage einer starken und gesunden Demokratie ist.

Das Fehlen von Vertrauen in den Journalismus birgt wiederum schwerwiegende Probleme für die Demokratie: Es führt zu einem Informationsmangel, begünstigt Desinformation und erhöht das Risiko von Manipulation. Darüber hinaus schwächt es die öffentliche Debatte, erhöht die Polarisierung und gefährdet letztendlich die demokratischen Prozesse. Ein solcher Vertrauensverlust untergräbt die Glaubwürdigkeit der Medien, beeinträchtigt ihre Unabhängigkeit und stellt die Qualität der journalistischen Berichterstattung infrage, was insgesamt die Grundpfeiler einer gut funktionierenden Demokratie schwächt.

Mehr Wissen bedeutet mehr Vertrauen

Jede:r fünfte Deutsche vertraut den Medien in Deutschland bei wichtigen Dingen – etwa Umweltprobleme, Gesundheitsgefahren, politische Skandale – nicht (Schultz et al., 2023, S. 2). Bei der Berichterstattung über Corona war es sogar jede:r vierte (Schultz et al., 2023, S. 4). 15 Prozent der Befragten sind voll oder eher der Meinung, Journalist:innen hätten den Kontakt zu Menschen wie Ihnen verloren (Schultz et al., 2023, S. 16). 21 Prozent unterstellen den Medien, sie Hand in Hand mit der Politik zu manipulieren (Schultz et al., 2023, S. 12).

Wie wichtig das Wissen über das Mediensystem und die Arbeitsweisen von Journalist:innen und damit auch die Vermittlung dieses Wissens ist, zeigen Studien: Personen mit einem geringeren Medienwissen vertrauen den Medien weniger und weisen eine zynische Medienhaltung und höhere Medienentfremdung auf (Ziegele et al., 2018, S. 157–159). Eine Befragung unter Lehramtsstudierenden ergab einen signifikant positiven Zusammenhang zwischen dem Wissen über und der Wertschätzung von Journalismus in Bezug auf die Demokratie und dem Politikvertrauen. Personen mit einem höheren Medienvertrauen schnitten signifikant besser im Wissenstest ab. Umgekehrt konnten eher medienskeptische und -zynische Personen signifikant weniger Fragen korrekt beantworten (Beiler et al., 2023, S. 328–329).

Wissen macht fundierte Kritik und Teilhabe an Demokratie möglich

Höheres Medienwissen und -vertrauen geht auch mit einer gewissen Skepsis und Vorsicht gegenüber den Medien einher (Ziegele et al., 2018, S. 159). Dies zeigt, dass das Wissen über Medien es ermöglicht, konstruktiv und fundiert Kritik zu üben: »Zu einer lebendigen Demokratie gehört die Kritik, auch die Kritik an journalistischer Berichterstattung« (Ziegele et al., 2018, S. 158). Medienskeptische Personen lassen sich zudem dahingehend unterscheiden, »wie gut sie über journalistisches Arbeiten Bescheid wissen, und wie sie ihre Zweifel begründen können« (Prochazka/Schweiger, 2020, S. 201). Personen, die lediglich zwei der fünf Wissensfragen zum Journalismus richtig beantworten konnten, glaubten in einer Befragung von Prochazka und Schweiger (2020) auch stärker an eine Manipulation der Medien, die sie allerdings nicht rational begründen konnten (Prochazka/Schweiger, 2020, S. 204).

Personen, die kaum eine Frage richtig beantworteten, wiesen mit einem Drittel Nicht-Wähler:innen auch eine hohe politische Entfremdung auf (Prochazka/Schweiger, 2020, S. 204). Damit hat die Unwissenheit über die Arbeitsweisen von Journalist:innen und das Mediensystem in Deutschland einen direkten Bezug zum Unwillen beziehungsweise der Unfähigkeit, aktiv an einer Demokratie teilzuhaben. Um die Demokratie in Deutschland zu stärken und das Vertrauen in etablierte Medien aufrechtzuerhalten, ist demnach die Vermittlung von Grundwissen in diesem Bereich unbedingt notwendig.

»Journalismus macht Schule« fördert Informations- und Nachrichtenkompetenz

Seit 2022 ist »Journalismus macht Schule – Verein zur Förderung von Informations- und Nachrichtenkompetenz e.V.« (JmS) ein eingetragener, gemeinnütziger Verein. Mit Tipps und Tools für den Klassenraum will der Verein dazu beitragen, Medienwissen und praktische Kenntnisse zu vermitteln. Journalismus macht Schule hat es sich zur Aufgabe gemacht, Lehrkräfte bei der Vermittlung von Informations- und Nachrichtenkompetenz zu unterstützen. Im Verein schließen sich Vertreter:innen aus Redaktionen, Journalistenschulen und Universitäten, aus Lehrerfortbildung und Medienpädagogik, sowie Medienanstalten und Institutionen der politischen Bildung zu einem bundesweiten Netzwerk zusammen, um diese Aufgabe zu erfüllen. Ziel ist es, in einer koordinierten und nachhaltigen Anstrengung von Journalist:innen und Lehrenden, Schüler:innen zu kompetenten Akteur:innen in der demokratischen Öffentlichkeit zu machen.

Bei dem Bildungsangebot für Schulen aus ganz Deutschland sprechen professionelle Journalist:innen von regionalen und überregionalen Medien in Anwesenheit einer Lehrkraft über ihren Arbeitsalltag, das Mediensystem sowie aktuelle Themen und beantworten die Fragen der Schüler:innen. Es gehört auch zur Aufgabe von JmS, Transparenz zu schaffen und zu erklären, wie Journalist:innen unabhängig vom Medium arbeiten, recherchieren, selektieren und publizieren.

»Journalismus macht Schule« kann Lehrkräfte unterstützen

Der Verein bietet die bundesweite Vermittlung von Journalist:innen an Schulen an. Im Rahmen des Tages der Pressefreiheit am 3. Mai organisiert JmS Schulbesuche von angesehenen Journalist:innen, die in der Öffentlichkeit stehen. Die Besuche finden sowohl digital als auch in Präsenz statt. Einige der Besuche wurden aufgezeichnet und lassen sich in den Unterricht einbetten. Weiter stehen auf der Website journalismusmachtschule.org erprobte Unterrichtsmaterialien zur Verfügung, die direkt von den Lehrkräften eingesetzt werden können. Die Website bündelt Materialien verschiedener Anbieter wie zum Beispiel der gemeinnützigen Organisation »Lie Detectors« oder den Medienkompetenz-Projekten der öffentlich-rechtlichen Rundfunkanstalten. Das Angebot wird fortlaufend aktualisiert und ergänzt. Hinzu kommt eine Vielzahl von Projekten und Veranstaltungen. Der Verein organisiert ein jährliches Netzwerktreffen und eine Vielzahl an Fortbildungen für (angehende) Lehrkräfte. Die Schulung der Multiplikator:innen hat sich der Verein ebenfalls zum Ziel gesetzt.

Schüler:innen benötigen journalistische Recherche-Skills

»Der Rohstoff für die eigene Meinungsbildung ist es zu wissen, wie man seriöse von unseriösen Medien unterscheiden kann, wie man richtig recherchiert und wie Nachrichten und Informationen überhaupt entstehen«[1], sagte Kai Gniffke, SWR Intendant und ARD Vorsitzender, während des JmS-Netzwerktreffens 2023 in Stuttgart, bei dem der SWR als Gastgeber fungierte. Für die junge Generation nehme die Schule als Institution und Lernort dabei eine wichtige Rolle ein. »Journalismus macht Schule verfolgt genau diesen Ansatz: Lehrkräfte bekommen die Unterstützung, um das Thema nachhaltig und kompetent fachübergreifend in ihren Unterricht einfließen zu lassen.«[2] Davon berichtete auch der Journalist, Moderator und Satiriker Philipp Walulis nach seinem Schulbesuch im Rahmen des Tages der Pressefreiheit: »Als Schülerin und Schüler musst du jetzt schon echt journalistisch arbeiten.«[3] Früher seien Informationen von Medien veröffentlicht worden, die automatisch als seriös galten. »Jetzt musst du die ganze Zeit überlegen, wo kommen die Informationen her, wer macht den Social-Media-Post, welches Ziel hat er und welche Quelle wird benutzt.«[4]

Während der Journalist:innen-Besuche und Workshops, die durch JmS oder die Partnerorganisationen und -medien vermittelt werden, können die Schüler:innen eigene Recherche-Skills mit den Tipps der Profis entwickeln. Wie funktioniert eine Bilderrückwärtssuche, wie kann ich ein KI-generiertes Foto oder Video von einem echten unterscheiden und woher weiß ich, wer hinter einer Website steckt? Diese Skills ermöglichen es, sich in der komplexen Medienlandschaft zurechtzufinden, sich eine eigene Meinung zu bilden und bewusste Entscheidungen zu treffen.

Der zweite thematische Schwerpunkt der Schulbesuche ist das Kennenlernen des Berufsbilds. Wie wird man eigentlich Journalist:in, wie arbeiten Journalist:innen, wie wählen sie Themen aus, wie schreibt man eine Nachricht oder was unterscheidet einen Fernseh- von einem Radiobeitrag? Diese Transparenz kann helfen, das Vertrauen in den Journalismus wieder zu stärken.

Journalismus profitiert von Schulbesuchen

Ein weiterer wichtiger Punkt ist der Dialog, von dem nicht nur die Schüler:innen, sondern auch der Journalismus und letztendlich die Demokratie profitieren. »Wir [haben] auch relativ viel darüber gesprochen, [...] welche Art von Geschichten sie relevant finden«[5], berichtet Daniel Drepper, Leiter der Recherchekooperation von SZ, WDR und NDR nach dem Besuch einer Klasse in Brandenburg. Antje Kießler, freie Nachrichtenmoderatorin und Journalistin, berichtet von ihrem Gespräch mit einer neunten Klasse aus Rheinland-Pfalz, dass eine Schülerin auf Social Media auf eine Information gestoßen sei, die sie gerne journalistisch eingeordnet haben wollte, aber nichts gefunden habe.[6] Die Aktivitäten von JmS bieten Journalist:innen die Möglichkeit, mit Zielgruppen – Schüler:innen und Lehrkräften – ins Gespräch zu kommen.

Nachrichten- und Informationskompetenz soll Teil der Allgemeinbildung werden

Die Menschen in Deutschland wurden viel zu lange damit allein gelassen, sich in einer immer komplexeren Medienumgebung selbst zurechtzufinden. Deshalb muss es mehr Anstrengungen geben, die Medienkompetenz – speziell Nachrichten- und Informationskompetenz – fest an den Schulen und in der Erwachsenenbildung zu etablieren und als Teil der Allgemeinbildung zu betrachten. Personen mit einem geringeren Medienwissen vertrauen den Medien weniger (Ziegele et al., 2018, S. 157–159) und sind häufiger Nichtwähler:innen (Prochazka/Schweiger, 2020, S. 204).

Der Verein fordert aber auch: Nachrichten-, Informations- und Journalismuskompetenz gehören in die Lehrpläne aller Schulformen und Klassenstufen. Zudem muss die Bildungspolitik dafür sorgen, dass diese Kompetenzen Teil der Ausbildung von Lehrkräften wird. Denn die Ausbildung der Multiplikator:innen ist eine Grundvoraussetzung, um den Schüler:innen Hilfestellung bei der Auswahl von Informationen zu geben. Hinzu kommt, dass Lehrkräfte das Mediensystem in Deutschland und seinen verfassungsrechtlichen Ursprung zumindest in Ansätzen verstehen sollten, um die Wichtigkeit der freien, unabhängigen Presse für die Demokratie erklären zu können.

Anmerkungen:

1 <https://twitter.com/JmS_Verein/status/1710370914942984193/photo/1>.
2 Ebd.
3 <https://twitter.com/JmS_Verein/status/1660557860319776770/video/1>.
4 Ebd.
5 <https://twitter.com/JmS_Verein/status/1659532617165709313/video/1>.
6 <https://twitter.com/JmS_Verein/status/1658390044254650370/video/1> . [alle zuletzt abgerufen am 17.12.23]

Literatur:

Beiler, M./Krüger, U./Menner, S./Pfeiffer, J. (2023): Mit Journalismuskompetenz den gesellschaftlichen Zusammenhalt stärken: Ein Modell für die Lehramtsausbildung und Ergebnisse einer Befragung von Lehramtsstudierenden, in: Medien-Pädagogik: Zeitschrift für Theorie und Praxis der Medienbildung 19 (Jahrbuch Medienpädagogik), S. 311–338.

Medienpädagogischer Forschungsverbund Südwest (2022): JIM-Studie 2022 – Jugend, Information, Medien. Basisuntersuchung zum Medienumgang 12- bis 19-Jähriger, <https://www.mpfs.de/fileadmin/files/Studien/JIM/2022/JIM_2022_Web_final.pdf> [abgerufen am 10.12.2023].

Prochazka, F./Schweiger, W. (2020): Vertrauen in Journalismus in Deutschland: Eine Typologie der Skeptiker. Erwartungen an Medien und die Wahrnehmung ihrer Umsetzung, in: Media Perspektiven, 4/2020, S. 196–206.

Schultz, T./Ziegele, M./Jacobs, I./Jackob, N./Viehmann, C./Jakobs, I./ Fawzi, N./ Quiring, O./Schemer, C./ Stegmann, D. (2023): Medienvertrauen nach Pandemie und »Zeitenwende«. Mainzer Langzeitstudie Medienvertrauen 2022, in: Media Perspektiven, 5/2023, S. 11–17.

Ziegele, M./Schultz, T./Jackob, N./Granow, V./Quiring, O./Schemer, C. (2018): Lügenpresse-Hysterie ebbt ab. Mainzer Langzeitstudie Medienvertrauen, in: Media Perspektiven, 4/2018, 150–162.

Über die Autorinnen und Autoren

Prof. Dr. Aleida Assmann, geb. 1947 in Bethel, Literatur- und Kulturwissenschaftlerin; Professur in Konstanz und zahlreiche Gastprofessuren im In- und Ausland. Forschungsschwerpunkt: kulturwissenschaftliche Gedächtnisforschung. Balzan-Preis 2017 und Friedenspreis des Deutschen Buchhandels 2018 zusammen mit Jan Assmann. Zuletzt erschienen: *Der europäische Traum. Vier Lehren aus der Geschichte* (2018); *Die Wiedererfindung der Nation. Warum wir sie fürchten und warum wir sie brauchen* (2020); *Zeit und Tradition. Kulturelle Strategien der Dauer* (2022).

Gerhart Baum, geb. 1932 in Dresden, aktiver Politiker seit 1950. Mitglied der Bundesregierung von 1972 bis 1982, zunächst Parlamentarischer Staatssekretär, dann von 1978 bis 1982 Bundesinnenminister. 23 Jahre Mitglied des Bundestages für die FDP, Kultur- und Umweltpolitiker. Für Deutschland und die Vereinten Nationen lange Jahre in leitenden Funktionen des internationalen Menschenrechtsschutzes. Rechtsanwalt und Buchautor.

Prof. Dr. Heinrich Bedford-Strohm, geb. 1960 in Memmingen, Autor und Herausgeber zahlreicher Bücher und Aufsätze v. a. zu Themen öffentlicher Theologie, war bis 2011 Inhaber des Lehrstuhls für Systematische Theologie und Theologische Gegenwartsfragen und Gründungsdirektor der Dietrich-Bonhoeffer-Forschungsstelle für Öffentliche Theologie an der Universität Bamberg. Nach zwölf Jahren als Landesbischof der Evangelisch-Lutherischen Kirche in Bayern ab 2011 und sieben Jahren als Ratsvorsitzender der EKD ist er weiter als Honorarprofessor an der Universität Bamberg und außerplanmäßiger Professor an der Universität Stellenbosch/Südafrika akademisch tätig. 2022 wurde er für acht Jahre zum Vorsitzenden des Weltkirchenrats gewählt, der 580 Millionen Mitglieder von 352 Kirchen in 120 Ländern vertritt.

Prof. Dr. Wolfgang Benz, geb. 1941 in Ellwangen, Historiker, bis März 2011 Professor und Leiter des Zentrums für Antisemitismusforschung der Technischen Universität Berlin. Herausgeber und Mitherausgeber von Buchreihen und Zeitschriften, zahlreiche Publikationen zur deutschen Geschichte im 20. Jahrhundert, zu National-sozialismus, Antisemitismus und Problemen von Minderheiten. Zuletzt: *Streitfall Antisemitismus. Anspruch auf Deutungsmacht und politische Interessen* (Hrsg., 2020); *Vom Vorurteil zur Gewalt. Politische und soziale Feindbilder in Geschichte und Gegenwart* (2020); *Mutterkreuz und Massenmord. Szenen aus dem »Dritten Reich«* (2021); *Deutsche Herrschaft. Nationalsozialistische Besatzung in Europa und die Folgen* (Hrsg., 2022); *Allein gegen Hitler – Leben und Tat des Johann Georg Elser* (2023).

Renatus Deckert, geb. 1977 in Dresden, lebt als Schriftsteller in Lüneburg. Im Suhr-kamp Verlag gab er mehrere Bücher heraus, u. a. *Das erste Buch* (2007) und *Die Nacht, in der die Mauer fiel* (2009). Er schreibt den literarischen Newsletter *Wolken und Kastanien.*

Prof. Dr. Rainer Forst, geb. 1964 in Wiesbaden, Professor für Politische Theorie und Philosophie und Direktor des Forschungszentrums »Normative Ordnungen« an der Goethe-Universität Frankfurt. Er befasst sich mit Fragen der Gerechtigkeit, Demokratie und Toleranz sowie mit der Fortentwicklung Kritischer Theorie und der Philosophie Kants. 2012 zeichnete ihn die Deutsche Forschungsgemeinschaft mit dem Leibniz-Preis aus. Er ist Mitglied der Berlin-Brandenburgischen Akademie der Wissenschaften und der British Academy. Wichtigste Publikationen (alle bei Suhr-kamp): *Kontexte der Gerechtigkeit* (1994); *Toleranz im Konflikt* (2003); *Das Recht auf Rechtfertigung* (2007); *Kritik der Rechtfertigungsverhältnisse* (2011); *Normativität und Macht* (2015); *Die noumenale Republik* (2021).

Prof. Dr. Norbert Frei, geb. 1955 in Frankfurt am Main, ist Seniorprofessor für Neue-re und Neueste Geschichte an der Friedrich-Schiller-Universität Jena. Zahlreiche Buchveröffentlichungen, u. a. (mit F. Maubach/C. Morina/M. Tändler) *Zur rechten Zeit. Wider die Rückkehr des Nationalismus* (2019); (mit S. Friedländer/S. Steinbacher/ D. Diner) *Ein Verbrechen ohne Namen. Anmerkungen zum neuen Streit über den Holocaust* (2022); jüngst erschien *Im Namen der Deutschen. Die Bundespräsidenten und die NS-Vergangenheit 1949–1994* (2023).

Michel Friedman, geb. 1956 in Paris, ist Rechtsanwalt, Philosoph, Publizist und Moderator. Er war stellvertretender Vorsitzender des Zentralrats der Juden in Deutsch-land, Herausgeber der Wochenzeitung »Jüdische Allgemeine« sowie Präsident des

Europäischen Jüdischen Kongresses. Er engagiert sich gegen Rechtsradikalismus und für die Integration Geflüchteter. Seit 2016 ist er Honorarprofessor. Er moderiert Sendungen. Zuletzt veröffentlichte er: *Streiten? Unbedingt! Ein persönliches Plädoyer* (2021); *Fremd* (2022); *Schlaraffenland abgebrannt. Von der Angst vor einer neuen Zeit* (2023); *Judenhass. 7. Oktober 2023* (2024).

Prof. Dr. Dieter Gosewinkel, geb. 1956 in Fürth, Historiker und Jurist. Direktor des Center for Global Constitutionalism am Wisssenschaftszentrum Berlin für Sozialforschung (2011-2021); Professor für Neuere Geschichte, Freie Universität Berlin; Fellow des Hamburger Instituts für Sozialfoschung (seit 2024). Veröffentlichungen (Auswahl): *Einbürgern und ausschließen. Die Nationalisierung der Staatsangehörigkeit vom Deutschen Bund bis zur Bundesrepublik Deutschland* (2003); *Wissenschaft, Politik, Verfassungsgerichtsbarkeit* (mit Ernst-Wolfgang Böckenförde) (2011); *Schutz und Freiheit? Staatsbürgerschaft in Europa im 20. und 21. Jahrhundert* (2016); *Struggles for Belonging. Citizenship in Europe, 1900–2020* (2021).

Dr. Elke Gryglewski, geb. 1965, Politologin und Geschichtsdidaktikerin. Studium in München, Berlin und Santiago de Chile. Dissertation zur Frage der Erinnerung in der diversen Gesellschaft. Langjährige Mitarbeiterin der Gedenk- und Bildungsstätte Haus der Wannsee-Konferenz, zuletzt als Leiterin der Bildungsabteilung und stellvertretende Direktorin. Seit 2021 Geschäftsführerin der Stiftung niedersächsische Gedenkstätten und Leiterin der Gedenkstätte Bergen-Belsen. Mitarbeit in dem vom Bundestag eingesetzten unabhängigen Expertenkreis Antisemitismus. Forschungsschwerpunkte: Nationalsozialismus in globaler Perspektive, Umgang mit dem NS nach 1945, Umgang mit dem NS in der diversen deutschen Gesellschaft. Publikationen u.a.: (mit Katrin Unger, Hrsg.) *Lebensläufe – Life lines. Shaul Ladany – Weltrekordhalter, Überlebender des Holocaust und des Attentats von München 1972. Didaktische Handreichungen und Quellen zu Kontinuitätslinien des Antisemitismus* (2022); *Gedenken an den Holocaust: Ritual und Reflexion,* in: *Aus Politik und Zeitgeschichte,* Nr. 33-34 (2020).

Kübra Gümüşay, geb. 1988 in Hamburg, studierte in Hamburg und an der London School of Oriental and African Studies. Ihr Blog *Ein Fremdwörterbuch* wurde für den Grimme Online Award nominiert. Sie war Kolumnistin der *tageszeitung* und stand mehrfach auf der TEDx-Bühne. Die von ihr mitbegründete Kampagne #ausnahmslos wurde mit dem Clara-Zetkin-Frauenpreis ausgezeichnet. Sie beschäftigt sich mit Rassismus, Feminismus, Netzkultur und Fragen gesellschaftlicher Vielfalt. Veröffentlichungen u. a. *Sprache und Sein* (2020).

Navid Kermani, geb. 1967 in Siegen, ist habilitierter Orientalist und lebt als freier Schriftsteller in Köln. Für sein Werk erhielt er zahlreiche Auszeichnungen, u. a. den Joseph-Breitbach-Preis, den Kleist-Preis und 2015 den Friedenspreis des Deutschen Buchhandels. Zuletzt erschienen: *Entlang den Gräben. Eine Reise durch das östliche Europa bis nach Isfahan* (2018); *Morgen ist da: Reden* (2019); *Jeder soll von da, wo er ist, einen Schritt näher kommen. Fragen nach Gott* (2022); *Was jetzt möglich ist. 33 politische Situationen* (2022); *Das Alphabet bis S* (2023).

Sebastian Krumbiegel, geb. 1966 in Leipzig. Während des Studiums an der Leipziger Musikhochschule legte er mit der Gründung der Band »Die Herzbuben« den Grundstein zu einer der erfolgreichsten Bands der 1990er-Jahre. 1991 änderte die Band ihren Namen in »Die Prinzen«. Krumbiegel engagiert sich seit vielen Jahren für das Jugendfestival »Leipzig zeigt Courage! – Junge Menschen gegen Gewalt und Rassismus« und als Unterstützer der Amadeu Antonio Stiftung. 2017 erschien sein Buch *Courage zeigen – Warum ein Leben mit Haltung gut tut.*

Christian Kullmann, geb. 1969 in Gelsenkirchen, ist seit 2017 Vorstandsvorsitzender des Essener Spezialchemiekonzerns Evonik. Unter seiner Führung hat sich das Unternehmen mit rund 34.000 Beschäftigten weltweit strategisch neu ausgerichtet und konzentriert sich nun konsequent auf die margenstarke Spezialchemie. Von 2020 bis 2022 war er zudem Präsident des Branchenverbands der chemisch-pharmazeutischen Industrie (VCI) und Vizepräsident des Bundesverbands der Deutschen Industrie (BDI). Bei Borussia Dortmund führt Kullmann den Aufsichtsrat, beim Goethe-Institut ist er Vorsitzender des Wirtschaftsbeirats. Vor seinem Wechsel zu Evonik war er bis 2003 in verschiedenen Funktionen bei der Dresdner Bank in Frankfurt tätig. Der Wirtschaftshistoriker ist verheiratet und hat zwei Töchter.

Prof. Dr. Karl-Josef Kuschel, geb. 1948 in Oberhausen, war von 1995 bis 2013 Professor für Theologie der Kultur und des interreligiösen Dialogs an der Fakultät für Kath. Theologie der Universität Tübingen, zugleich war er stellv. Direktor des Instituts für ökumenische und interreligiöse Forschung. Mit Person und Werk von Walter Jens ist er seit seiner Promotion im Jahr 1977 verbunden. Seinem ersten, als Dissertation entstanden Buch *Jesus in der deutschsprachigen Gegenwartsliteratur* (1978) hatte Walter Jens ein Geleitwort mit auf den Weg gegeben. 2013 veröffentlichte Karl-Josef Kuschel eine Gesamtdarstellung des literarisch-theologischen Werkes von Walter Jens unter dem Titel *Walter Jens. Literat und Protestant.*

Souad Lamroubal, geb. 1982 in Dormagen, ist Fachexpertin für Migration, Integration und Bildung, Autorin und Moderatorin. 2022 erschien ihr Buch *Yallah Deutschland, wir müssen reden!* Seit 2006 ist sie Kommunalbeamtin. Neben jahrelanger Mitwirkung in kommunalen Ausländerbehörden ist ihr Schwerpunkt die rassismuskritische Migrationsarbeit. Hier setzt sie sich in Form von internen und externen Schulungen und Fachvorträgen unter anderem mit Ansätzen zu vorurteilsbewussten, migrationsfreundlichen, diskriminierungs- und rassismusfreien Strukturen in Verwaltungs- und Sicherheitsbehörden ein. Wichtige Schwerpunkte ihrer Arbeit sind dabei institutioneller und struktureller Rassismus sowie Konfliktmanagement und Veränderungsprozesse in öffentlichen Institutionen. Sie machte in unterschiedlichen Medienformaten kritisch auf kommunale Ausländerbehörden aufmerksam, u.a. in der ZDF-Satiresendung »Magazin Royale«. Als Dozentin für interkulturelle Handlungskompetenz, Rassismuskritik und soziale Kompetenzen lehrt sie in NRW an einem Studieninstitut für öffentliche Verwaltung. Seit 2015 ist sie ehrenamtliche Vorsitzende eines Vereins zur Förderung der Beziehung zwischen Deutschland und Afrika.

Albrecht von Lucke, geb. 1967 in Ingelheim am Rhein, ist Jurist und Politikwissenschaftler und Redakteur der Monatszeitschrift »Blätter für deutsche und internationale Politik« (www.blaetter.de). Daneben regelmäßige Kommentare und Teilnahme an Debatten in Hörfunk und Fernsehen. Publikationen u.a. *68 oder neues Biedermeier: Der Kampf um die Deutungsmacht* (2008), *Die gefährdete Republik: Von Bonn nach Berlin. 1949–1989–2009* (2009) und *Die schwarze Republik und das Versagen der deutschen Linken* (2015). 2014 wurde er mit dem Lessing-Förderpreis für Kritik ausgezeichnet, 2018 mit dem Otto-Brenner-Preis »Spezial«.

Sophie Menner, geb. 1997 in der Oberpfalz, arbeitet als (Daten-)Journalistin. Sie ist Gründungsmitglied des Vereins *Journalismus macht Schule* und im Vorstand tätig. In ihrer Rolle als Journalistin besucht sie regelmäßig Schulklassen. Zuvor war sie Projektleiterin des Sächsischen Jugendjournalismuspreises. Sie forschte und publizierte bereits zu den Themen Medien- und Journalismuskompetenz. Zuletzt erschienen: *Mit Journalismuskompetenz den gesellschaftlichen Zusammenhalt stärken: Ein Modell für die Lehramtsausbildung und Ergebnisse einer Befragung von Lehramtsstudierenden* (2023). Kontakt zum Verein: info@journalismusmachtschule.org.

Wolfgang Niedecken, geb. 1951 in Köln, hat an den Kölner Werkschulen Malerei studiert und nach dem Zivildienst 1976 die Band BAP gegründet. 1979 erscheint das erste von inzwischen über dreißig Alben. 1987 spielt BAP als allererste Rockband in China und im Mai 1989, noch vor dem Mauerfall, in der UDSSR. 1992 schreibt er den Text der Hymne zu der großen Kundgebung gegen Rechts auf dem Kölner Chlodwigplatz, zu der 100.000 Menschen kommen: »Arsch huh, Zängussenander«. Niedecken engagiert sich mit dem von ihm gegründeten Projekt »Rebound« für die Resozialisierung ehemaliger Kindersoldaten und jugendlicher Zwangsprostituierten im Ostkongo. Er tourt sowohl mit seiner Band BAP, wie auch mit Soloprojekten. Im April 2024 erscheint das BAP-Album ZEITREISE, mit dem er ab Oktober auf Tour gehen wird.

Dr. Michael Parak, geb. 1973, ist seit 2009 Geschäftsführer des Vereins »Gegen Vergessen – Für Demokratie e.V.«, studierte Geschichte und Deutsch in Mainz und Leipzig, 1999 Staatsexamen, 2004 Promotion, 1999–2005 wissenschaftlicher Mitarbeiter an der Universität Leipzig, 2005–2009 Kulturreferent beim Schlesischen Museum zu Görlitz im Auftrag des Beauftragten der Bundesregierung für Kultur und Medien.

Prof. Dr. Hedwig Richter, geb. 1973 in Urach, lehrt Neuere und Neueste Geschichte an der Universität der Bundeswehr München. Ihre Forschungsschwerpunkte sind Demokratie, Ökologie, Migration und Geschlechtergeschichte. Zuletzt erschienen: *Aufbruch in die Moderne. Reform und Massenpolitisierung im Kaiserreich* (2021) und *Demokratie. Eine deutsche Affäre. Vom 18. Jahrhundert bis zur Gegenwart* (2020).

Harald Roth, geb. 1950 in Böblingen, diverse Publikationen zur NS-Zeit, u.a. *Victor Klemperer. Das Tagebuch 1933 -1945. Eine Auswahl für junge Leser* (1997); *Was hat der Holocaust mit mir zu tun? – 37 Antworten* (2014); zuletzt im Dietz-Verlag: *Nie wegsehen! – Vom Mut menschlich zu bleiben* (2020) und *Kein Land, nirgends? – Flucht aus Deutschland, Flucht nach Deutschland | 1933-1945 und heute* (2022). Er ist Mitglied von »Gegen Vergessen – Für Demokratie e.V.« und Mitinitiator der KZ-Gedenkstätte Hailfingen/Tailfingen.

Monika Salzer, geb. 1948 in Wien, Studium der Evangelischen Theologie, Ausbildung zur Systemischen Psychotherapeutin, Master in Organisationsberatung und Organisationsentwicklung. Jahrelange Tätigkeit im Bereich der Krankenhausseelsorge, Sterbebegleitung und Strukturentwicklung der Evangelischen Kirche Österreichs. 2017 Gründung der zivilgesellschaftlichen Plattform OMAS GEGEN RECHTS, die bis heute im Rahmen von über hundert Aktionsgruppen in Österreich und Deutschland zu zivilem Widerstand gegen Rechtsextremismus, Rassismus und Antisemitismus aufruft. Das Motto »Alt sein heißt nicht stumm sein« hat viele Frauen in der Altersgruppe 60plus motiviert, sich in den öffentlichen Diskurs einzumischen.

Prof. Dr. Tanjev Schultz, geb. 1974 in Berlin, lehrt Journalismus an der Universität Mainz. Zuvor arbeitete er für die Süddeutsche Zeitung. Er befasst sich mit der Ethik und Qualität des Journalismus und der Freiheit der Presse, zudem hat er viel zum Rechtsextremismus recherchiert. Zu seinen Büchern gehört eine Monografie über den NSU (*Der Terror von rechts und das Versagen des Staates*, 2018) und ein Lehrbuch über Journalismus in der Demokratie (*Medien und Journalismus - Einfluss und Macht der Vierten Gewalt*, 2021).

Dr. Josef Schuster, geb. 1954 in Haifa, ist ein deutscher Arzt. 2022 wurde er von der Ratsversammlung des Zentralrates der Juden in Deutschland einstimmig als Präsident für eine dritte Amtszeit wiedergewählt. Nach seiner Wahl kündigte er an, er wolle in den nächsten vier Jahren als Präsident »die positiven Elemente des Judentums in Deutschland stärker in den Vordergrund stellen«. Dazu zähle auch die für das Frühjahr 2024 geplante Eröffnung der Jüdischen Akademie. Zugleich ist Schuster Vizepräsident des World Jewish Congress und des European Jewish Congress. Mehrfach kritisierte er die Haltung der AfD zur Erinnerung an den Holocaust.

Walter Sittler, geb. 1952 in Chicago, Illinois, der gebürtige Amerikaner mit deutscher Staatsbürgerschaft spielt seit seiner Bühnenreifeprüfung 1981, nach Engagements in Mannheim und Stuttgart, in vielen TV-Filmen, drei langlaufenden Serien und der Comedy-Serie »Nikola«. Zudem ist er mit vielen ganz unterschiedlichen Bühnenprogrammen auf Bühnen in ganz Deutschland zu sehen (www.waltersittler.de). Seit 1995 leitet er gemeinsam mit seiner Frau Sigrid Klausmann die Dokumentarfilm-Firma Schneegans Productions. Das bekannteste Projekt ist »199 kleine Held*innen«, dort werden weltweit Kinder und Jugendliche porträtiert: www.199kleinehelden.org. Er gehört zu denen, die eine klare politische Haltung auch öffentlich vertreten.

Prof. Dr. Dietmar Süß, geb. 1973 in Neuss, ist Professor für Neuere und Neueste Geschichte an der Universität Augsburg. Seine Forschungen beschäftigen sich mit der Geschichte der sozialen Bewegungen, der Geschichte der Arbeit und des Nationalsozialismus. Zuletzt erschien von ihm gemeinsam mit Cornelius Torp *Solidarität. Vom 19. Jahrhundert bis zur Corona-Krise* (2021) sowie *Der seltsame Sieg. Das Comeback der SPD und was es für Deutschland bedeutet* (2022).

Düzen Tekkal, geb. 1978 in Hannover, ist Politikwissenschaftlerin, Menschenrechtsaktivistin und Sozialunternehmerin. Für ihren Dokumentarfilm *Háwar - Meine Reise in den Völkermord* reiste sie mehrfach in den Irak und dokumentierte dort den Völkermord an den Jesiden. Gemeinsam mit ihren Schwestern gründete sie die Menschenrechtsorganisation »HÁWAR.help«, mit der sie verschiedene multireligiöse und multiethnische Projekte im Irak, in Afghanistan und Deutschland ins Leben gerufen hat. Im Jahr 2019 gründete sie die Bildungsbewegung »GermanDream«, um Schüler für die freiheitlich-demokratische Grundordnung zu begeistern. 2021 erhielt sie das Bundesverdienstkreuz.

Sibylle Thelen, geb. 1962 in Stuttgart, ist Direktorin der Landeszentrale für politische Bildung Baden-Württemberg. Sie studierte Politikwissenschaft, Turkologie und Kommunikationswissenschaft und absolvierte die Deutsche Journalistenschule in München. Als Autorin und Herausgeberin hat sie sich an zahlreichen Veröffentlichungen zur Erinnerungskultur und historischen Aufarbeitung beteiligt. Auswahl: *Die Armenierfrage in der Türkei* (2010); *Mutig gehandelt* (2017); *Demokratie erinnern* (2023); *Entrechtet - verfolgt - vernichtet. NS-Geschichte und Erinnerungskultur im deutschen Südwesten* (2023).

Ilija Trojanow, geb. 1965 in Sofia, ist Schriftsteller, Publizist und Initiator des »utopischen Raums«. Verfasser von Romanen wie *Der Weltensammler* (2006); *EisTau* (2011); *Macht und Widerstand* (2015); *Tausend und ein Morgen* (2023), sowie kulturpolitischen Essays: mit Ranjit Hoskoté: *Kampfabsage* (2007); mit Juli Zeh: *Angriff auf die Freiheit* (2009); *Der überflüssige Mensch* (2013); *Nach der Flucht* (2017). Filme: *Vorwärts und nie vergessen* (2007); *Oasen der Freiheit* (2018).

Michael Vassiliadis, geb. 1964 in Essen als Sohn eines griechischen Gastarbeiters, ist seit 2009 Vorsitzender der zweitgrößten deutschen Industriegewerkschaft IGBCE und Präsident des europäischen Verbunds der Industriegewerkschaften IndustriAll Europe. Er wurde von unterschiedlichen Bundesregierungen als Experte in diverse Kommissionen berufen, zuletzt als Co-Vorsitzender der »ExpertInnenkommission Gas und Wärme«, die das Konzept für die Gas- und Strompreisbremsen entwickelte. 2022 wurde Vassiliadis mit dem Bundesverdienstkreuz 1. Klasse ausgezeichnet.

Prof. Dr. Dr. h.c. mult. Andreas Voßkuhle, geb. 1963 in Detmold, seit 1999 Inhaber eines Lehrstuhls für Öffentliches Recht an der Albert-Ludwigs-Universität Freiburg und Direktor des Instituts für Staatswissenschaft und Rechtsphilosophie. 2008 Ernennung zum Richter und Vizepräsidenten des Bundesverfassungsgerichts, 2010 bis 2020 Präsident des Bundesverfassungsgerichts. Er ist seit dem 30. November 2020 Vorsitzender von »Gegen Vergessen – Für Demokratie e.V.«

Marina Weisband, geb. 1987 in Kiew, ist Diplompsychologin und Expertin für digitale Partizipation und Bildung. Sie ist Autorin mehrerer Bücher, u.a. *Wir nennen es Politik - Ideen für eine zeitgemäße Demokratie* (2013); *Frag uns doch - Ein Jude und eine Jüdin erzählen aus ihrem Leben*, mit Eliyah Havemann (2020) und *Was uns durch die Krise trägt*, mit Frido Mann (2023). Hauptberuflich gestaltet sie seit 2014 das Projekt »aula« – ein Konzept zur politischen Bildung und liquid-demokratischen Beteiligung von Jugendlichen an den Regeln und Angelegenheiten ihrer Schulen und außerschulischen Organisationen. Sie hat eine regelmäßige Radiokolumne beim Deutschlandfunk und berät zu verschiedenen Aspekten von digitalem Wandel und Demokratie.

Prof. Dr. Heinrich August Winkler, geb. 1938 in Königsberg/Preußen, lehrte an der Freien Universität Berlin, der Albert-Ludwigs-Universität Freiburg und der Humboldt-Universität zu Berlin. Winkler, einer der bedeutendsten deutschen Historiker der Gegenwart, veröffentlichte zahlreiche Bücher zur deutschen Geschichte, darunter die Standardwerke *Der lange Weg nach Westen* (2000) und *Geschichte des Westens* (2009–2015), zuletzt *Nationalstaat wider Willen. Interventionen zur deutschen und europäischen Politik* (2022) und *Die Deutschen und die Revolution. Eine Geschichte von 1848 bis 1989* (2023).

Rechtenachweis

Gerhart Baum: *Rechtsruck. Die AfD ist Ausdruck einer deutschen Krankheit*, in: Zeit Online vom 21. Oktober 2023.

Norbert Frei: *Zangengriff. Die Gegner der deutschen Erinnerungskultur kommen von links und rechts*, in: Süddeutsche Zeitung vom 15. Januar 2024 (als: Zangenangriff von rechts und links). Beitrag zur Programmreihe »55 Voices for Democracy« des Thomas-Mann-Hauses Los Angeles.

Michel Friedman: *Handeln*, in: ders.: Schlaraffenland abgebrannt, Von der Angst vor einer neuen Zeit, München: Berlin Verlag 2023, S. 190–197.

Kübra Gümüşay: *Die Agenda der Rechten*, in: Kübra Gümüsay, Sprache und Sein, München: Hanser 2020, S. 117–132.

Erich Kästner: *Man muss den rollenden Schneeball zertreten (1958)*, Auszug aus der Rede »Über das Verbrennen von Büchern«, in ders.: Resignation ist kein Standpunkt, Politische Reden und Feuilletons, Zürich: Atrium Verlag 2023, S. 133–143.

Navid Kermani: *Auschwitz morgen*, in ders.: Morgen ist da, Reden, München: C.H. Beck 2019, S. 235–251. Erstveröffentlichung: Frankfurter Allgemeine Zeitung vom 7. Juli 2017. Einige Passagen der Rede sind in das Buch »Entlang den Gräben. Eine Reise durch das östliche Europa bis nach Isfahan« (München 2018) eingegangen, 3. und 45. Tag.

Thomas Mann: *Es ist mit der Selbstverständlichkeit der Demokratie in aller Welt eine zweifelhafte Sache geworden (1937)*, Auszug aus der Rede »Vom zukünftigen Sieg der Demokratie«, in: Mass und Wert, Sonderheft, ca. 1938.

Michael Parak: *Wozu sich mit Demokratiegeschichte beschäftigen?*, in: bildung & wissenschaft, 04/2023.

Hedwig Richter: *Gendersterne, Schweiß und Tränen*, in: Zeit Online vom 28. Februar 2022

Carlo Schmid: *Mut zur Intoleranz* (1948), Rede im Parlamentarischen Rat am 8. September 1948.

Kurt Tucholsky: *Blick in eine ferne Zukunft* (1930), in: Die Weltbühne vom 28. Oktober 1930, Nr. 44, S. 665.

Andreas Voßkuhle: *Legitimationsleistung der parlamentarischen Demokratie in Krisen- und Umbruchzeiten*, in: Zeitschrift Gegen Vergessen – Für Demokratie, 112/ Juli 2022.

Marina Weisband: *Die Antwort*, in: Süddeutsche Zeitung vom 23./24. September 2023.

Heinrich-August Winkler: *Die politische Bildung auf breiter Front intensivieren*, in: Süddeutsche Zeitung vom 30. September/1. Oktober 2023.

Harald Roth (Hg.)
Nie wegsehen
Vom Mut, menschlich zu bleiben

288 Seiten
Broschur
22,00 Euro
erschienen im Oktober 2020
ISBN 978-3-8012-0584-3

Mut beweisen und menschlich bleiben. Gemeinsam für eine bessere Gesellschaft und eine starke Demokratie eintreten. Dieses Engagement fällt im Alltag oft schwer. Denn es verlangt von uns, nicht nur zuzuschauen, sondern hinzusehen! Nie wegsehen bedeutet handeln. Jeder und jede Einzelne kann zu einer Veränderung beitragen.

Bekannte Schriftsteller*innen, Wissenschaftler*innen, Journalist*innen und Künstler*innen schreiben über Mitgefühl und Zivilcourage als grundlegende Pfeiler unserer Gesellschaft: nach dem Mord an dem Kasseler Regierungspräsidenten Walter Lübcke, nach den Anschlägen in Halle und Hanau, beim Umgang mit flüchtenden Menschen und Zugewanderten, bei Rassismus, Antisemitismus und Rechtsextremismus, bei der Ausgrenzung von Minderheiten und sexuellem Missbrauch, bei der Frage von Armut und sozialer Ungleichheit sowie beim Klimawandel, dem Verlust der Artenvielfalt oder in einer Pandemie.

Mit Beiträgen u. a. von Dogan Akhanli, Aleida Assmann, Mo Asumang, Lukas Bärfuss, Heinrich Bedford-Strohm, Michael Blume, Micha Brumlik, Svenja Flaßpöhler, Norbert Frei, Lena Gorelik, Ulrich Lilie, Hans-Otto Pörtner, Heribert Prantl, Matthias Quent, Romani Rose, Ulrich Schneider, Walter Sittler, Peter Steinbach, Tanjev Schultz, Ingo Schulze, Sibylle Thelen, Konstantin Wecker.

www.dietz-verlag.de